# 陟彼山河
## 晋陕黄河左岸的历史与人文

王子今　孙家洲
高从宜　桂维民
李百勤　赵瑞民　等著

西北大学出版社
·西安·

图书在版编目（CIP）数据

陟彼山河：晋陕黄河左岸的历史与人文 / 王子今等著. —西安：西北大学出版社，2023.8
（黄河岸边的中国 / 马来总主编）
ISBN 978-7-5604-5171-8

Ⅰ.①陟… Ⅱ.①王… Ⅲ.①黄河流域—文化史—研究—山西②黄河流域—文化史—研究—陕西 Ⅳ.①K292

中国版本图书馆CIP数据核字（2023）第166677号

# 陟彼山河：晋陕黄河左岸的历史与人文
ZHI BI SHANHE: JIN SHAN HUANGHE ZUOAN DE LISHI YU RENWEN

| 作　　者 | 王子今　孙家洲　高从宜　桂维民 |
| --- | --- |
| | 李百勤　赵瑞民　张占民 |
| 出版发行 | 西北大学出版社 |
| 地　　址 | 西安市太白北路229号 |
| 邮　　编 | 710069 |
| 电　　话 | 029-88302590　88303593 |
| 网　　址 | http://nwupress.nwu.edu.cn |
| 经　　销 | 全国新华书店 |
| 印　　装 | 陕西龙山海天艺术印务有限公司 |
| 开　　本 | 787毫米×1092毫米　1/32 |
| 印　　张 | 23 |
| 版　　次 | 2023年8月 |
| 印　　次 | 2023年8月第1次印刷 |
| 字　　数 | 309千字 |
| 图　　片 | 310幅 |
| 书　　号 | ISBN 978-7-5604-5171-8 |
| 定　　价 | 148.00元 |

书中部分图片未能联系到作者，请作者看到本书后尽快与我社联系。
本版图书如有印装质量问题，请拨打电话029-88302966予以调换。

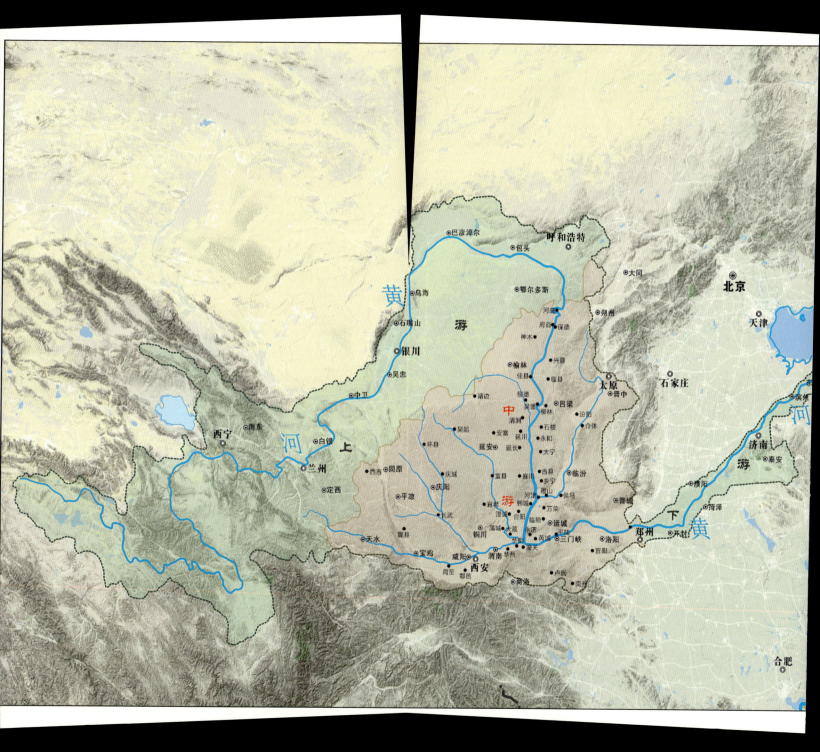

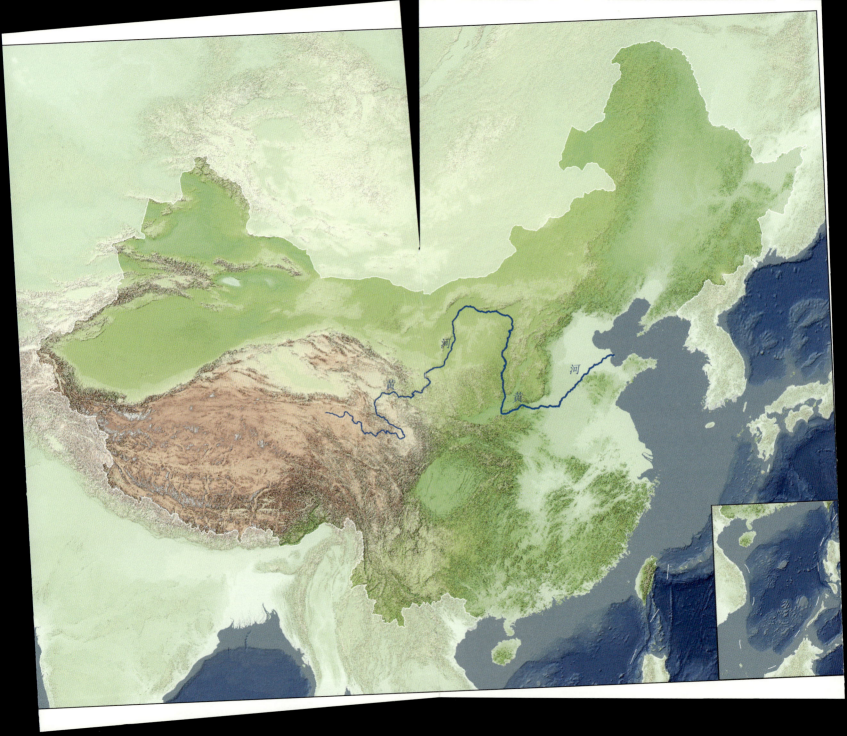

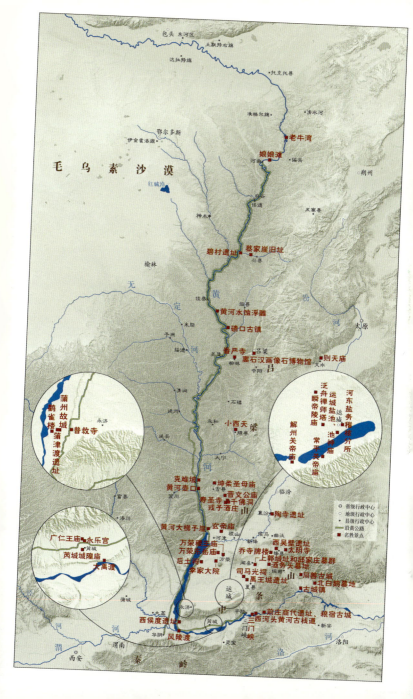

鹳雀楼眺望黄河
李国庆 摄影

# 陟彼山河
## 晋陕黄河左岸的历史与人文

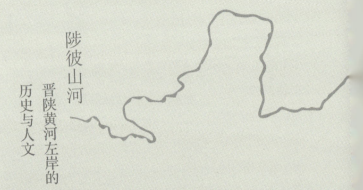

晋陕黄河左岸风貌高清图
晋陕黄河左岸历史文化讲解
晋陕黄河左岸文化遗存背后的故事

总策划　桂维民　常　江
总主编　马　来
著　者　王子今　孙家洲　高从宜　桂维民
　　　　李百勤　赵瑞民　张占民
统　稿　刘　栓　陈　磊

# 目录
CONTENTS

## ◎ 导读

陟彼河东

——晋陕黄河左岸的历史与人文　　编　者 / 001

## ◎ 中条山南麓黄河左岸

### 一　古城镇、北白鹅墓地、同善古城 / 003

◇ 古城镇、北白鹅墓地、同善古城简介 / 006

### 二　黄河栈道遗址 / 017

◇ 黄河栈道遗址简介 / 020

1. 黄河漕运遗迹考察　　王子今 / 023

### 三　前庄商代遗址、粮宿古城 / 033

◇ 前庄商代遗址、粮宿古城简介 / 036

1. 大阳——平陆：山险深处蕴藏的历史风云

　　孙家洲 / 039

四 三门峡 / 059

◇ 三门峡简介 / 062

1. 秦"厎柱丞印"封泥发现的意义　　王子今 / 065

五 大禹渡、芮城城隍庙、广仁王庙 / 075

◇ 大禹渡、芮城城隍庙、广仁王庙简介 / 078

1. 芮城读碑：子夏"西河设教"随想录　　孙家洲 / 085

六 永乐宫 / 113

◇ 永乐宫简介 / 116

1. "走后门"——永乐宫的道缘　　高从宜 / 120

七 风陵渡 / 131

◇ 风陵渡简介 / 134

1. 精卫与风陵渡　　高从宜 / 136

八 西侯度遗址 / 151

◇ 西侯度遗址简介 / 154

1. 旧石器时代的脚步　　李百勤 / 158

## ◎ 汾渭谷地黄河左岸及其腹地

九 蒲州故城、蒲津渡遗址、普救寺、鹳雀楼 / 165

◇ 蒲州故城、蒲津渡遗址、普救寺、鹳雀楼简介 / 168

1. 蒲津桥"铁牛"　　王子今 / 174

2. 秦穆公"济河焚舟" 　　王子今 / 185

3. 蒲州发生的战事 　　赵瑞民 / 191

4. 蒲津铁牛 　　李百勤 / 200

## 十　解州关帝庙、常平关帝庙 / 213

◇ 解州关帝庙、常平关帝庙简介 / 216

1. 关帝庙还愿——尸解仙的宗教心理学解读

　　高从宜 / 221

## 十一　运城盐池、池神庙、河东盐务稽核分所 / 235

◇ 运城盐池、池神庙、河东盐务稽核分所简介 / 238

1. 河东盐池 　　李百勤 / 244

## 十二　舜帝陵庙、泛舟禅师塔 / 261

◇ 舜帝陵庙、泛舟禅师塔简介 / 264

## 十三　禹王城、司马光祠 / 271

◇ 禹王城、司马光祠简介 / 274

1. 古城安邑：定都、迁都与魏国盛衰再解析

　　孙家洲 / 280

2. "河东"——地灵人萃、物阜文兴之区 　　李百勤 / 299

## 十四　上郭城址和邱家庄墓群、酒务头墓地 / 305

◇ 上郭城址和邱家庄墓群、酒务头墓地简介 / 308

## 十五　乔寺碑楼、西吴壁遗址、太阴寺 / 317

◇ 乔寺碑楼、西吴壁遗址、太阴寺简介 / 320

1. "貘尊"发现与黄河中游生态史　　王子今 / 330

## 十六　陶寺遗址 / 343

◇ 陶寺遗址简介 / 346

1. "义":陶寺遐想　　高从宜 / 352

2. 陶器、玉器、青铜器——晋南晋西文化遗存的演进

　　李百勤 / 359

## 十七　万荣东岳庙、万荣稷王庙、后土祠 / 367

◇ 万荣东岳庙、万荣稷王庙、后土祠简介 / 370

1. 秋风楼感怀　　王子今 / 377

2. 瞻鲁望秦　河汾万荣　　高从宜 / 387

3. 后土祠出土的青铜器　　赵瑞民 / 400

## 十八　李家大院 / 409

◇ 李家大院简介 / 412

1. 晋南民居建筑的活化石——访万荣李家大院

　　张占民 / 416

# ◎ 晋陕峡谷黄河左岸

## 十九　黄河大梯子崖、樊村玄帝庙 / 431

◇ 黄河大梯子崖、樊村玄帝庙简介 / 434

1. 吴起论"在德不在险"　　王子今 / 441

2. 韩信"以木罂缶渡军"　　王子今 / 448

## 二十　戎子酒庄 / 463

◇ 戎子酒庄简介 / 466

1. 访"戎子"说"葛藟"　　王子今 / 470

## 二十一　晋文公庙 / 489

◇ 晋文公庙简介 / 492

1. 重耳：千古绝唱的"流亡公子"及其霸业

　　孙家洲 / 496

## 二十二　寿圣寺、千佛洞 / 519

◇ 寿圣寺、千佛洞简介 / 522

## 二十三　坤柔圣母庙、挂甲山摩崖造像 / 527

◇ 坤柔圣母庙、挂甲山摩崖造像简介 / 530

## 二十四　吉县黄河壶口、克难坡 / 537

◇ 吉县黄河壶口、克难坡简介 / 540

1. 杨经略事迹　　赵瑞民 / 547

## 二十五　小西天 / 557

◇ 小西天简介 / 560

## 二十六　香严寺、则天庙 / 567

◇ 香严寺、则天庙简介 / 570

1. 自咸阳至晋阳，嫪毐从哪里渡河　　王子今 / 578

## 二十七　离石汉画像石博物馆 / 587

◇ 离石汉画像石博物馆简介 / 590

1. "吴起治西河"杂议　　王子今 / 595

2. 汉代"西河"郡的"篱石"　　王子今 / 602

## 二十八　碛口古镇、黄河水蚀浮雕 / 611

◇ 碛口古镇、黄河水蚀浮雕简介 / 614

1. 黄河左岸五谷香——历史上山西临近黄河地域的谷类农作物

　　陈　磊 / 622

## 二十九　蔡家崖旧址、碧村遗址 / 631

◇ 蔡家崖旧址、碧村遗址简介 / 634

1. "甘枣山"传说和山陕的"枣"　　王子今 / 642

## 三十　娘娘滩 / 649

◇ 娘娘滩简介 / 652

1. "娘娘滩"传说与"富贵万岁"瓦当　　王子今 / 655

2. 河曲"娘娘滩"传说三题　　孙家洲 / 664

## 三十一　老牛湾 / 677

◇ 老牛湾简介 / 680

1. 老牛湾墩和老牛湾堡　　赵瑞民 / 686

2. "关山月"——偏关的明月秋风　　王子今 / 696

◎ **后记** / 703

## ·导读·

# 陟彼河东
## ——晋陕黄河左岸的历史与人文

《左传·僖公二十八年》载:"子犯曰:'战也。战而捷,必得诸侯。若其不捷,表里山河,必无害也。'"概言晋国外带黄河而内含高山,可以据险而立,有诸侯争霸之地理优势。春秋时,晋国继齐国称霸,百有余年之后,晋国内乱国衰,战国时,韩、赵、魏三国分晋,此乃今山西"三晋"名称之来源。本书"陟彼山河"意指我们沿黄在山西登临吕梁山、中条山,深入晋南盆地,对山西黄河沿岸及其重要腹地文化遗存的探查,对其自然、历史与人文内涵的整理、解读与揭示。

本书是"黄河岸边的中国"丛书的第二册,是在晋陕黄河左岸的历史与人文考察的基础上形成的。需要特别说明的是,本书考察的重点在晋陕黄河左岸,但考虑到黄河流经山西西、南两面,并因此以河与陕西、河南为界的地理特性,我们对山西中条山南麓的芮城、平陆和垣曲三县黄河沿岸做了延伸考察,这三县更多是晋豫黄河左岸。这样一来,在结构体系就形成了中条山南麓黄河左岸、汾渭谷地黄河左岸及其腹地、晋陕峡谷黄河左岸共三部分。

一

2021年4月、9月以及2022年春，西北大学出版社联合中国西部发展研究中心邀请多位专家（中国人民大学教授王子今、孙家洲，留学德国美因茨大学神学专家高从宜，山西大学教授赵瑞民，原运城市文物和旅游局副局长李百勤，考古学者张占民，诗人桂子等）先后三次赴晋考察，总体上对晋陕黄河左岸的自然、历史与人文有系统直接的了解。历时近月，每次考察起点、终点不同，考察所获取的知识信息亦先后有别，但为了线索分明地能给读者提供行旅意义上的阅读方便，在体系构建上特别把黄河最终离开山西的垣曲县，作为本书逻辑叙述的起点。

垣曲县东有王屋山，西、北有中条山，南面向黄河缓缓倾斜，虽为山水围闭之处，但它却是古代重要战略物资运城盆地之盐、中条山之铜东往夏商要地的通道，也因此这里留下了丰富的历史传说和文化遗存。"舜生于诸冯，迁于负夏，卒于鸣条"（《孟子·离娄下》），垣曲县下辖的历山镇同善村，古称"负夏"，有"舜根""舜井""舜王坪"等景观遗存，而同善古城又是历代商人云集、货物中转的场所，在其英言镇，近年更是发现了召氏家族太保燕仲一支的遗存，证明它是召公一族在东周时期的采邑。所以今日看似交通闭塞的垣曲县，实则在上古、三代扮演着重要的角色。垣曲县的古城镇在黄河岸边，曾经是水旱码头物阜繁盛之地，因为小浪底水库修建，老城沉入水底，我们便无从参访被淹没的"世纪曙猿"遗址和垣曲商城遗址。

沿黄河逆流而上，在平陆县，主要考察了黄河栈道遗址，这是黄河栈道最为集中、最具代表性的所在，突出反映了黄河漕运的历史，古籍所载人门、神门、鬼门的三门峡，虽已截裁为黄河第一水利工程三门峡水库坝体，但泄洪处依然可见"中流砥柱"遗存；三门之毁，"福分祸之所伏"，禹凿龙门，"南至于华阴，东至于厎柱"，浚通中国垢浊，然而变导疏为截堵，导致渭河入黄河床不断抬高，关中东部华阴、华县（今华州区）频遭水患。位于平陆县坡底乡一处黄河天然港湾相邻的二级台地上的前庄商代遗址和粮宿古城，给我们留下极为深刻的印象，在如此逼仄险绝之地，竟然发现大量商代青铜重器和玉器，这大大刷新了我们对古代平陆之地的认知，也为认识平陆乃至晋南地区与夏商核心区域之间的关系，留下了许多值得思考的问题。

从平陆县上溯至芮城县，我们先后考察了既是古代津渡遗址又是现代大型黄河提水工程的大禹渡，考察了既是宋代遗构大殿又作为芮城博物馆的芮城城隍庙古建筑群，唐代法式的古建遗构广仁王庙以及被誉为"东方艺术画廊"的永乐宫。

至芮城县风陵渡，黄河转而南北向，我们考察了永济市黄河岸边的蒲津渡遗址、蒲州故城、普救寺、鹳雀楼等名胜之后，转而上溯黄河中游支流涑水河，进入运城盆地腹地探查，经盐湖区、夏县、闻喜、绛县，直至襄汾的陶寺遗址。转而沿汾河而下至万荣县，再转而北上，从河津进入晋陕峡谷。

我们在中条山北麓的运城盆地上溯涑水河的考察收获极大。该区域是晋南物阜民丰、文化昌盛、古建集中之地。盐湖区有数千年开采历史的盐池，是世界三大硫酸钠型内陆盐湖之一，盐池边有古代祭祀盐神和风神、雨神的池神庙。盐湖区还有鸣条舜帝陵、唐代泛舟禅师塔，誉为"关庙之祖""武庙之冠"的解州关帝庙，和"关帝家庙"，即常平关帝庙。

盐池作为紧靠中原且开发很早的重要产盐地之一，自上古以来就是重要的战略物资。不但造就了运城（"盐运之城"）名称，为当地带来巨大的财富收入，而且盐的输贩，成为晋商文化的重要成因之一。如果我们把盐作为重要的生存物资甚至战略资源来考量，则能为晋南地区与上古尧舜禹传说关系以及夏商中原核心区域关系等问题的考察，提供更为切实的思路。由盐湖区行至夏县，拜谒参访了宋代名臣、《资治通鉴》主编司马光的祖茔和祠堂，与之相近的禹王城遗址东周时为魏国国都，秦代设河东郡于此，两汉时期亦为河东郡所在，是经济、文化的大都市，对后世文化发展也产生了深远影响。

闻喜县的上郭城址和邱家庄墓群，经考古证实是晋国历史上占有重要地位的"古曲沃"的核心区域，对晋文化和晋国历史研究具有重大意义。闻喜县的酒务头墓地处于垣曲盆地、运城盆地、临汾盆地交汇的要冲之地，邻近古代从河南进入山西最便捷的通道，亦是考古学文化交融的关键地带。该墓地的发现与发掘是商代考古的一次重大突破，不仅为"匿"族青铜器找到了归属，也填补了晋南地区晚商遗存的空白。对于认识晚商文化的区域类型、商王朝势力范围的变迁、中央对地方管控方式和国家政治地理结构等课题具有重要意义。

在涑水河发源的绛县，我们考察了大藏经《赵城金藏》的重要雕印地——太阴寺，和我国最大的纯砖石旌表建筑——乔寺碑楼，以及填补了冶金考古空白的西吴壁遗址，该遗址地处涑水河北岸的黄土台塬上，南距中条山约6千米，是一处夏商时期的墓地和手工业遗址，特别是首次在邻近夏商王朝腹心地带发掘的专业冶铜遗址，填补了冶金考古的空白，对于研究商代文化和历史，探讨中国古代文明的发展历程有着重要意义。

从绛县北上，进入临汾盆地，到达汾河流域"华夏文明的源头之一"的陶寺遗址，即便是谨慎而言，大量的发掘成果,也或可证明陶寺社会已经"走到了邦国时代的边缘和方国时代"(王仁湘、贾笑冰:《中国史前文化》,商务印书馆,1998版,第203页)。该遗址的发现,对于探索中国古代文明的起源和尧舜时代的社会历史具有重要意义。

从襄汾陶寺遗址我们转而沿汾河流域西南行,先后考察了万荣东岳庙、万荣稷王庙、李家大院和后土祠等历史人文遗存。万荣东岳庙的飞云楼以其在建造技术、结构力学与造型艺术方面的特色,在中国木构建筑中占有独特地位,被誉为"中华第一木楼"。后土祠,是古代帝王祭祀后土处所,从汉代至宋代,皇帝亲临的祭祀先后有24次,后土祠后有因藏宋刻汉武帝《秋风辞》而得名的秋风楼。李家大院规模宏阔,建筑物融合南北特色,借鉴中西风格,院落内各类砖雕、石雕、木雕、匾额、楹联,极具艺术巧思与文化气息,大量装饰图案、文字中蕴含的哲理寓意,更是体现了"崇德行善""重信举义"等晋商精神。

从万荣县我们转而继续沿黄河北上,按照规划,中间经过河津北坡腹地,探访河津有"旱码头""铁码头"称号的古镇樊村,明清时代此处是黄河峡谷周边两省八县重要的货物集散市场,古镇街上明代所建的玄帝庙,更是晋南灰陶琉璃艺术的建筑典范。

之后,由禹门口开始进入晋陕黄河峡谷左岸线路的考察。我们从"挂壁天梯"登上大梯子崖,实地考察北魏时期所修军事设施"倚梯城",惊叹于古代的建设工程与技术。传说"禹凿龙门"于此,一代代人耳闻口传大禹事迹,其"疏川导滞""钟水丰物"的智慧;划定九州,天下一统的理念;以及公而忘私、勤苦坚韧的精神成为悠久的文化传统,附近多处禹迹,禹庙奉祀之繁盛,折射出大禹精神不朽的光彩。

接续河津往北,抵达临汾辖属的乡宁县。这里有奉祀春秋五霸之一的晋文公庙;有晋文公生母戎子活动于此的美丽传说;也有依托历史文化资源与特殊自然地理条件打造的戎子酒庄文化观光园。县城内的寿圣寺,是集宋金元明风格为一体的建筑遗构;县城东郊位于半山悬岩之上的千佛洞,则有体现北周时期佛教造像艺术与服饰的近千尊佛像。

黄河壶口为晋陕两省自然分界处所共享的神奇造化,从吉县壶口镇的环壶路下到黄河东岸,近观壶口瀑布的惊涛奔流,自是与从西岸的陕西宜川观感不同,别有一番体验。壶口也曾几度见证历史的危难时刻:抗战时期爱国之音《黄河大合唱》的诞生、阎锡山蛰居克难城主持"第二战区"抗战工作与山西省政。这些都使得壶口发出了历史的高亢强音。

登临吉县坤柔圣母庙的圣母殿,除了梁架结构奇巧的元代遗构给人深刻印象,祭祀后土娘娘的圣母庙,更直观加深了我们对晋西地区大量这类场所的认识，传递出黄河左岸一带民间后土信仰的深厚历史传统。还值得说的是吉县县城附近的挂甲山摩崖造像、隰县县城附近的小西天千佛庵，借此两处佛教造像之典型，可以领略北朝以来，这里佛教信仰的兴盛、造像艺术的发达。

从吉县、隰县北上，我们前往吕梁山脉西麓的柳林、离石，之后东行至文水县。规模宏大的柳林香严寺，基本完好保存了宋、金、元、明、清五朝各类建筑，并集于一院。位于吕梁山东麓、太原盆地西缘的文水县，虽然距离黄河岸稍远，县城临近的文峪河却也是黄河的一条支流，文水以大周女皇武则天的故里而为史所知，当地的则天圣母庙，将名人乡贤与圣母崇拜融合为一体，实也不难窥探民间信仰之一种特征。则天圣母殿历史久远，留存了唐代砖瓦、金代遗构，以上两处实属了解晋西地区历朝历史建筑的宝地。

春秋战国时期，今天吕梁山以西，以至黄河以西的大片土地为晋国所有，为"西河"要地，军事价值尤为瞩目。魏国名将吴起曾治理西河，并与魏文侯泛舟浮西河而有"在德不在险"之论。秦汉时期，京畿之地关中与赵地之间政事、军事的紧急往来，如咸阳与太原的沟通、西汉初年汉文帝刘恒往来长安与封国代地，也都走过今天的吕梁、临汾交界之通道，借而快速东进晋阳，再北上代、燕。

正因为两汉时期吕梁地区是沟通北边军防的军政重地、活跃的经济文化边区，才能留存下大量的汉画像石，成为今天的我们了解汉代吕梁地区社会生活的第一手形象资料。抗战时期，作家马烽、西戎合著的《吕梁英雄传》，是依托史实而进行艺术创作的一部爱国主义小说，反映了吕梁地区优秀儿女进行的敌后抗日工作和斗争。在这片热土体悟历史，无不增强我们的民族自信心和进取精神。从临县北上，我们沿黄河取道兴县蔡家崖，参观了晋绥边区政府及军司令部旧址、晋绥边区革命纪念馆。

从吕梁腹地往北，我们又回到黄河沿岸，依公路而行，自然风光壮美多变、人文景观屡称奇丽。有"黄河第一镇"称号的临县黄河碛口，西、南环傍黄河，东面借吕梁山脉余势，山河表里，形胜莫比。明清之际就已经是北方著名的商贸重镇，古镇上明清民居建筑参差、人群辐辏。碛口再往北，有"百里画廊"雅称的黄河水蚀浮雕，介于临县碛口镇与兴县曲峪镇之间，在黄土地，黄河水、日光、风雨等自然力的共同作用下，巧夺天工，雕琢出奇异的自然景观。

兴县碧村遗址是我们沿黄考察吕梁地区的最后一站，遗址在兴县黄河岸不远处的高家村镇碧村，入选为"2022年全国十大考古新发现"。双城结构的大型石城，出土了大量有别于晋东、晋南地区的玉器、陶器遗物，似乎告诉我们晋西北黄河沿岸地区的早期历史，很早就受到了龙山文化的辐射，与黄河对岸不远处陕北神木石峁遗址，有着某些紧密联系。

往北的忻州河曲县，有号称"鸡鸣三省"的娘娘滩。黄河三角洲上有反映胡、汉民族交往的"娘娘庙"等事迹传说，河滩上历代享祀不坠的圣母殿附近，还出土过北朝的瓦当。黄河巨涛奔流、黄泥浊浪的标签在这里表现得最为典型。

晋陕黄河大峡谷的最北端就是老牛湾，黄河在这里改变了从上游以来自西向东的流向，突然飞舞回旋，转而一路迤逦往南，很快驶入晋陕两省之间土质疏松的黄土地带，在巨流奔涛的切割冲刷下，于晋陕两岸的河道，黄河与黄土，最终造就出独一无二的晋陕大峡谷。

老牛湾自古作为防守北方蒙古草原游牧势力南侵的战略要塞，宋明时代"三关"之一的偏头关扼守此地，清代皇帝、公主也曾关注过这里的屯戍、垦田，古代因"塞防"而建的内长城，扼守河关并终结于此。悬崖、河谷、长城、堡寨、墩台，共同标识了这处"黄河入晋第一湾"。作为山西、内蒙古交界的偏关县老牛湾，是黄河入晋的第一站，也是此次我们沿黄考察的终点站。

二

本书在体例安排上，以沿黄考察路线上的自然、历史与人文景点以及遗存为架构，在这些节点介绍基础上串联考察的随记，包括感想、考证、史论等文章，以期在对晋陕黄河左岸区域历史人文了解的基础上，加深对黄河文化的认识。无论中条山南麓黄河左岸、汾渭谷地黄河左岸及其腹地，还是晋陕峡谷黄河左岸，附着于其上的人文景观，如山川形胜、建筑艺术、民间信仰、艺术审美等，都是黄河文化最直观最生动的内容。深入黄河沿线有关的历史遗存，增强历史现场感，考察者生发出不同的考证或阐释，是黄河文化深刻内涵和知识系统的重要组成部分。

河津禹门口、吉县壶口、临县碛口、偏关老牛湾等，是黄河东流至内蒙古托克托县，遇山脉阻挡转折南下，在晋陕峡谷形成的丰富多样的自然景观，也是历史人文景观。先秦时期晋国表里山河的争霸优势，及其与戎狄的交往联系，春秋五霸中的晋文公，吴起治理河西、韩信奇袭魏王豹、北魏孝文帝屯兵防河，武则天及其世家的发源，李唐王朝的初兴，明清时期汇通中国北方商业的晋商，以及近代以来抗日战争时期的吕梁英雄，等等，都是黄河左岸依山带河这片热土孕育发生的历史与故事，这些共同形塑着黄河文化与人文精神。

黄河出禹门口进入汾渭谷地，地质构造形成的断陷加上河流冲击，使关中平原与晋南盆地相连，黄河分隔其中。远古以来，两地即发生着紧密的人文交往。黄河南下沿汾渭谷地晋南盆地边缘，在芮城风陵渡折而右依中条山东流。中条山因其位于太行山脉南段的王屋山和秦岭华山之间而得名，其与晋南盆地结为一体，东向是中原大地，西向是关中平原，双向扩展构成华夏起源的中心地带，是早期文明的重要汇聚地。这里特殊的区位优势，为中国百万年人类史、一万年文化史、五千年文明史提供了坚实的考古支撑。河东土地平易，有盐铁之饶，本唐尧所居（《汉书·地理志》），考古表明，晋南是中国青铜时代的起源地，是中国北方人工养蚕的起源地，在古代中国具有重要的战略地位。《帝王世纪》载：尧都平阳、舜都蒲坂、禹都安邑。尧舜禹选贤任能、天下为公，是中国道统体系传承的开端，平阳、蒲坂、安邑皆在今晋南，临汾的尧庙、运城的舜帝陵、夏县的禹王城，以及襄汾的陶寺遗址揭示的夏文明特征，都为我们展示了这个地域在传说时代，乃至早期中国所具有的神圣性。

陟彼山河，缅观山西。考察晋陕黄河左岸的自然、历史与人文，就是要整理这个地域所承载的历史文化资源，揭示阐发其在中华民族文明史中的地位，特别是挖掘其中那些超越时空、跨越国度、具有当代价值、富有永恒魅力的文化基因，增强文化自信，涵养民族精神，建设中华民族现代文明。

本导读由参与考察的编者所写，期望读者朋友借此了解本书的基本架构。书中专家撰写的论证考释文章，是黄河文化与文明的重要内容，既有知识性，又有趣味性、思想性，敬祈读者朋友悉心阅读，愉悦其中；并对书中错漏不当之处，批评指正。

编　者<br>2023 年 6 月 25 日

·中条山南麓黄河左岸·

# 一 古城镇、北白鹅墓地、同善古城

古城镇、北白鹅墓地、同善古城在运城市垣曲县。

垣曲县位于山西省南部、运城市东北隅,三面环山,势如"围椅",南濒黄河。

垣曲县商、周时为"亘方",春秋,为赤狄东山皋落氏地,属晋国。战国,属魏,曰王垣。秦时置县,宋时取"周围皆山,如垣之曲"之义,改名"垣曲"。

—[行知提示]—

　　垣曲县古城镇位于垣曲盆地南端黄河岸边。从古城镇出发沿连固线(连云港—固原公路)东北向行驶12千米,即到垣曲县英言镇北白鹅村。从北白鹅村沿35县道西北行约20千米,到达历山镇同善村,同善古城即位于该村。

"舜根"　李国庆 摄影

## ◇ 古城镇、北白鹅墓地、同善古城简介

● 古城镇

　　古城镇地处垣曲县南端小浪底水库库畔,南与河南渑池、新安隔河相望,距垣曲县城约 36 千米。因小浪底水库建设,古城旧城及曾经发现的新石器时代遗存、垣曲商城遗址均已淹没于水下。现古城镇已建

山西古城国家湿地公园

成山西古城国家湿地公园。

山西古城国家湿地公园属中型湿地公园,以黄河小浪底水库垣曲库区为基础,总面积2906.9公顷。公园内风光旖旎,两岸青山在浩渺的水面上形成美丽的倒影,碧波荡漾,芦苇婆娑,远山碧水,共同构成一幅美丽的生态画卷。

在古城镇,曾发现了中国科学史上第一块始新世哺乳动物化石。1995年5月,中美科学家在黄河北岸的古城镇寨里村,发现了众多的世界上最早的具有高等灵长类动物特征的猿类化石(主要是牙齿化石和颌骨化石),并将该猿类命名为"世纪曙猿"。曙猿意即"类人猿亚目黎明时的曙光"。据考证,曙猿是生活在距今4500万年前的灵长类动物,主要活动在热带、亚热带地区的温暖湿林地中,是人类迄今为止已经发现的最小的灵长类动物。它处于低等灵长类动物向类人猿进化的过渡阶段,兼具二者的部分特征,善攀援,喜欢在树上用四足行走。垣曲世纪曙猿的发现,把类人猿出现的时间向前推进了1000万年。

桂子有《忆王孙·世纪曙猿》词曰:

曙猿化石奉为尊,

万里黄河问去魂。

尘土同归蔓草根。

水无痕,

何处开元得子孙?

● 北白鹅墓地

北白鹅墓地为两周时期墓葬区。位于运城市垣曲县英言镇北白鹅村东。该墓地北依太行牛心山，南距黄河10千米，东距王屋山30千米，东南距洛阳70余千米，西距垣曲县城直线30余千米。

2020年进行考古发掘，发掘面积为1200平方米，共发掘墓葬9座，灰坑17个。出土各类文物500余件套。

此次发掘的墓葬级别高、规模大，出土器物种类

M5墓室及铜器出土情况

丰富，包括铜、玉、石、漆、陶、骨、蚌贝、铅、金等各类文物。其中，礼器类有鼎、甗、簋、盨、罐等，礼乐器有编钟和石磬。最重要的收获是发现带有铭文的铜器近50件套，铭文内容丰富，文字清晰，计14篇。

墓地出土铜壶中尚有液体残留物，学者们运用生物标记物检测、植物微体化石及DNA分析等手段，发现含有较多挥发性有机物和有机酸，为古代果酒遗存。

酒在商周上层社会中扮演着重要的角色，《诗经》中也有大量关于周代酿酒和饮酒的记载。可以说，周人婚嫁丧亡、生子冠笄等重要场合，都会用到酒。但通过《尚书·酒诰》我们可以了解到，西周初期借鉴殷人纵酒无度的历史教训，曾严令禁酒。实际上，从北白鹅出土果酒遗存、考古出土的酒器以及《诗经》的记载可以看出，周人并非始终禁酒，在特定的场合，酒的作用无可替代。

北白鹅化妆品铜盒里面残留有动物油脂、植物精油和朱砂、方解石、文石等矿物类成分，它的功能似乎与后世盛放化妆品的"脂粉奁"类似。

北白鹅墓地多座墓葬中出土有太保燕仲铭文，比如，M3铜簋有"朕皇祖中氏"铭文，铜甗上也有"虢季为匽姬媵甗"；M5铜簋有"匽大子作彝簋"；M6有铜盨"太保匽中"铭和铜簋"中大夫"铭。由此可

北白鹅墓地出土的化妆品铜盒

以推断,北白鹅墓地葬者为召氏家族太保匽中(燕仲)一支。

《史记·周本纪》载:"武王即位,太公望为师,周公旦为辅,召公、毕公之徒左右王。"召公,是周武王的弟弟,在灭商战争中战功赫赫,《诗经·召南·甘棠》中的"蔽芾甘棠,勿翦勿伐,召伯所茇",便赞美的是召公奭。《史记·燕召公世家》中有"周武王之灭纣,封召公于北燕"的记载,召公因功被封于燕,其后人便以"匽"为族属。

M3出土铜甗内壁有"虢季为匽姬媵甗/永宝用享"的铭文,暗示着墓主人可能是匽族。召公在周初受封于燕地，长子克到燕地（今北京琉璃河一带）任燕侯。同时，召公奭不仅有封地，还有"采邑"，采邑是与封邦建国并行的，是在王畿内封赐给在王室任职的公卿大夫的田邑，不同于在王畿外分封给大小诸侯的封地，目的是"以藩屏周"，《诗集传》有"传子王季历，至孙文王昌，辟国寖广，于是徙都于丰，而分岐周故地以为周公旦、召公奭之采邑"，于是，召公奭的次子承袭其官爵"太保"与采邑，先在陕西岐山一带，后随平王迁至太行山南垣曲召原一带。

M3出土的"匽姬"甗

除此以外,北白鹅墓地人面彩绘漆器、成组棺饰物——铜翣(大量的铜鱼、铅鱼、石贝、陶珠等棺罩饰物)及被称为"最萌文物"的形似猫爪的足形金饰等都为社会所广泛关注。

北白鹅墓地是一处两周之际位于成周王畿之内的周朝王卿高级贵族的墓地。本次发掘对研究和探讨两周时期的政治格局、畿内采邑分封制度及晋南地区两周时期的埋葬制度、人群族属、社会生活等提供了新的资料参考,对探索晋南地区文明化进程及其与中原地区的联系都具有重要意义。

桂子参观北白鹅墓地,有《捣练子》词一阕:

民有谷,
乐谐和。
识辨铭文叹逝波。
轵道山阴留旧迹,
墓中铜器未消磨。

北白鹅墓地出土的形似猫爪的足形金饰

## ●同善古城

同善古城位于垣曲县历山镇同善村历山脚下,距垣曲县城 50 千米。

同善古称"负夏",舜父死后,为纪念舜父瞽叟,将负夏改为"瞽冢"。《孟子·离娄下》云:"舜生于诸冯,迁于负夏,卒于鸣条。"故而同善古城附近有诸多与舜相关古迹存在。

历山是中条山的主峰,舜王坪为历山之巅。与同善村相邻的神后村有"舜井"一眼,传说是舜迁来此地之后所凿,也就是传说中继母与弟弟象谋害舜的那口井。据现存碑记载,舜井亭明万历三年(1575)和清康熙二年(1663)都曾重修。清道光年间,山西太守王炳勋在《重修舜井庙记》中云:"虞舜庙寝宫之前有井焉!斯井也,相传即亚圣孟子所谓浚井也。"据考证,发源于历山,南流经同善,至古城镇注入黄河的垣曲第一大河——沇(yǎn)河,亦名舜清河。

同善现存古代建筑两处,俱为近年修缮。其一是村西同善古城北门门楼,砖木结构,面阔三间,进深两间。栏额、普柏枋、斗拱均有彩绘,柱础为莲瓣覆盆式,悬山顶。楼基与城墙相平,楼门额"舜帝故里"字样系明万历年间书。

另一古建即同心会馆,坐北朝南,清嘉庆十九年(1814)、道光十九年(1839)重修。占地面积1624平方米。自南向北依次是门楼、照壁、戏台、月台、献殿、正殿和垛殿,垛殿左右分别有火神庙和财神庙。

戏台倒座,建在高1.59米的条石台基上,面宽三间,进深五椽,单檐悬山顶。

献殿以北是正殿,面宽三间,进深四椽,单檐硬山顶。祭祀关帝,檐柱上的楹联为"秉千秋忠义无商不利,借一部春秋谋事必成"。

同善古城北门门楼  李国庆 摄影

同心会馆　石春兰　摄影

同心会馆历史上是商人云集、货物中转的场所。桂子过游，有《忆江南·舜根之乡》词曰：

尧传舜，
史记历山耕。
孝感河川民向善，
德昭天地世升平。
千古颂清明。

## 二 黄河栈道遗址

　　黄河栈道遗址在运城市平陆县分布最为集中且具典型性。

　　平陆县北依中条山,南临黄河,整体是一个由北向南倾斜的山前阶地。

　　平陆夏、商称虞。西汉始置大阳县(以在大河之阳)。唐天宝元年(742),陕郡太守李齐物开黄河三门漕道,从河中挖出古刃,有篆文"平陆"二字,以为祥瑞,遂改名为平陆县。

---[行知提示]---

　　从同善村沿522国道西南向行驶210千米,到达平陆县曹川镇西河头村,西河头黄河栈道遗迹即在村南黄河岸边。

平陆黄河栈道西河头段遗址鸟瞰

李国庆 摄影

## ◇ 黄河栈道遗址简介

黄河栈道遗址是黄河漕运的重要遗迹。《水经注》载:"自砥柱以下,五户以上,其间百二十里,河中竦石桀出……合有一十九滩,水流峻急,势同三峡,破害舟船,自古所患。"故而在山西平陆、夏县、垣曲三县沿河50余千米地段内发现栈道40处,累计长5000余米。

在残存栈道上共发现大、小方形或长方形壁孔1000余个(统称方形壁孔),牛鼻形壁孔600余个。

黄河河道巨石上的方形凿孔　李国庆 摄影

发现栈道岩壁题记多者200余字，字体有篆、隶、楷三种，大小不等，题记中有建武、贞观、垂拱、总章、太和、绍圣、元熙、崇祯、道光、宣统等年号，朝代为东汉、唐、宋、明、清。

春秋时期黄河栈道已经出现。秦汉时已具规模，漕运业已形成。唐代为黄河栈道最盛期。宋开始，黄河栈道走向式微。

栈道遗迹路面宽窄不一，保存较好的，宽度可达2.5米多。大部分坍塌严重。在部分地段的栈道路面上，有间距基本相等的凿痕。另有部分地段路面平滑，青石路面宽1.2～1.5米，路的外侧还有高出路面5～8厘米的塄坎。

在黄河栈道的拐弯处还发现了立式转筒的遗迹。立式转筒遗迹由上、中、下三部分组成。上部是在距栈道路面1.5米左右的岩壁上，凿一个或大或小的方形壁孔。下部是在与此壁孔垂直相应的地面岩石上，凿有一个圆形底盘，底盘中间又凿一个或两个浅圆窝，窝呈锅底形，且被磨得十分光滑，这说明是经过重物长久旋转所致。此外，在方形壁孔与圆形底盘之间紧贴栈道路面的岩壁上，有一半圆柱形壁槽，此壁槽打破岩壁上的绳槽。

黄河栈道遗址对研究古代黄河漕运史、交通史、工程技术史及其在社会经济文化中的作用，均有重要价值。

2006年,黄河栈道遗址被公布为全国重点文物保护单位。

桂子《忆江南·黄河栈道》曰:

黄河上,

古道傍悬崖。

绝壁遗痕途更险,

文人题记字犹佳。

千里走天涯。

王子今

# 1 黄河漕运遗迹考察

史称"河漕"的国家运输行为,从汉代起,就成为中央政府主持的大规模的经济活动。黄河漕运线路,曾经是汉唐帝国的生命线。

以西汉时期为例,"漕转山东粟,以给中都官"(《史记·平准书》),成为维持长安正常都市经济生活的保障。长安的政治、文化中心的作用,在这样的条件下才有可能实现。

根据司马迁在《史记·平准书》中的记载,汉初通过"河漕"转运到长安的粮食,"岁不过数十万石"。到了汉武帝时代,长安城市规模显著扩大,居民人口显著增加,消费水准显著提高,"下河漕度四百万石,及官自籴乃足。"运输量最高的时候,竟然需要"山东漕益岁六百万石"。

"河漕"考察,不仅仅具有交通运输史意义和经济管理史意义,关注并说明这一历史现象,对于认识和理解大一统政治格局的形成和维护,也是非常必要的。而"河漕"研究,也可以深化有关黄河对于我们民族文化发育和发展的伟大作用的认识。

汉唐黄河漕运遗存多有保留。考古学者就相关遗迹的发现和说明，进行了艰苦的工作。黄河漕运遗迹考古具有经典意义的收获，应当首推俞伟超先生参与主要工作的考古报告《三门峡漕运遗迹》（科学出版社，1959年版）。

俞伟超先生有这样的回忆："1955年底，我到洛阳跟夏先生搞黄河水库调查，那次经历令我终生难忘。那是1956年初，我到三门峡搞栈道调查，坐羊皮筏子过了黄河，找到了很多唐代、北魏甚至汉代的题刻。那天共发现了一百多处。当天晚上到洛阳，第二天我就给夏先生写信，写了十六页纸。夏先生立即决定正式勘察，调了五六个人，干了一个多月。"俞伟超先生说，"就在这时，我的道路有了一个转折，北大给我来了一封信，同意我免试读他们的研究生。"据俞伟超先生说，他在北大完成的主要工作和最初的研究实践，首先是"撰写三门峡调查报告"，"完成了邺城调查记（1961年发表），弄清了邺城的三台名称"（张爱冰：《考古学是什么——俞伟超先生访谈录》，《东南文化》1990年第3期）。俞伟超先生人生"道路"的"一个转折"，就是三门峡的"栈道调查"。俞伟超先生考古实践的最初成就，就是那部"三门峡调查报告"，即《三门峡漕运遗迹》。

41年之后，山西省的考古学者为配合黄河小浪底水库工程建设，对三门峡以东的黄河北岸进行了非常详细的考古勘察，在山西平陆、夏县、垣曲沿河98千米区段内，发现古代黄河栈道遗迹计45处。他们的工作总结，展示于《黄河漕运遗迹（山西段）》（科学技术文献出版社，2004年版）一书中。这部考古报告，可以看作《三门峡漕运遗迹》问世45年之后又一部交通考古的成功论著。

张庆捷、赵瑞民、郎宝利等先生进行的这项工作，自1997年春季至2004年夏季，历时数年，发现的栈道遗迹累计长4517米。栈道沿线的壁孔、底孔、桥槽、转筒以及历代题记等遗存型式繁多，数量丰富。这些实物资料大大充实了我们对于古代黄河漕运史以至中国古代交通史和中国古代工程技术史的认识。

垣曲五福涧村栈道岩壁上发现的"建武十一年□月□日官造□／遣匠师专治□□积临水水口"题记，考察者经认真研究，判断为汉光武帝建武十一年（35）的遗存。这一考订，为栈道修建年代的推定提供了比较可靠的时间坐标。而秦汉交通史研究，也获得了新的第一手资料。

与其他地方的古代栈道遗存不同，黄河古栈道大多数地段采用先在岩壁上向内开凿出通道，然后再凿壁孔、插木梁、铺木板的开通方式。牛鼻形壁孔以及栈道转弯处均有发现的立式转筒遗迹，也是黄河古栈道独有的。据考察者分析,立式转筒的发明和推广,应在唐代漕运兴盛时期。"立式转筒的发明推广对漕运有如下积极作用:一是使纤绳避免与岩壁摩擦,降低了纤绳的磨损程度;二是减轻了纤夫挽船的劳动强度,提高了挽船和漕运效率;三是减少了纤夫因'绳多绝,挽夫辄坠死'(《新唐书·食货志》)的危险,增大了纤夫挽船时的安全系数。"(《黄河漕运遗迹(山西段)》,第7页)这样的分析,是非常准确的。我们对于中国古代在交通建设方面的发明,又因这些确实可信的判断获得了新的认识。

张庆捷、赵瑞民、郎宝利等先生进行的黄河漕运遗迹的实地调查,为我们提供了"全面"而"完善"的宝贵资料。酷暑烈日,悬崖峭壁,湍流漩涡,都对

黄河栈道方形壁孔及绳槽　李国庆 摄影

考察工作增加了许多困难。张庆捷等渡河拍照时陷入淤沙，陈春荣等打印题刻拓片时坠落激流，都是意想不到的险情。我们手捧这部厚重的堪称"头等的资料"的《黄河漕运遗迹（山西段）》，自然深心感谢著作者们艰辛的劳动。

黄河漕运遗迹（山西段）考察与河南新安汉代漕运仓储遗址被评选为"1998年全国十大重要考古新发现"之一，体现出学界对交通考古所取得的这一进步的肯定（王子今：《交通考古学的成功实践——评〈黄河漕运遗迹（山西段）〉》，《中国文物报》，2008年8月13日）。

我和几位好友刘华祝、宋超、孙家洲一起，曾经利用在山西大学参加答辩的机会，由赵瑞民教授、郎保利教授和李书吉教授引领，对晋南黄河漕运遗迹进行过实地考察。这次承西北大学出版社策划、安排，孙家洲和我再一次来到遗迹现场。由当年考察的参加者李百勤、赵瑞民两位先生亲自导引，我们在亲临古代纤夫们行走的栈道遗迹之外，还找寻到了一处唐代石刻题记。

踏行古黄河栈道遗迹，不能不联想到千百年前艰苦行进在这条道路上的纤夫们。

清人张应昌辑《诗铎》卷八《力役》比较集中地收录了几首关于牵引河运船舶的苦力们劳作生活的诗

歌,不妨借以了解"河漕"交通线路上的血和泪。钱澄之《水夫谣》写道:"上水下水不计数,但见船来点夫去。十家门派一夫行,生死向前无怨声。衣中何有苦搜索,身无钱使夜当缚。遭他鞭挞无完肤,行迟还用刀箭驱。掣刀在腰箭在手,人命贱同豕与狗。射死纷纷满路尸,那敢问人死者谁。""腐肉已充鸟鸢饥,家家犹望水夫归。""水夫"从事的是苦役。"点夫",体现了强制劳作的性质。诗句言"生死向前","鞭挞"可能是寻常情形,"刀箭驱"甚至"射死",应当是驱使者以为"行迟",以"箭""射死"纤夫的惩罚

**黄河栈道岩壁唐"总章"题记**　李国庆　摄影

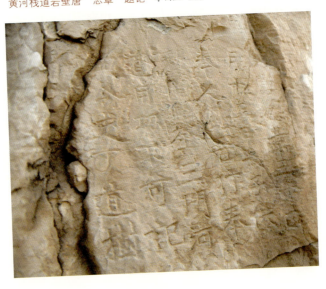

动作，说明执行者远离"水夫"，亦可以体现"射死纷纷满路尸"的受害者，其劳作空间位于险地。又如陶澍《牵船哭》诗也说到"到处鞭笞背流血"，而"行迟"可能是客观原因，如"沙胶水浅船不行"。诗人写道："城中壮夫应如选，千钱百钱俱得免。茕茕只有田间氓，带索驱来如牵犬。""此时茫茫断消息，半月一月那有极。""十人共索聚城下，计取百人牵一船。""沙胶水浅船不行，到处鞭笞背流血。迢遥百里见淮阴，明日牵船更有人。吹角插旗城下住，看尔辛勤送前去。"所谓"迢遥百里见淮阴"，是描述运河"牵船"劳作，但是黄河漕运，环境条件只能更为艰险。"计取百人牵一船"诗句描述了劳动组织形式。所谓"明日牵船更有人"，"看尔辛勤送前去"，似可说明"牵船"劳役的调发，可能是按照河段先后接续的。

《汉书·食货志上》出现"漕卒"身份，说明西汉时期"河漕"运输劳作的承担者，是按照军事化方式组织的。后世可能也有类似情形。梁清标《挽船曲》写道："长安昨日兵符下，舳舻千里如云屯。官司雇夫牵缆去，扶老携儿啼满路。邨邨逃避鸡犬空，长河日黑涛声怒。纤夫追捉动数千，行旅裹足无人烟。""穷民祖臂身无粮，挽船数日犹空肠。霜飙烈日任吹炙，皮穿骨折委道旁。前船夫多死，后船夫又续。眼见骨肉离，安能辞楚毒。呼天不敢祈生还，但愿将身葬鱼腹。

可怜河畔风凄凄,中夜燐飞新鬼哭。"诗中虽然说到"兵符",然而又言"官司雇夫牵缆去",似乎是取雇佣劳作形式。但是"挽船"艰苦异常,也往往面对死难。所谓"不敢祈生还","将身葬鱼腹",以及"可怜河畔风凄凄,中夜燐飞新鬼哭",都是其生命结局之悲惨的写照。又如孙廷铨《挽船行》:"来骑一何怒,飞鞚走闻圜。鞭挞纵横下,不得少迟延。衔索似枯鱼,什伍且俱前。裹粮不及夕,往返动盈千。""蠲除虽有诏,趑趄未敢言。哀哀挽船行,时命亦已然。"诗句也说到"鞭挞纵横下,不得少迟延",大约"挽船"行进,都有严苛的行期和行速要求。诗言"什伍",似乎对于"往返动盈千"的"纤夫",也采取了准军事化的组织管理形式。

王侍《点夫行》写道:"市头五鼓争喧呼,摐金伐鼓点纤夫。""麻绳累累如鱼贯,面无人色发蓬乱。县吏亭午开重门,传呼一声争叫奔。点毕驱之空室里,万姓抢头泪如水。三日一食那可得,妻儿饥号来索米。十日半月艨艟至,传令开门拽船去。""纤夫相戒须努力,足步稍缓生荆棘。身无完衣腹无食,清霜夜半迎风泣。舟子持梃索大钱,出之稍迟挥长鞭。路上横尸相枕籍,饥乌飞啄狗争食。回头道上闻传呼,县吏急来催纤夫。"诗句可见"麻绳累累如鱼贯"情形,与前引"带索驱来如牵犬""十人共索聚城下""衔索似枯鱼,什伍且俱前"句对照,体现出奴隶式强制性苦役形式。"县吏"之"急""催","传呼一声争叫奔",说明役用"急""驱"的节奏。而"纤夫"劳作必须"努力","足步稍缓"就会遭遇严惩。特别是"舟子持梃索大钱,出之稍迟挥长鞭",令读者不免吃惊。这当然与前引"衣中何有苦搜索,身无钱使夜当缚","城中壮夫应如选,千钱百钱俱得免",以及"茧茧只有田间氓,带索驱来如牵犬"不同,并非说以"钱"贿赂"官司""县吏"则可以"免"此"力役",也就是"纤夫"往往是最底层"田间氓"的情形,还同时揭露了"舟子"竟然也可以行使暴力向"纤夫""索大钱"的丑恶现象。同样是劳动者,因技术

黄河平陆段壁立崖岸　李国庆 摄影

层次不同导致身份等级有异,"牵缆"者甚至要忍受船工的欺凌。

近距离观察"河漕"栈道的防滑刻槽,系缆石孔和纤绳摩擦的转筒遗存,可以体会"纤夫""水夫""挽船"者当年的苦难,以及在他们血泪生活的基础上怎样成就了长安的繁华。而这些"河漕"遗迹创造者们,即设计施工中石工们表现出来的智慧和功力,也让我们心生崇敬。

## 三
### 前庄商代遗址、粮宿古城

前庄商代遗址、粮宿古城在平陆县坡底乡西寨村。

[行知提示]

从曹川镇西河头村沿002乡道、522国道行驶26千米，到达平陆县坡底乡西寨村，前庄商代遗址和粮宿古城即位于该村黄河二级台地上。

粮宿古城濒临的黄河港湾 李国庆 摄影

# ◇ 前庄商代遗址、粮宿古城简介

## ● 前庄商代遗址

前庄商代遗址位于平陆县城东 40 千米的坡底乡西寨村。遗址所在的黄河二级台地约 1 万平方米，东边 10 余米的悬崖下是石膏河，西、南两边 20 米的悬崖下为黄河。黄河边上的一级台地时有时无，古代行船的纤道依稀可见。

遗址平台如同半岛，北边与陡峭的石崖相连，当时应是一个地形险要的山寨。该遗址东距垣曲县古城镇垣曲商城遗址 20 千米。

沿河公路从前庄商代遗址台地横穿而过，切挖破坏约 3000 平方米。遗址第二层为商代文化层，厚 0.80～3 米。其文化内涵为商代二里岗类型。出土器物有青铜礼器，各种陶器、石器、骨器及蚌器、卜骨等。发现的文化遗迹主要有灰坑、半地穴式房子等。

该遗址最大的收获是相继发现了一批商代王室祭祀重器。其中有青铜器饕餮纹大方鼎 1 件、饕餮纹大圆鼎 2 件和饕餮纹青铜罍 1 件，另有爵 2 件、斝 1 件及大石磬、陶鬲、网坠、纺轮等。

如此之多的商代前期青铜重器的出土,在中原地区尚属罕见。而从该遗址所处的地理环境上看,古往今来,交通皆为不便,何况附近既不产铜,也不产玉,这批礼器从何而来,器物的主人到底是谁,这为我国商古前期文化的研究提出一个新的课题。

平陆前庄出土的商代饕餮纹圆鼎、乳钉纹方鼎

● 粮宿古城

粮宿古城为商代前期城址,位于平陆县坡底乡粮宿村,距平陆县城40千米。古城总面积约45万平方

米，西面与前庄商代遗址搭界，此处是三门峡峡谷中一块面积最大的黄河二级台地，是古代人类居住活动、栖息的理想之地。

城垣现发现有东、西、北三面，南濒黄河，北面靠山，东面临沟。

城址北高南低，东西宽200余米，南北长300余米，总面积6万平方米以上。采集到少量夹砂粗绳纹灰、黑陶片和泥制灰、黑、红陶片。可以判定的器物有尊、鬲、盆、罐等，与前庄商代遗址出土的同类陶器基本一致。还发现了当时烧陶所留下的窑址遗迹和包含各种遗物的文化层，其厚度为0.5～2米。

● 孙家洲

# 1 大阳
## ——平陆：山险深处蕴藏的历史风云

此次沿黄考察，有曾任山西大学考古专业学术带头人的赵瑞民教授加盟，而且他出面请了大学时的同班同学、曾任运城市文物旅游局副局长的李百勤先生全程参与，是特别好的安排。沿途之上，听两位山西的知名考古学者在现场讲解考古过程的逸闻趣事，深度解析相关的考古现象，受益良多。

李百勤先生诙谐地说到"运城四大怪"，其中就有"平陆不平"之说。平陆，是运城市下辖的一个县。等我们一行人进入平陆，才真正体会到"平陆不平"（还有一个更完整的说法——"平陆不平沟三千"），民间谚语确实"信而有征"。

平陆县地处广泛意义上的晋、陕、豫黄河"金三角"地带，有"山西南大门"之称。它南有黄河为天然屏障，北依中条山为纵深腹地，是有山河之险可以凭借的地理单元。与"平陆"之名形成鲜明对照的是：在我们考察所过之处，都是峻山深沟而不见平地。

位于群山之内的平陆县，境内罕见平地，却获"平

平陆县坡底乡地势

陆"之名,难免让人猜测这个与自然地理形势不相吻合的地名,在其背后或许有什么故事。果然,查看相关记载,可以看到如下说明:唐天宝元年(742),"太守李齐物开三门,石下得戟,大刃有'平陆'篆字,因改(河北县)为平陆县"。果然,平陆的得名真是"有故事"!其实,我们如果打开历史典籍向前追索,在更早的时期,这片土地上有一个更为响亮的地名,甚至可以说是特别"辉煌"的地名——"大阳"。查"平陆县政府网"有如下明确记载:"历史沿革:平陆,周称虞国与虢国。春秋为晋之大阳邑,战国属魏,秦为河东郡地,汉置大阳县,北周天和二年改称河北县,唐天宝元年陕州太守李齐物开凿黄河三门峡以利河运,得古刃有篆文曰'平陆',因改之,沿用至今。"

《汉书·地理志上》对"河东郡"的记载,在首列"安邑"表示其为河东郡首县、郡治所在地之外,其下就列述:"大阳,吴山在西,上有吴城,周武王封太伯后于此,是为虞公,为晋所灭。有天子庙。莽曰勤田。"并注引东汉末年学者应劭之说:"在大河之阳。"(《汉书》卷二十八上《地理志上》,中华书局,1962年版,第1550页)应劭之说,是在解释"大阳"得名与其位于黄河北岸有关。《后汉书》后附《续汉书》的《郡国志》,在"河东郡"之下对"大阳"也有相关的记载:"大阳有吴山,上有虞城。"注释保留了有价值的内容:"杜预曰虞国也。《帝王世纪》曰:'舜嫔于虞,虞城是也。'亦谓吴城,《史记》秦昭王伐魏取吴城,即此城也……《博物记》曰傅岩在县北。"(《续汉书·郡国志》一,见《后汉书》,中华书局,1965年版,第3397~3398页)

芮城博物馆收藏有东汉的一方摩崖石刻,文字竖排,计有3行11字,为"汉/大阳檀道界/君位至三公"。这方刻石的出现有传奇性:1975年,山西芮城县公路段在中条山二十岭修筑解陌(解州—陌南)公路时因开山劈道,劈落了一堆山石。参与施工的张志超先生为修建自家房舍宅院,将这一堆山石运回自己家中。他在翻动石头时,发现其中一块石头上有刻字,遂将其保存在自家院内。2012年8月,当地画家张昌先生在下乡采风时，发现了这方石刻。他意识到这方石刻的历史价值，就将其收回至书画社内保存。其后张昌先生将这方汉代石刻捐献给芮城县博物馆保存和展出。石刻最后一行文字"君位至三公"，是汉代常见的"吉语"文字，表达对获得高官厚禄的祝福，多见于铜镜铭文。附出于这方分界石刻之中，只能理解为"吉语"的泛用。石刻的核心内容是标明"大阳"与"檀道"的分界线。"大阳"即是今日"平陆"在汉代的县名，明确无误。"檀道"应该如何理解，却是一个很令人困惑的问题。见到几种解释，多是从输送檀木的道路入手来做推论，也就是把"道"当作"道里"之道来理解。我认为从"界标"的定性来理解，上述解释似乎不妥。"檀道"应该是当时与"县"平级的行政区划名，也就是"县邑侯道"之道。但是遍查史书，不见"檀道"的记载，只好存疑待考。这方石刻的意义，有一点是确凿无疑的：它以实物形态证明了"大阳"古县在汉代的真实存在。

"大阳"作为地名而保留至今的尚有一处：大阳渡。它位于黄河北岸，与河南三门峡市隔河相望。作为"风陵渡"下游的一处重要渡口，它在古今交通史和军事史上，都有重要意义。本文第三部分所述秦昭王攻占吴城之战，从黄河津渡的地理位置推测，秦军强渡黄河天险的突破口，极有可能选择在此处。

依据相关古籍的记载，梳理春秋战国时期发生在平陆县(汉代之"大阳")的历史风云,对我们认识和发掘这一方热土的历史价值,自有其多方面的价值。

## 一、春秋首霸齐桓公推尊大阳"卑耳之山"

春秋前期的第一位正式霸主齐桓公,在主持了中原多国诸侯参加的"葵丘之盟"后,自以为功德圆满,

汉大阳檀道界摩崖刻石拓片

就产生了骄横之心，提出要仿效上古时代"圣王"，到泰山举行"封禅"大典。其辅臣管仲是一代大政治家，对治理天下有更高的追求，他并不认可齐桓公有举行"封禅"大典的资格，却不便公开反对，于是就在齐桓公面前极言"封禅"难度之大、门槛之高："古者封泰山禅梁父者七十二家，而夷吾所记者十有二焉……皆受命然后得封禅。"最后一句话点明了只有"受命"之君（也就是天子）才有资格举行"封禅"大典，希望齐桓公可以知难而退。但是，管仲没有想到的是：齐桓公对"封禅"大典近乎痴迷了，他历数自己的辉煌功业，意在回应管仲的委婉劝谏，突破管仲所设置的限制条件，似乎自己业已达到了"受命"的标准，也就可以举行"封禅"了。齐桓公自述功业，重点是他向北、西、南三个方向（齐国居东，其东方是大海，齐桓公尚无向海洋开拓的意识，故不曾言及对东方的开拓）的征伐和文化拓展之功："寡人北伐山戎，过孤竹。西伐大夏，涉流沙，束马悬车，上卑耳之山。南伐至召陵，登熊耳山以望江汉。兵车之会三，而乘车之会六，九合诸侯，一匡天下，诸侯莫违我。昔三代受命，亦何以异乎？"值得注意的是：齐桓公引以为傲的向西方开拓的标志是"西伐大夏，涉流沙，束马悬车，上卑耳之山"。《史记集解》注引韦昭之说，对其中数语做了解释："将上山，缠束其马，悬钩其车也。

卑耳即《齐语》所谓'辟耳'。"《史记索隐》则对"卑耳之山"做了说明："山名，在河东大阳。卑读如字也。《齐语》，即《春秋外传》《国语》之书也。辟音僻。贾逵云'山险也'。"面对"封禅"心切的齐桓公，极富政治智慧的管仲，只好动用另外一套"设限"体系，来阻止君王的个人欲望。管仲列举了"封禅"之前必须出现的天地祥瑞，如"东海致比目之鱼，西海致比翼之鸟"，等等，然后反诘齐桓公："今凤皇麒麟不来，嘉谷不生，而蓬蒿藜莠茂，鸱枭数至，而欲封禅，毋乃不可乎？"（《史记》卷二八《封禅书》，此外，《管子·封禅》有大致相同的文字）面对着管仲如此不留情面的质问，齐桓公只好放弃了"封禅"的打算。

对上面这段很有历史文化内涵的君臣对话，可以有不同侧面的解读。我所关注的重点是：齐桓公坚执他有"封禅"资格的理由之一，居然是他登临过"卑耳之山"，视之为经营西方的成功标志。这是否可以理解为，在齐桓公的心目中，"卑耳之山"具有"神山"的地位，具备了某种神圣性？

"卑耳之山"，即辟耳山，位于现在平陆县的西北一隅。很遗憾，我们此次考察，没有到实地查看，不知道它是否还保留着令齐桓公印象深刻的高耸险峻，也不知道生活在平陆的人，有多少人还知道齐桓公曾经如此推尊这座群山环抱中的山峰。

## 二、大阳：战国名士虞卿的封地与"姓名"奥秘

战国后期的名士虞卿，曾经在赵国得到重用。司马迁写《史记》，曾经对虞卿表达过特殊的敬意。为了说明小标题的内涵，我要从一个有点复杂的历史故事说起。

秦昭王时期一度担任丞相的范雎，是一位富有传奇性的人物。在他飞黄腾达之前，曾经在魏国大夫须贾手下做事。须贾出使于齐，范雎作为随员从行。齐襄王因为欣赏范雎的雄辩之才，就派人赐给范雎"金十斤及牛酒"，范雎辞谢不敢受。须贾出使的目的迟迟无法达成，又得知齐王赠送范雎重礼，不由大怒，推测范雎暗中把魏国的内情泄露给齐国，所以才得此馈赠。须贾返回魏国之后，把对范雎"泄密"的怀疑报告给丞相魏齐。魏齐大怒，指派属下对范雎施加酷刑，以至打断了他的肋骨，打落了他的牙齿。范雎佯死，寻得间隙，以重谢为诱饵，打动了看守"尸体"的人员，以抛弃死人尸体的名义，奏请魏齐同意，范雎才得以从魏齐的府中逃脱。侥幸逃生的范雎，藏匿于民间，更改姓名为"张禄"。后来，范雎利用秦国使臣访魏的机会，巧妙谋划，得以逃离魏国而进入秦国。范雎以自己的政治见识和纵横家的辩才，很快得到了秦昭王的赏识，得以从异国来客而被破格重用为秦国

的丞相。范雎在秦国执掌行政大权之后，依然使用"张禄"的姓名，魏国君臣并不知道这位新任丞相的真实身份，他们都以为范雎早就死去多时了。魏国得知秦制定了东伐韩、魏的计划，就派遣大夫须贾出使于秦。范雎得知须贾入秦，就假扮为落魄之人，前来馆驿拜访当年的旧主。虽然须贾与范雎当年的恩恩怨怨一时无法说清，看到须贾面对外表落魄的范雎，意外地表现出了故人之情，范雎内心决定放须贾一条生路。但是，对于当年几乎将自己活活打死的魏国丞相魏齐，范雎却执意要他的命。于是，就有了秦国丞相范雎大宴列国使臣、却唯独将魏使须贾百般凌辱的一场大戏。他高居尊位，携强秦丞相之威，告知魂飞魄散的须贾："为我告魏王：急持魏齐头来！不然者，我且屠大梁。"（《史记》卷七九《范雎列传》）范雎快意恩仇的性格在此时表现得很充分。须贾归国，把上述情况告知魏齐。魏齐万万没有想到，现在执掌强秦实权的丞相张禄，就是被自己下令处死的范雎！魏齐当然知道，以魏国的实力，完全没法与秦国抗衡，作为一位对国运有担当的贵族人物，他不愿以魏国为自己的保命屏障，而是在极度惊恐之下，选择逃离魏国，避免强秦以诛杀魏齐为借口而进攻魏国。应该说，此时的魏齐做出这样的选择，是有"公而忘私"的贵族精神的。

随着魏齐逃亡，沿途各国当政者如何对待"落难"

亡命的魏齐，就成为一个可以考察各色人等的担当力和为人底色的机会了。在这个过程中，赵国贵族平原君赵胜、魏国贵族信陵君魏无忌、赵国丞相虞卿，都以各自的处理此事的不同立场和态度，留给后人以多种的历史解读。

平原君赵胜、信陵君魏无忌，同为名列"战国四公子"的人物。就常见的历史评价而言，信陵君魏无忌因为有"窃符救赵"等壮举，青史评价远高于平原君赵胜。但是，在如何对待落难逃亡的魏齐这个具体问题上，信陵君魏无忌的表现实在是要比平原君赵胜逊色许多。以上三人比较，最有"舍己为人"君子气度的则是虞卿。

魏齐逃离魏国，选择的保命之地就是赵国，他藏匿在平原君赵胜府中。秦昭王得知魏齐潜藏在平原君府中，为了显示他对范雎的尊崇，并显示君相之间的亲密无间，特意做出极力为范雎报仇的姿态，他先是以伪装的善意，发出一封书信，邀请平原君赵胜入秦欢饮，其中有充满谦和之意的用语："寡人闻君之高义，愿与君为布衣之友，君幸过寡人，寡人愿与君为十日之饮。"平原君赵胜阅读来信之后，感到没有任何恶意，而且当时的国势本来就是秦国独强之势已经很明显，赵胜对秦国心存畏惧，不敢拒绝秦王的好言邀请，就入秦而见昭王。秦昭王与平原君假意友善饮酒数日后，就把真实用心挑明，对平原君赵胜发出了胁迫："齐桓公得管夷吾以为仲父，今范君亦寡人之叔父也。范君之仇在君之家，愿使人归取其头来。不然，吾不出君于关。"这就是公开把赵胜扣为人质，逼迫他交出魏齐。平原君在身陷敌国的危急关头，巧妙地回答："贵而为友者，为贱也；富而为交者，为贫也。夫魏齐者，胜之友也，在固不出也，今又不在臣所。"这个答对，既表现出了赵胜忠诚于交友原则的根本立场，又以虚与委蛇的说法避免与秦昭王的正面冲突，很有外交智慧。赵胜的答对很得体，秦昭王无法从赵胜这里取得突破，就派出使者入赵，给赵王一封国书："王之弟在秦，范君之仇魏齐在平原君之家。王使人疾持其头来。不然，吾举兵而伐赵，又不出王之弟于关。"（《史记》卷七九《范雎列传》）赵胜与魏齐有旧交，而且要保持自己"尊贤养士"的形象，故选择保护魏齐的立场。而赵孝成王却没有赵胜的这种"包袱"，他要做的是避免赵国和秦国之间开战，并且也要保全自己的弟弟赵胜的生命，他自然不会为了保护魏齐而开罪秦国。于是，赵孝成王发兵包围了平原君的府邸，意在逮捕魏齐送往秦国，以便换得平原君脱险归国。好在魏齐警觉有变，他巧借夜色掩护得以逃出，情急之中前去拜见赵相虞卿。

魏齐为了逃避秦国君臣的追杀，不得已走上背井离乡的逃亡之路,已见上述。赵国的丞相虞卿,得知穷途末路的魏齐前来投奔,在利害与道义之间,他是如何选择的?作为天下知名的政治家,虞卿当然知道这种选择的艰难:只要他出面接待魏齐,就会被秦国君臣理解为"与秦为敌",也就会承受来自强秦的报复,而招致灾祸上身。虞卿却毫不犹豫地与魏齐相见。虞卿很客观地分析大势:不论平时赵王如何尊重自己,但是面对如此局势根本无法劝说赵王饶过魏齐。此时的虞卿表现出一般人不可能具备的决断和担当:为了救助走投无路的魏齐,他毫不犹豫地放弃丞相大印,与魏齐相携逃亡。在逃亡途中,魏齐和虞卿两人相商,感觉几个国家都很难快速提供庇护,就折返回到魏国。他们的设想是通过信陵君魏无忌提供暂时性的收容,再转投楚国。他们认定只有楚国才可能不惧怕秦国的胁迫而给魏齐以容身之地。

信陵君听说虞卿陪同魏齐前来求见,他心中对强秦很是惧怕,担心会因此而导致秦国兴师问罪,犹豫未肯见虞卿和魏齐两人。信陵君本来以富有胆识和能力而著称,他对于自己如此胆怯的决定实际上内心有愧,担心别人会因此而蔑视他,就假装糊涂地向身边的人发问:"虞卿何如人也?"此时的信陵君是多么希望身边的人回答虞卿是无足轻重的人,如此,他就可以减轻一些不见此人的内心愧疚之感了。但是,当时在场的偏偏是侯嬴！他就是襄助信陵君成就"窃符救赵"壮举的谋主，在某种意义上说来，信陵君的功成名就，离不开侯嬴的出谋划策。侯嬴是真正的贤士，他希望自己全力辅佐的主人是敢作敢为的英雄。但是，信陵君因为畏惧秦国而不敢与魏齐和虞卿见面的怯懦之举，令侯嬴大感意外，随即产生了鄙夷之感。作为深通人情世故的智者，侯嬴当然知道此时的信陵君发出此问希望听到什么类型的答复，也就是要为他的怯懦之举找到一个理由，以便于他作为"下台阶"的借口。侯嬴偏偏不给信陵君提供这样的台阶！他以激愤的口吻，回答信陵君的问题："人固未易知，知人亦未易也！夫虞卿蹑屩檐簦，一见赵王，赐白璧一双，黄金百镒；再见，拜为上卿；三见，卒受相印，封万户侯。当此之时，天下争知之。夫魏齐穷困过虞卿，虞卿不敢重爵禄之尊，解相印，捐万户侯而间行。急士之穷而归公子，公子曰'何如人！'人固不易知，知人亦未易也！"（《史记》卷七九《范雎列传》）侯嬴此说，对于重视个人名誉的信陵君而言，无疑是当头一棒！其中暗含的一层意思是说：信陵君此举，令士人失望，假如怯懦不敢任事的信陵君，就是他的真实面目，那么包括侯嬴在内的真名士，都要重新审视此前对信陵君的认识，会否继续追随他都会成为问题！当然，侯嬴的回答也可以解读为"恨铁不成钢"的"激将之法"。

侯嬴铁面无私的答复，使得信陵君大为惭愧，赶紧下令驾车，亲自到郊外去迎接。但是，大错已经铸成！身为贵族的魏齐，在落难之后也保持着贵族应有的尊严，他得知以"尊贤养士"而名满天下的信陵君，居然不愿意见自己，一怒之下自刭身亡。

魏齐的悲剧下场，我们姑且置而不论；在魏齐避祸逃难期间，赵国平原君、魏国信陵君、赵国丞相虞卿三位的表现，各不相同。崇尚志节、推重义气的读史者，都会对虞卿由衷敬佩。我们再来审视这位为了救助落难者而毅然放弃高官厚禄的奇人，他的封地和真实姓名，有何值得我们发掘的地方。

当时担任赵国执政大臣的虞卿，尽管以"游说之士"而著名，却是一位既有见识更有担当的政治家。他入赵游说孝成王，以其高明的见识和献策，很快得到超常规的尊重和重用，可以说创造了战国时期政治仕途上的一大奇迹。"一见，赐黄金百镒，白璧一双。再见，为赵上卿，故号为虞卿。"（《史记》卷七六《虞卿列传》）《风俗通义·穷通》也有相同的记载。注引徐孚远之说："虞系食邑，则虞卿姓名，今皆不传也。"根据三国名士谯周的解释："食邑于虞。"《史记索隐》在此有个说明："赵之虞在河东太（大）阳县，今之虞乡县是也。"结合此处的正文和注释文字来看，赵孝成王给虞卿的封地就是"虞"地，位于河东郡的大阳县,也就是我们现在讨论的"平陆"。原来,大名鼎鼎的"虞卿",并非姓"虞"名"卿",而是以他在赵国的封地和职位而名垂后世。其"得名"由来和秦国的"商君"是同类型。虞卿的真实姓名已被掩盖在历史的无尽风云之中。

司马迁对虞卿有很高的评价:"虞卿既以魏齐之故,不重万户侯卿相之印,与魏齐间行,卒去赵,困于梁。魏齐已死,不得意,乃著书,上采《春秋》,下观近世,曰《节义》《称号》《揣摩》《政谋》,凡八篇。

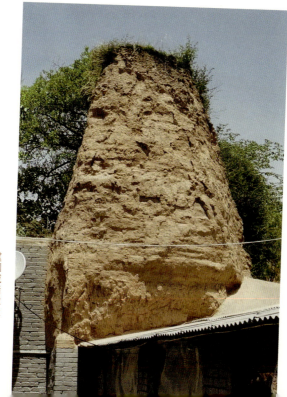

虞国城墙遗址

以刺讥国家得失,世传之曰《虞氏春秋》。"(《史记》卷七六《虞卿列传》)

虞卿曾经以大阳(平陆)为封地,当然是这片古代热土可以引以为傲的一件事情。遗憾的是虞卿在这里做封君的时间不会太长。为了帮助避祸逃亡的魏国贵族魏齐,他毅然选择了放弃封地、放弃高官厚禄而出走的道路。这就是古代君子的处世情怀。

## 三、秦昭王夺取位于大阳的吴城,具有重大战略意义

秦国最终得以吞并六国而完成统一大业,当然是累代经营的结果,汉初政论家贾谊在《过秦论》中称之为"及至始皇,奋六世之余烈,振长策而御宇内"(《史记》卷四八《陈涉世家》,文末"褚先生曰"引《过秦论》),也就是把商鞅辅佐秦孝公推行"变法"视为秦国最终完成统一大业的起点。这当然是很有"大历史观"的重要判断。还有一个历史判断,也是我们必须注意的:在秦国国势不断增强、对山东六国的强势地位不断提升的过程中,秦昭王时代是最为关键的。民国时期的历史学家夏曾佑甚至有这样的判定:"秦之帝业,启之者孝公,成之者昭王,享之者始皇。"夏曾佑先生把真正成就秦国帝业的功劳推给秦昭王,自有其内在的历史依据。秦昭王,是战国

时期在位时间最长（56年）、功业最为显赫的国王。

秦昭王统治的后期，不断扩张发展的秦国，已经取得了独强于天下的优势。山东六国中的任何一国都无法单独与秦国抗衡，甚至他们打出"合纵抗秦"的旗号也要慎之又慎了。因为六国执政者知道，合诸国之力也不是秦国的对手了，这就是当时的既定之局。秦昭王在不断蚕食邻国土地的过程中，有一场带有关键性的局部战争，其军事价值和政治影响的重要意义，在既往的历史研究中似乎没有得到应有的重视，值得我们加以发掘。这就是发生在秦昭王五十三年（前254）的秦军夺取吴城之战。

这场战争发生的背景是："五十三年，天下来宾。魏后，秦使摎伐魏，取吴城。"这段记载背后的信息，很值得注意——"天下来宾"是六国屈服于强秦的外交表现，当然有无奈在其中。魏国参加这次聚会行动迟缓（并非不来参加），就招致秦昭王的不满，调兵遣将攻打魏国，一举夺取了吴城。这座吴城的位置，《史记集解》注引徐广之说："在大阳。"《史记正义》注引《括地志》："虞城故城在陕州河北县东北五十里虞山之上，亦名吴山，周武王封弟虞仲于周之北故夏墟吴城，即此城也。"位于大阳的这座古城，被赋予了"故夏墟"的历史定位，于古人而言，也就具有了某种政治意义；其地理位置距离黄河三门峡不远，自有其居高临下、扼守要津的军事意义，在魏国与秦国多年的军事抗衡大格局中，吴城居然一直处于魏国的控制之下，没有被强邻秦国所夺取，可以想见一定是魏国利用黄河天险，全力防守，才使得吴城以及整个古大阳地区未曾落入秦人之手。魏人在这一军事要地的坚守，对于秦人跨越黄河而求北上和东进，无疑构成了一道有效的屏障。但是，魏国苦苦支撑的对峙局面，却在这次秦昭王发起的军事进攻中被打破，吴城被秦军攻克。这场战争的残酷程度，史书未见记载，但战争结果的影响，却在《史记》中留下了浓重的一笔："韩王入朝，魏委国听令。"韩魏两国，迫于秦国夺占吴城而形成的高压威慑，不得不做出来听命于秦国的姿态。我们再联系次年的一个重要事件，"五十四年，王郊见上帝于雍"（《史记》卷五《秦本纪》）。秦昭王在雍都举行"郊见上帝"之礼，是值得大书特书的大事。因为这个祭祀礼仪，就其规格而言，是天子之事，而非诸侯国君之礼。参见胡三省注释："班《志》，雍县属扶风。秦惠公都之，有五畤，故于此郊见上帝，欲行天子礼也。"（《资治通鉴》卷六"昭襄王五十四年"注）秦昭王在志得意满之时而行此僭越之礼，无异于显示他是"得天命"的天下之主。假如不是他于次年病故，说不定吞并六国建立一统的历史巨变，就有可能在秦昭王手中出现。

吴城要地被秦国攻占,其意义之巨大,由此可见。

以上三个历史典故,说明了春秋—战国时代的平陆(大阳)在政治、文化、军事诸领域拥有重要的地位和影响。

## 四 三门峡

三门峡在黄河山西省平陆县三门镇寨后村与河南省三门峡市滨湖区东北部之间。

— [行知提示] —

从坡底乡西寨村沿 522 国道溯黄河上行 10 千米,到达平陆县三门镇寨后村,三门峡大坝即在村南。

三门峡水利枢纽工程　李国庆　摄影

## ◇ 三门峡简介

黄河出潼关,东行130千米流经三门峡。三门峡两岸壁立,河中兀立人门岛、神门岛、鬼门岛、张公岛、砥柱山和梳妆台六个石岛,成"六山三门"之势。相传大禹治水,挥神斧将高山劈成"人门""神

**三门峡水库修建前后示意图**

门""鬼门"三道峡谷，引黄河之水滔滔东去，三门峡由此得名。地志记载："三门，中神门、南鬼门、北人门。唯人门修广，可行舟；鬼门尤险，舟筏入者鲜有得脱。"1959年修建三门峡大坝，人门岛、神门岛、鬼门岛成为坝体。

人门水流相对平缓，为主航道，该段黄河栈道主要分布在这里的岸边，计12段，总长625米。鬼门右岸及下游两岸也有分布。栈道皆开凿在河岸半腰岩壁上，平均宽度在1.2米以上。栈道底部有方形壁孔，是承托路板的方木榫口。地势险恶而无法凿石通过处，则以木桥连接。栈道侧壁上凿有牛鼻形绳孔，用于系结纤夫所扶的绳索。栈道壁上有东汉和平元年（150）至北宋治平三年（1066）的修凿工程纪事及工匠题名。

黄河水穿过三门，迎面便是"中流砥柱"。"砥柱"或作"底柱"，为黄河水道中兀起一石山，在三门峡水库大坝高起，今距坝体约200米处，仍可见砥柱山遗存。千百年来，黄河水从三门中怒吼而出，无休止地冲撞、拍打砥柱，且无论黄河水有多大，总不能将其淹没。因此砥柱山自古被喻为中华民族精神的象征，寄托着华夏民族在动荡艰难的环境中敢于战胜艰险、英勇不屈的独立精神。

三门峡水库是黄河上第一个建成的大型水利枢纽工程，于1960年竣工蓄水。三门峡水利枢纽是治黄工程体系最重要的组成部分,担负着黄河下游防洪、防凌的重任。但导致库区以上至潼关河道淤积抬高,特别是流经关中平原的渭河无法泄洪,甚至黄河倒灌渭河的现象时有发生,渭河沿岸田地盐碱化甚至沼泽化,粮食减产。多年来运行方式虽几经调整,但三门峡工程对上游(主要是黄河最大的支流渭河)造成的危害却仍在继续。

桂子过游,填《捣练子·三门峡》记之:

大坝横,

浪排空。

怅望轻波七彩虹。

缕缕岚烟迷水道,

再提旧事漫言功。

● 王子今

# 1 秦"厎柱丞印"封泥发现的意义

我们在山西平陆考察黄河漕运遗迹的地点,隔黄河南望,对岸就是河南三门峡市。山西、河南之间的黄河河段,历史上曾经是重要的水运航道。汉唐时代,以长安为标志的帝国繁荣的重心,其历史的高光表现,是依靠"河漕"条件实现的。

"船漕"的历史记载,最早见于秦史。《左传·僖公十三年》记载,"冬,晋荐饥","秦于是乎输粟于晋,自雍及绛,相继。命之曰'汎舟之役'"。杜预《集解》:"从渭水运入河、汾。"《史记·秦本纪》也记载了这次秦人为晋国救灾组织的运输行为:"(秦穆公十二年)晋旱,来请粟。丕豹说缪公勿与,因其饥而伐之。缪公问公孙支,支曰:'饥穰更事耳,不可不与。'问百里傒,傒曰:'夷吾得罪于君,其百姓何罪?'于是用百里傒、公孙支言,卒与之粟。以船漕车转,自雍相望至绛。"这是我国历史上第一次大规模水运的记录。而航路涉及"河、汾",意义尤其重要。

秦人发展水运有悠久的传统,形成了显著的交通方面的优越能力。《战国策·赵策一》记载,赵豹警告赵王应当避免与秦国军事对抗:"秦以牛田,水通粮,其死士皆列之于上地,令严政行,不可与战。王自图之!"缪文远指出,明人董说《七国考》卷二《秦食货》"牛田"条"'水通粮'原作'通水粮',误"(董说原著、缪文远订补:《七国考订补》,上海古籍出版社,1987年版,上册第183页)。徐中舒认为,秦由"水通粮"表现出来的交通能力方面的优势,对于秦实现统一有重要意义:"如果没有水通粮(即后来的漕运),也就不能把它所积聚的粮食,输送到远方去征服其他的国家。"(《论东亚大陆牛耕之起源》,

三门峡"中流砥柱"　李国庆 摄影

《成都工商导报》,《学林》副刊,1951年12月)

"从渭水运入河、汾",利用了"河"即黄河得到早期开发的航路,但是并不经历"河漕"最艰难的"厎柱"或"砥柱"之险。《国语·晋语三》也写道:"是故汎舟于河,归粜于晋。"随后又记载:"秦饥,公令河上输之粟。"韦昭注:"河上,所许秦五城也。"后来秦遭遇天灾,晋输秦粟事,因虢射的反对没有实现:"虢射曰:'弗予赂地而予之粜,无损于怨而厚于寇,不若勿予。'公曰:'然。'庆郑曰:'不可。已赖其地,而又爱其实,忘善而背德,虽我必击之。弗予,必击我。'公曰:'非郑之所知也。'遂不予。"(《国语·晋语三》)晋国计划输粟于秦的"河上"是"所许秦五城"还是其他地方,都不大可能由经历"厎柱"或"砥柱"的航线实现转输任务。

统一实现之后,所谓"转漕"是秦王朝重要行政主题之一。李斯、冯劫进谏秦二世:"盗多,皆以戍漕转作事苦,赋税大也。"(《史记·秦始皇本纪》)人们关心较多的,是"负海之郡""转输北河"的长途运输(《史记·平津侯主父列传》)。有关经由"厎柱"或"砥柱"的漕运线路的信息并不明朗。

今河南三门峡地方黄河航路的艰险,见于《史记·河渠书》记载河东郡太守番系的报告:"漕从山东西,岁百余万石,更砥柱之限,败亡甚多,而亦烦费。穿渠引汾溉皮氏、汾阴下，引河溉汾阴、蒲坂下，度可得五千顷。五千顷故尽河壖弃地，民茭牧其中耳，今溉田之，度可得谷二百万石以上。谷从渭上，与关中无异，而砥柱之东可无复漕。"所谓"更砥柱之限，败亡甚多，而亦烦费"，指出了"河漕"经历"砥柱"一段需要付出高昂的成本，甚至漕运劳工的生命成本。

没有明确的文献依据可以具体说明"砥柱之漕"的最初开启时间。但是近年秦"厎柱丞印"封泥的发现（傅嘉仪编著：《秦封泥汇考》，上海书店出版社，2007年版，第19页），可以明确告知我们，秦时已经存在名号为"厎柱"的行政设置。这应当是考察"砥柱之漕"交通开发史与交通经营史必须注意的具有标志性意义的重要信息。

"厎柱丞"的行政职任很可能与"砥柱之漕"直接相关。据《秦封泥汇考》，有的学者曾经提出这样的推想："厎柱是传说中大禹治水所凿，其地势险要，时有怪物作祟，需河神镇守，或由力士铲除之。秦时于厎柱设官，是为了祭祀河神，震慑异物，厎柱丞殆治水官。"（傅嘉仪编著：《秦封泥汇考》，第19页）"祭祀河神，震慑异物"的目的，也应当是"砥柱之漕"的畅通。否则"厎柱"或"砥柱""地势险要"，只是河上自然风景。而"怪物作祟"，亦与地方人文行政没有直接关系，祈祝"河神"，求助"力士"的必要性并不明朗。以此解说设置政府机构、任命专职官员的用意，似乎缺乏说服力。思考"厎柱丞印"封泥是否为"祭祀河神"机构的遗存，从封泥本身看，现在应当说可能性不大。从秦封泥资料看，所见主管"祭祀"的官署及长官名号都有与神学职任明确相关的文字标示，如"祝印""祠祀""丽山飤官""上寝""泰上寝印""泰上寝左田""康泰□寝"等。可以与"厎柱丞印""秦时于厎柱设官，是为了祭祀河神"说对应理解的，或许有"雠祠丞印"。如果"厎柱丞"确实负责"祭祀河神"，则印文理应出现"祝""祠祀"等字样。

对于"厎柱丞殆治水官"的判断，应当注意到司马迁关于"鲧治水""禹治水"的相关记载（《史记·夏本纪》《史记·殷本纪》）。所言"治水"，都明确是指抗御洪水危害。《汉书·百官公卿表上》记载："中尉，秦官，掌徼循京师。……属官有中垒、寺互、武库、都船四令丞。"颜师古注引如淳曰："都船狱令，治水官也。""都船"按照如淳的理解，"治水官也"，有"令丞"。似言"治水"与"船"有关。然而"厎柱丞"与"中尉""掌徼循京师"职任的行政空间颇有距离。

谭其骧主编《中国历史地图集》秦"三川郡"计13县，在渑池与陕县之间以"山峰"符号标示"砥柱"。

秦"砥柱丞印"封泥

有学者主要依据文物资料考论秦代"三川郡"有22属县（后晓荣：《秦代政区地理》，社会科学文献出版社，2009年版，第186～198页）。正如有的学者所指出的，秦封泥资料中，"反映县名、佐丞的内容比较多"（周晓陆、路东之编著：《秦封泥集》，三秦出版社，2000年版，第271页）。据秦"砥柱丞印"封泥，可知秦代或许有"砥柱"县存在。很可能以"砥柱"为名号的行政设置，与以"砥柱"为显著标志的黄河漕运线路有一定关系。

《史记·平准书》写道，汉初，"漕转山东粟，以给中都官，岁不过数十万石"。汉武帝时代，"山东漕益岁六百万石"。如《史记·货殖列传》所说："关中之地，于天下三分之一，而人众不过什三，然量其富，什居其六。"由此可以推定，秦时如果开通了"砥柱之漕",即使有前引李斯等"盗多,皆以戍漕转作事苦,赋税大也"的反省,支持咸阳消费的粮食运输量很可能是相对有限的。刘邦入关,约法三章,"秦人大喜,争持牛羊酒食献飨军士。沛公又让不受,曰:'仓粟多,非乏,不欲费人。'"关中因秦人的长期积累,有较充备的粮食储积。睡虎地秦墓竹简《秦律十八种·仓律》"入禾仓,万石一积","栎阳二万石一积,咸阳十万一积"(睡虎地秦墓竹简整理小组编:《睡虎地秦墓竹简》,文物出版社,1990年版,图版第17页,释文注释第25页),也说明了这一史实。但是这种优势的形成,不排除"漕转山东粟"在一定条件下充实包括"咸阳""栎阳"的"关中"仓储的可能。"砥柱之漕"的早期开发,很可能对于秦关中重心地方"仓粟多"的经济储备优势的形成,发挥过积极的作用。另一方面,秦国大军团远征东方,很可能会通过"河漕"运输条件运送包括"粟"的军需物资。

从统一后的秦帝国追求"周定四极""远近毕理"的思路考虑,也许有的学者曾经指出的秦始皇时代"决通堤防""决通川防"事(《史记·秦始皇本纪》),应当理解为有交通开发意义之工程的意见,是有一定的合理性。何兹全《秦汉史略》指出,"决通川防"针对的是战国时期各国"阻碍交通"的行为(上海人民出版社,1955年版,第10页)。马非百《秦始皇帝传》说,"决通川防"即"决通战国时各国不合理的川防",意义在于"水利资源的开发"(江苏古籍出版社,1985年版,第506页)。田昌五、安作璋主编《秦汉史》写道:"秦统一后,'决通川防'","便利了交通"(人民出版社,1993年版,第56页)。以这样的思路分析,黄河水运通路或许曾经发起"铲除""河阻"一类水道浚通的交通治理行为。

《禹贡》写道:"壶口雷首,至于太岳。厎柱析城,至于王屋。""导河积石,至于龙门。南至于华阴,东至于厎柱,又东至于孟津。"傅嘉仪《秦封泥汇考》的相关考论,引用了王辉的意见,"王辉先生考:厎柱,山名,在山西平陆县东五十里,黄河中流,南与河南陕县(今三门峡市)接界,修三门峡水库后此山已炸除","最迟战国时已有此称"(傅嘉仪编著:《秦封泥汇考》,第19页)。《水经注》卷四《河水》记载:"昔禹治洪水……破山以通河。"看来人们对"厎柱"的地理形势与水文条件是熟悉的。只是西汉时期"河漕"系统中相当忙碌的"砥柱之漕",其最初开发时间,以往并不清楚。秦"厎柱丞印"封泥的发现因而值得我们重视。

克服"厎柱"所导致"河阻"的工程,历史文献有所记录。《水经注》卷四《河水》:"砥柱,山名也。……河水分流,包山而过,山见水中若柱然,故曰砥柱也。三穿既决,水流疏分,指状表目,亦谓之三门矣。""自砥柱以下,五户已上,其间百二十里,河中竦石桀出,势连襄陆,盖亦禹凿以通河,疑此阏流也。其山虽辟,尚梗湍流,激石云洄,澴波怒溢,合有十九滩,水流迅急,势同三峡。破害舟船,自古所患。汉鸿嘉四年,杨焉言,从河上下,患砥柱隘,可镌广之。上乃令焉镌之。裁没水中,不能复去,而令水益湍怒,害甚平日。魏景初二年二月,帝遣都督沙丘部、监运谏议大夫寇慈,帅工五千人,岁常修治,以平河阻。晋泰始三年正月,武帝遣监运大中大夫赵国、都匠中郎将河东乐世,帅众五千余人,修治河滩。事见《五户祠铭》。虽世代加功,水流湍济,涛波尚屯,及其商舟是次,鲜不踟蹰难济。故有众峡诸滩之言。五户,滩名也。有神祠,通谓之五户将军,亦不知所以也。"其"神祠""不知所以",且以"五户"为名,不称"底柱",也值得我们注意。

关于东汉晚期"底柱"河段水上交通的实例,见于《后汉书·董卓传》李贤注引《袁宏纪》的记载:"(李)傕、(郭)汜绕营叫呼,吏士失色,各有分散意。李乐惧,欲令车驾御舡过砥柱,出盟津。杨彪曰:'臣弘农人也。自此以东,有三十六难,非万乘所当登。'宗正刘艾亦曰:'臣前为陕令,知其危险。旧故有河师,犹时有倾危,况今无师。太尉所虑是也。'"

所谓"鲜不踬躓""时有倾危"的情形，看来"河阻"长期以来"虽世代加功"，仍未能根本解决。在由气候变迁所导致的黄河水量减少的年代（竺可桢：《中国近五千年来气候变迁的初步研究》，《考古学报》1972年第1期），情况有可能更为严重。

秦"厎柱丞印"所见"厎柱丞"可能是"厎柱"县丞。其职任，应当包括主持"厎柱"附近水文条件"尚梗湍流，激石云洄，㵲波怒溢"之航道的运输管理，可能也需承当克服"厎柱"航段"河阻"的"镌广""修治"等工程的规划与指挥。

秦"厎柱丞印"封泥提示的年代信息，增进了我们对秦交通史的认识，于中国古代水运开发与交通管理史研究，也有值得珍视的意义。对于全面认识、理解并说明黄河文明的历史进程以及黄河对于我们民族文化发展的重要作用，秦"厎柱丞印"封泥的发现，也值得重视。

## 五
## 大禹渡、芮城城隍庙、广仁王庙

大禹渡、芮城城隍庙、广仁王庙在芮城县。

芮城县位于山西省西南端,地处中条山南部、黄河北面,东西长,南北窄,北高南低。

芮城殷商时为芮国,西周时属魏国,史称"古魏",北周明帝二年(558)设芮城。

[行知提示]

从平陆县三门镇寨后村沿522国道、曹风线(山西运城省道337线)西行约85千米,到达芮城县南磑镇大禹渡村,大禹渡遗址、大禹渡扬水工程即位于该村黄河岸边。从大禹渡沿829县道,西北行11千米,即到芮城县城。芮城城隍庙在县城城区,五龙庙在县城北。

大禹渡眺望黄河　李国庆　摄影

## ◇ 大禹渡、芮城城隍庙、广仁王庙简介

### ● 大禹渡

大禹渡是一处古代津渡遗址，址在芮城县县城东南南磑镇大禹渡村黄河之滨的神柏峪。据史料和当地传说，约公元前 2100 年，黄河流域洪水泛滥，民不聊生，大禹率众治水，踏勘水势来到此处，在这里栽下一棵柏树（"神柏"），作为观察水势的标志，并由此乘舟上凿龙门，下开三门，连续治水十三年，终取得治水成功。后人感念大禹治水的精神和功德，就把大禹治水大军乘舟出发之地称为"大禹渡"。

今大禹渡附近有禹王庙和大禹渡扬水工程。

禹王庙系 2006 年修复，山门、过殿和主殿均为仿清古建筑，依崖势分三个平台南北布置。有 4000 多年的古老柏树一株，即为传说的"神柏"，柏树下有清道光四年（1824）《神柏峪重建禹王庙碑记》一通。

大禹渡扬水工程是建于 20 世纪 70 年代的一座国家级大型电灌站。共六级十站，总扬程高达 326.8 米，灌溉面积达 32 万亩。电灌站于 1979 年对外开放。

禹王庙古柏　李国庆　摄影

大禹渡扬水工程当时以三大工程著称:一级站采用移动式泵车抽水,一级站和二级站之间建筑了两厢四万立方米的沉沙池,二级站一次扬高193.2米。

桂子填《春光好·大禹渡》词曰:

神柏峪,

禹王山,

水云天。

九曲黄河东逝去,

换新颜。


红粉浅翠连绵,

要冲雾漫乡关。

禹王庙 书盫 摄影

大禹渡扬水工程　李国庆　摄影

且把清波扬万里,
润前湾。

● 芮城城隍庙

芮城城隍庙位于芮城县城永乐南街,也是芮城博物馆所在地。宋大中祥符年间(1008~1016)创建,明景泰六年(1455)重修,清顺治三年(1646)冬,被火毁的寝殿重建,此后又经康熙十年(1671)、

**芮城城隍庙** 李国庆 摄影

道光九年（1829）的重修和咸丰元年（1851）的增修。现存建筑主要有宋代大殿，元代享亭，清代的献殿、寝殿及配房。前院东西两侧为廊房，后院东西两侧为厢房。

碑廊里收集陈列有北魏、北周、隋、唐、宋、元、明、清的历代名碑、造像碑、墓志铭等98通，对研究我国古代文化具有一定的参考价值。馆藏文物还有大型通景堆绢《郭子仪诞辰祝寿图》屏，吴镇、米芾、董其昌等名家墨笔画卷，以及爱国将领杨虎城将军所赠佩剑等珍贵文物。

## ●广仁王庙(五龙庙)

广仁王庙为唐代递修古建筑。其基址边早年间有龙泉涌出,灌溉一方良田,村民故于其旁建龙王庙,供奉五帝龙王,俗称五龙庙。相传女娲曾册封五龙,以青龙神居于首,统御诸龙,称"广仁王",故该庙于唐大和五年(831)始建时称广仁王庙。位于芮城县城北3千米的古魏镇龙泉村北端高阜之上,与永乐宫、古魏城等形成了一个天然的文物群。

广仁王庙坐北向南,占地面积4560平方米。庙内有戏台、厢房、正殿等,四周围墙,四合院形制布局。戏台面宽三间,进深三椽。正殿面宽五间,进深四椽,单檐歇山顶,平面呈长方形。殿身当心间辟双扇板门,两次间皆辟直棂窗。斗拱的设置形制简单,具备早期木构建筑的典型特征。

正殿墙上,嵌有唐碑两通。其一为《广仁王龙泉记》,唐宪宗元和三年(808)所立,河东裴少微书,字体雄浑劲秀,详细记载了县令凿引龙泉之水灌溉农田的事迹。广仁王庙正殿为河东一带唐代木结构建筑孤例,2001年被公布为全国重点文物保护单位。

桂子有词《捣练子·五龙庙》曰:

抬眼望,

树苍苍。

广仁王庙戏台与正殿　李国庆　摄影

斗拱飞檐始大唐。

前有五龙泉水涌，

广仁王庙映方塘。

孙家洲

# 1 芮城读碑:
## 子夏"西河设教"随想录

2020年4月11日,我们一行参观芮城城隍庙。这是一处宋元时期的建筑群,2001年被公布为全国重点文物保护单位。这处古代建筑群的历史价值和艺术价值的发掘和研究,还有许多工作可以做。

我在碑廊中看到一通明代的石碑,正面大书两行九字"魏文侯师事卜子夏处"。上款"嘉靖三十六年三月吉日",落款"治芮城事凤翔强□"。

这一通明代的石碑,引起了我的注意。因为它与子夏"西河设教"(亦称"西河兴学")的历史典故相关。

子夏,是春秋战国之际的著名学者,他是孔子门下的知名弟子。在孔子去世之后,子夏率领他的弟子和追随者,来到了魏国,得到了魏文侯的尊重和礼遇。以此为契机,子夏在魏国整理并传授孔子的学问,成为孔子逝世后,他的学问第一次成规模、成系统的集中传播。《史记·仲尼弟子列传》记载:"孔子既没,子夏居西河教授,为魏文侯师。"《史记·儒林列传》

明嘉靖"魏文侯师事卜子夏处"碑　李国庆　摄影

记载了孔子逝世后几位重要弟子的行踪:"自孔子卒后,七十子之徒散游诸侯,大者为师傅卿相,小者友教士大夫,或隐而不见。故子路居卫,子张居陈,澹台子羽居楚,子夏居西河,子贡终于齐。如田子方、段干木、吴起、禽滑釐之属,皆受业于子夏之伦,为王者师。"(《史记》卷一二一《儒林列传》)从引文的最后一句"皆受业于子夏之伦,为王者师"来看,子夏是被视为孔门弟子中传承师说、影响政局的代表性人物,而得到司马迁格外尊重的。

子夏在魏国的讲学活动,在历史上被尊称为"西河设教"。与之相关的后世传说中的遗址遗物,也有其价值在,同样值得我们重视并加以探讨。

## 一、"西河"释义析疑

在"西河设教"这个著名的历史典故中,"西河"的确切内涵是什么,在学术界似乎是一个尚无定论的问题。

在考虑这个问题时,我首先注意到近代学者丁山先生的考证意见:

> 西河旧有二说:《礼记·檀弓》"子夏退而老于西河之上",郑玄注"西河,龙门至于华阴之地"。《魏世家》"襄王五年,予秦河西之地",《正义》云"自华州北至同州,并魏河西之地"。

是子夏居西河,即居河西也。但《仲尼弟子列传》《正义》说则不然。曰:"西河郡,今汾州也。《尔雅》云,两河之间曰冀州。《礼记》云,自东河至西河之东,故号龙门河为西河,汉因为西河郡。"《索隐》亦曰"西河在河东郡之西界,盖近龙门",是西河在东岸,且近于龙门。唐时龙门县,今为河津县,河津未闻有何子夏遗迹。惟汾阳县谒泉山有一石室,去地五十丈,《水经汾水注》引《随国集记》云"此为子夏石室",但距河辽远,魏武侯无从泛舟河上(详《吴起传》及《战国策·魏策》)。由"武侯浮西河而下,中流,顾而谓吴起曰:美哉乎山河之固"观之,终以西河在陕西省境说为胜。(丁山:《由三代都邑论其民族文化》,载"中研院"《历史语言研究所集刊》,1935年第5期1分册,第91~92页)

丁山先生此说,对"西河"的解说,列述了两种不同的观点,其后他选择的是第二种说法,即以"西河"在陕西省境内。这个判断并未被学界广泛接受,特别是山西省的学者很难认可。我认为,这并非完全是因为地域之见所造成的歧见,而是因为其中有难以立论之处。

此外,我在"搜狐"网上看到署名为"河津发布"的一篇文章,对"西河"的内涵有不同的解释。摘引如下：

> "西河"是一个地理方面的概念。古史学家刘起釪在《古史续辨》中指出，人们所讲的东河、西河和南河，实际上就是黄河上古流程中的三个不同位置的河段。古黄河下游自南向北纵贯今河北省中间稍偏西，至天津附近入海，称东河；山西和河南省之间的称南河；山西和陕西省之间的称西河。这是就广义而言。具体来讲，卜子夏设教的西河系指从龙门到风陵渡这段长约200公里的河段，人们把它称为龙门西河，亦称晋属西河。由孔尚任编纂的《平阳府志》载："今汾北有子夏山，相传为子夏设教处，又有石室、学堂、哭子镇诸遗迹。子夏退老之西河，当以河津为是。今河津有子夏墓，又有子夏石室。"

此文的一个重要贡献在于：在援引刘起釪先生的论述之后，把"西河"理解为自然地理概念，也就是理解为上古时期对黄河不同地段的"专称"，与春秋战国时代的行政系统无关。按照这个思路，就把"西河设教"的地点与战国时期的魏国所设的"西河郡"区分开来，新意顿显。

纵览春秋战国时代的列国大局，就会发现，秦晋（魏）两国，以黄河为界而对峙于东西。在黄河南北流向的一段上，两国的对峙就自然地理形势而言，是北起龙门山－龙门渡，南下经韩城－韩原，蒲津渡，到风陵渡，至此黄河改变流向而东下，流经太阳渡、茅津渡。在龙门渡、蒲津渡、风陵渡、太阳渡、茅津渡五大渡口之间所屏蔽起来的晋国（魏国）之地，史称"河东"，也就是地理学上的"运城盆地"。在龙门渡、蒲津渡、风陵渡以西的土地，就是"河西"之地，也就是魏国在文侯时期夺取的秦国原有领地所设的"西河郡"。战国早期的秦国，被吴起指挥的魏军

**风陵渡－潼关周边鸟瞰遥感示意图**　monk 制图

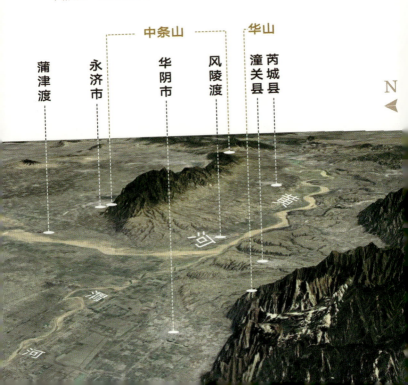

击败，丧失了这片极为重要的领地，无法控制黄河天险，更失去了伺机东进的机会，实在是关系国运盛衰的重大挫折。正是因为这个原因，秦国只要有机会，就要夺回这片土地。如此一来，河西之地就成为魏秦两国激烈争夺的战略要地。简述其争夺战的过程如下：

根据《史记·孙子吴起列传》的记载，魏文侯闻知吴起之能，"用兵，司马穰苴不能过也"之后，"魏文侯以为将，击秦，拔五城"，应该与魏国夺占河西之地相关，但是，具体年代不详。其后又有"文侯以吴起善用兵，廉平，尽能得士心，乃以为西河守，以拒秦、韩"（《史记》卷六五《孙子吴起列传》）的记载，司马迁也没有给出具体年代。后世史家编年叙事，往往以"魏文侯治魏"为目，综列其事于魏文侯四十三年（前403）。在具体年代无法考实的背景之下，本来也不失为一种处理古史年代的方法。

当今以研究历史地理而知名的学者李晓杰教授，曾经对魏国西部边界的伸缩情况做过深入的考订，其中涉及对重要事件发生年代的考订。略引其说：

> 魏文侯执政后，任用李悝，实行了一系列的变法改革措施，使魏国的实力大为增强。二十一年（前425）魏为防范秦国的侵袭，在少梁（今陕西韩城西南）筑城。少梁在西河以西，加之《秦本纪》说在魏筑少梁后"秦击之"，所以可推知

该地其时与秦地相接，为魏西境上地。魏国此时西境已有西河的部分土地。

……

三十一年，魏将吴起率军伐秦，夺取了秦临晋（今陕西大荔东）与元里（今陕西澄城南）等地，并在该二地筑城。临晋、元里亦在西河地区，加上前此魏所据有的少梁、洛阴、合阳、庞等地，魏将河西地区大部分土地控制在自己手中。春秋时期，河西之地本为晋地，公元前645年，晋将河西地献给了秦国。现在魏又占领了该地。于是魏置西河郡，以吴起为郡守，以抵御秦、韩等国的进攻。（李晓杰《战国时期魏国疆域变迁考》，《历史地理》第十九辑，上海人民出版社，2003年版）

李晓杰此说，把魏国设置西河郡的时间，考订为魏文侯三十一年（前415）。相比较一般历史年表的系年，提早了十多年。我们在讨论这个问题时，应该更重视这一新出成果。

吴起担任魏国的西河守，应该是被赋予地方行政管理和军事指挥之权。吴起拥有较多临机权变的实权，这是他治理河西有相当成就的前提条件。这与西河郡隔河孤悬的地理位置相关，也与魏国与秦国的军事争夺多发有关。魏文侯死后，吴起侍奉其子魏武侯。曾有与武侯泛舟西河而论治国之要的一段佳话。吴起所说治国"在德不在险"的论断，表明了他的政治见识在魏武侯之上。其事被系于魏武侯元年（前395）。其后，"吴起为西河守，甚有声名"，以至魏国更改丞相人选时，吴起公开表达不满，自以为丞相职位应该由他出任。他自称"守西河而秦兵不敢东乡"（《史记》卷六五《孙子吴起列传》），可见其事业之盛，也可以看出吴起的志得意满。多年之后，在魏国某些高官显贵的设计构陷之下，魏武侯与吴起君臣失和，吴起为了避祸自保，选择了离魏而奔楚。其事发生在魏武侯十四年（前382）。约略统计，吴起担任西河郡守有20多年，这也是魏国对黄河以西战略要地控制权最为稳固的时间。吴起确实击退过秦军的多次进攻。

在吴起被迫出走之后，魏与秦对这片土地的争夺战，战略优势地位慢慢发生了移位。公元前366年之后的几年内，秦军连续发起几次进攻，魏国逐渐处于下风，特别是发生在魏惠王六年、秦献公二十一年（前364）的石门之战，秦军大败魏军，居然出现了斩首六万级的空前纪录。秦军在战场上，不是以击溃敌军为目的，而是大规模屠杀敌方将士，如此有意显示残酷与恐怖的战争手段，是传统的华夏文化圈里所未见的，此举使得列国对正在崛起的秦国心生畏惧，也使得"暴秦"之说更加广为人知。石门之战的发生地，是在今山西运城西南，这一点我们也要加以重视。此役，秦军挥军渡过了黄河，在魏国的腹心地带发动了进攻性作战！秦军把战场拓展到了魏国所设西河郡的背后，应该视之为争夺西河之地的战略出击。争夺还在延续，魏惠王八年、秦献公二十三年（前362），先是发生了魏国与韩赵两国的战争，魏相公叔痤率军出征，在浍水（今山西曲沃东）之战中，大败韩赵两国军队，取得了擒将夺地的胜利。随后，发生了秦魏之战——少梁之役。由庶长"国"所指挥的秦军，在少梁（今陕西韩城西南）一战中，对魏军发起了凌厉攻势，魏军大败溃散，以丞相之尊而出任魏军统帅的公叔痤也被秦军俘获，魏国上下为之胆寒。秦军乘机扩大战果，夺取了魏国的庞城（今陕西韩城东南）。魏国的西河郡孤悬黄河西岸的不利态势，更加明显。

秦惠王继位后，收复河西之地的步伐大大加快。他任命来自魏国阴晋（今陕西华阴东）的公孙衍担任大良造之职，赋予他辅政治国的实权（商鞅变法时的职位就是大良造）。公孙衍感念秦王的重用，全力筹划为秦国夺回河西之地。公元前333年，公孙衍亲率秦军攻打魏国在黄河以西经营多年的军事据点雕阴城，大败魏军。魏惠王自知无力与秦军抗衡，无奈之下割地求和，延迟到第二年，把公孙衍的本籍阴晋城割让给了秦国。秦国将该地改名为"宁秦"。魏国的割地求和与秦国的改移地名，可以真实地反映出两国势力的盛衰转折。秦军并未因此就停止夺回西河全境的步伐。秦惠王七年（魏惠王后元四年，前331）秦派公子卬率军猛攻西河。魏军伤亡惨重，统帅龙贾被俘。史称"七年，公子卬与魏战，虏其将龙贾，斩首八万"（《史记》卷五《秦本纪》）。秦军携战胜之威，继续进围魏国腹地，无力再战的魏惠王于公元前330年将河西之地全部割让给秦国。至此，西河郡完全陷落。

回顾这段充满血与火的历史，魏文侯重用吴起夺占黄河以西的战略要地，设郡经营，何等不易！经过与秦国将近九十年的反复争夺，最后的结局是魏国最终败北，秦国收复故地。秦军再次饮马黄河，东进的通道完全敞开。魏国再无能力与强秦抗衡了。

以上，我不厌其烦地梳理魏秦两国对黄河以西土地的争夺战，用意在于说明：魏国所设置的西河郡，对秦国而言不仅有失地之耻，而且有遏制其东进的作用，所以，秦国一定要竭力夺回。除了秦国一度国势疲软而无力争夺，两国曾经有大约二十年的相对和平之外，只要秦国有东进的意图，西河郡都是要首先夺回的地方。所以，西河郡大多情况下是处于激烈的军事争夺环境之下。如此地理环境，决定了魏国在西河的经营方式一定是首重军事，很难将文教事业在这一片四战之地展开——仅仅就此而言，上引丁山先生之说，推测子夏"西河设教"之地应该在陕西境内，恐怕是很难立论的。更何况，魏国设立西河郡的拓境之举，是在吴起的主持下得以实现的。而吴起的年辈，明显低于子夏，甚至还有吴起是子夏弟子之说。由此推测，子夏"西河设教"开始的时间，应该是在吴起出任魏国的西河郡守之前。联系思考这两个问题，我们有理由相信：子夏兴学之地，不可能在黄河西岸；而只能是在黄河以东的魏国本土。也就是只能在现代地理学的"运城盆地"寻找其遗迹。

如此说来，开篇处说到的芮城城隍庙内所见明代嘉靖年间的石碑文字，认定芮城是战国时代"魏文侯师事卜子夏处"，也就是子夏"西河设教"之处，从大环境而言，是有其可能性的。

## 二、子夏"西河设教"的多重影响

出现在战国早期的子夏"西河设教"，在学术、政治等方面都产生过重大的社会影响。试做条述如下：

### 1. 对整理和传播孔子的学术体系居功甚伟

子夏在整理与传播孔子学术体系方面的贡献，东汉和帝时期一位很有儒学修养的学者型高官徐防曾经有高度概括的一个论断。他在上疏中曾经说："臣闻《诗》《书》《礼》《乐》，定自孔子。发明章句，始于子夏。"（《后汉书》卷四四《徐防传》）徐防所说的《诗》《书》《礼》《乐》四部儒家经典"定自孔子",是推崇孔子对上述四部古代文献进行了文本整理和定稿;而"发明章句",则是充分肯定子夏在整理和传授古代文献的过程中,为上述四部文献做了分段、断句、释义的工作。在子夏之前,儒家传承下来的古代文献,不论文本的篇幅多长,其内容多庞杂,原来都是不分章、节、段、句的。这种"混沌"的文本形态,对于研习者(特别是初窥门径的青年士子)而言,理解文本原意就会面临困难。子夏所做的"发明章句"的工作,是对古代文献的基础性整理。有了这一步工作,就为习读儒学经典的人,扫清了障碍、提供了便利。结合子夏"西河设教"曾经有弟子数百人的记录来看,尽可以推测文本整理工作的必要性,是子夏在长期的教学实践中体悟出来的,一定是为了解决施教的困境而提出的解决之道。这是儒学教学体系走向成熟的很重要的一个程序。其实,后世读者只要懂得教材编写技术规范的重要性,就可以理解子夏推广儒学教育的巨大贡献。

一般人对"章句之学"会有某种贬抑式理解,特别是"章句小儒"成为社会常见语词之后,人们往往与"博览之学"相联系、相比较,从而对"章句之学"多有贬抑。西汉时期发生在夏侯胜与夏侯建之间的学风之争,就很可以看出其中的奥妙。两位夏侯本来是同宗近亲，夏侯建曾经跟随夏侯胜求学问道，史称"自师事胜及欧阳高，左右采获，又从《五经》诸儒问与《尚书》相出入者，牵引以次章句，具文饰说"。为此招致夏侯胜的激烈批评："建所谓章句小儒，破碎大道。"而夏侯建不甘示弱，反唇相讥说夏侯胜"为学疏略，难以应敌"（《后汉书》卷七五《夏侯胜传》）。这里出现的对"章句小儒"的批判，是很严峻的，斥责这种学风破坏了儒学的根本大道。东汉时期出现的一位知名学者王充，史书上对他的褒奖之辞就是"好博览而不守章句"（《后汉书》卷四九《王充传》）。在这样的语言环境中，"章句之学"承受着过多的批评。对这样的问题，当今学者必须有更为通达的解读。如果"章句之学"是指严守师承之学的学风，章有章旨，句有句解，受学弟子们只能恪守师训，在对文本的理解上不敢越雷池一步，如此学风当然不足贵。但是，在战国早期，由子夏所"发明"的章句之学，是针对儒学典籍文本的整理和诠释，其意义自然不同。没有一个便于学习的经典文本，要扩大儒学的社会影响，肯定有若干不便之处。子夏是儒家学说的"章句"发明人，他可以被确认为传统经学的奠基者，至少也是经学文本形式的奠基者。就儒学经典的传承大业而言，子夏实在是第一大"功臣"！

卜子夏像

　　让我们再回到东汉时期徐防推崇孔子和子夏的话题上来。他之所以上疏朝廷，提出如上建言，是因为他感觉在传承儒学的过程中有一个现实的需要，那就是"《五经》久远，圣意难明，宜为章句，以悟后学"（《后汉书》卷四四《徐防传》）。按照徐防此论，要理解"五经"中蕴含的圣人本意，做好章句之学是首要的和根本的。假如没有一个可信的文本体系为依据，奢谈儒学大义，是否可能落入各逞己说的尴尬局面？就此而言，不仅徐防所处的时代如此，其他历史时期又何尝不是如此？极而言之，我们现在重视古代"小学"的学术价值，重视对经典文献原文的整理，重视出土文献对于传世文献在文字歧异方面的校勘价值,就学科性质上而言,无一不是在"章句之学"的范畴之内。没有扎实可靠的"章句之学"为其基础,儒学的义理之学、微言大义,只怕也就难以谈起了。

子夏在西河课徒授学,涉及儒学的许多典籍。对此,前贤时哲早有论述。除了上引东汉徐防之说之外,南宋学者洪迈曾有一个很有影响的论述:"孔子弟子惟子夏于诸经独有书,虽传记杂言未可尽信,然要为与他人不同矣。于《易》则有传,于《诗》则有序。而《毛诗》之学,一云,子夏授高行子,四传而至小毛公;一云,子夏传曾申,五传而至大毛公。于《礼》则有《仪礼丧服》一篇,马融、王肃诸儒多为之训说。于《春秋》,所云'不能赞一辞',盖亦尝从事于斯矣。公羊高实受之于子夏,穀梁赤者,《风俗通》亦云子夏门人。于《论语》,则值成以为仲弓、子夏等所撰定也。"(洪迈:《容斋续笔》卷十四"子夏经学"条,中华书局,2005年版,第397页)如果洪迈此说成立,儒学诸经的文本传承,几乎都与子夏相关。即便此说有稍显夸张之处,判定儒学经典中的多数流传于世,与子夏的文本整理工作相关,应该是没有异议的。

论及儒家学说的传承之功,历代学者多推崇子夏和荀子。近代学者刘师培先生就有如此论断:"子夏、荀卿者集《六经》学术之大成者也。两汉诸儒殆守子夏、荀卿之学派者舆。"(刘师培:《经学教科书》,上海古籍出版社，2006年版，第21～22页）再对子夏和荀子的年辈先后、学术特点多做考察，就可以看出子夏与荀子之间是有学术源流关系存在的。对此，蒋伯潜先生曾经有明晰的论断："荀子继子夏之学者也。汉儒所传之经，即由于此。"（蒋伯潜：《十三经概论》，上海古籍出版社，1983年版，第9页）

作为孔子的重要弟子，子夏对孔子"述而不作，信而好古"的学术理念，既有继承更有发展。他在整理和传习儒家经典的过程中，对儒家经文的微言大义多有发掘和阐发，对弘扬孔子学说无疑发挥了关键作用。

陈彤先生对子夏在儒家阵营中的地位，给予高度的评价："子夏是在孔子之后，于春秋年间，十分热心地致力于儒家诗礼理论思想传播的'教授'，是周代推行礼乐文化的杰出干将。春秋至于战国，儒家有许多派别，其一即曰子夏氏之儒。它应该是儒家思想的正统，因为儒家经典据说主要是靠这一派传下来的。""若没有子夏、师乙等人的传授和鼓吹，则儒家学术思想之驳杂，将会更加难以言述。"（陈彤：《子夏论歌诗》，载其著《先秦文学探新》，北京师范大学出版社，1990年版，第278～279页）

关于子夏在儒学经典传承中的整体贡献，杨朝明教授有《子夏及其传经之学考论》（杨朝明：《子夏及其传经之学考论》,《孔子研究》,2002年第5期)专文论述,感兴趣的读者可以参阅。

以上所论,是从大局而论,认识子夏在儒学传承中的特殊地位与贡献。

### 2.子夏对"礼学"和"诗学"传承的贡献尤其突出

我们再从"礼学"和"诗学"两个角度,以案例的方式,来理解子夏"西河设教"对于儒学经典传承所做的贡献。

我愿意援引丁鼎(本名程奇立)先生的文章《子夏与〈丧服传〉关系考论》,用来说明子夏在《仪礼·丧服传》这部儒家重要文献传承中的作用。

> 我们可以对子夏与《丧服传》的关系作出这样的认识和理解:《仪礼·丧服》的经文基本上是孔子依据宗周时代流传下来的丧服礼俗,参以己意,加以系统化、整齐化而编纂成书的,当然其中也可能会包含一些七十子后学所增益修订的内容。而《丧服传》则当是孔子弟子子夏所承传,就是子夏将其师从孔子学礼时所习得的有关解释《仪礼·丧服》经、记的内容,再口授给其弟子,后由其弟子与再传弟子"师师相传"下去,并著于竹帛,编订为《丧服传》一书。需要说明的是,《丧服传》的内容主要是由子夏从孔子所习得并传授给其弟子,也就是说,子夏对《丧服

传》所作的工作虽然不能排除其中有"作"的成分，但主要还是应定位在"传"上。我们之所以同意《丧服传》为"子夏传"的观点，而不完全同意"子夏作"的说法，原因就在于此。（程奇立：《子夏与〈丧服传〉关系考论》，《江苏大学学报》，2004年第1期。亦可以参看程奇立先生的著作《〈仪礼·丧服〉考论》第三章第二节中的"《丧服传》与子夏的关系"，社会科学出版社，2003年版，第84~96页）

丁鼎先生是当今礼学研究名家，他的这篇考证之作，把子夏在《仪礼·丧服传》传承中的地位和作用论证得清晰无误。以此为基础，不难推论出：在儒学理论体系中占有重要地位的"孝道"与"丧葬之礼"，与子夏的经典文本整理关系极大，换言之，也就是与"西河设教"的关系极大。

《诗经》的传承，同样被认为与子夏的"西河设教"密切相关。自古流传的说法是《诗经》经过孔子亲手删定，所收录的305篇诗歌，就是孔子"手定"的结果。所以，它就不仅仅是西周以下的诗歌总集，更是寄托着孔子学术思想的"儒学经典"。与孔子"删定《诗经》"的传说同样被古人相信的，还有另外的一个说法：《诗经》文本及其解释传承至今的唯有"毛诗"，而其源头所在，就是子夏。《论语》一书中，保留了几处孔子与弟子讨论《诗》的文字。从中可以看出，子夏对《诗》的理解，曾经得到过孔子的高度评价。有如此专门之学为基础，子夏在"西河设教"时，对《诗》加以重点讲授，自然是合乎情理的事。

子夏在西河讲学过程中，曾经对《诗》展开过有深度的讨论，除了古籍经典中的一般性记事之外，还有一条特别珍贵的资料：魏文侯与子夏之间围绕着《诗》的问答。《礼记·乐记》记载：

> 魏文侯问于子夏曰："吾端冕而听古乐，则惟恐卧；听郑卫之音，则不知倦。敢问古乐之如彼，何也？新乐之如此，何也？"子夏对曰："……今君之所好者，其溺音乎？"文侯曰："敢问溺音，何从出也？"子夏对曰："郑音好滥淫志，宋音燕女溺志，卫音趋数烦志，齐音敖辟乔志。此四者，皆淫于色而害于德。是以祭祀弗用也。"

沈心芜先生早年间关注到这条记载，有他的问题意识在。如其所说：在《诗》中，鲁、宋两国无"风"的原因何在？他的论断是："谁也没有想到，这个问题，却早已被孔子的大弟子子夏给证实了。"（沈心芜：《重审"孔子删诗"案》，《文学遗产增刊》十七辑，中华书局，1991年版，第38页）子夏是否可以被称为"孔子的大弟子"容当别论，但是，子夏在《诗》的传承和诠释方面，确实有其独特贡献，这段文献记载可以视为个案材料来看待。我关注这段记载的兴趣点在于：子夏在《诗》意解析方面与魏文侯之间的师徒问答（子夏答对之文很长，而且师徒二人有连续问答，此处从略），足以说明，子夏在"西河设教"时，《诗》确实是重要的讲授和讨论的内容。

子夏治学，更有"诗礼合一"的特色。对此，陈彤先生有一篇专文讨论，摘要如下："子夏与孔子言诗，反映出诗、礼合一的论诗观点。子夏所谓诗、礼合一者，盖重视诗的社会作用，想通过'德音'培养思想、言谈、举止比较正派的人。"（陈彤：《子夏论歌诗》，载其著《先秦文学探新》，北京师范大学出版社，1990年版，第275页）

这一重要判断，应该是我们理解子夏"诗礼合一"观念的经典之论。

### 3. 子夏及其门人可能参与了《逸周书》的编订

《逸周书》是一部重要的上古历史文献，它与《尚书》的关系、编订的年代和作者，在学术讨论中一直存在着不同观点的争议。在此，我愿意援引中国人民大学国学院梁涛教授在一篇文章中提出的推论：

> 关于《逸周书》的编订，学界存在着齐人说与魏人说的不同看法……《逸周书》的内容虽较为杂驳，但其思想主旨属于儒家无疑。故《逸周书》

应编订于一个提倡儒学的国家,而不是推崇黄老的齐国。从战国前期的政治形势及儒学的发展来看,这个国家应该是魏国。

……魏文侯虽然好儒,但并不拘泥于道德仁义,而是更关注现实政治问题,其提倡儒学主要是为了满足变法图强的需要,他以子夏为师,重视儒学思想也是出于这一目的。孔子去世后,儒学内部出现分化,从思想倾向上看,可分为主内派与主外派。前者以曾子为代表,主张"吾日三省乎吾身"(《论语·学而》),注重个人内在的反省和修养,主要延续孔子的仁学,并做了进一步发展。由于曾子主要活动于邹鲁之间,其学派亦称洙泗之学。后者则是以子夏为代表,主张"礼后乎"(《论语·八佾》),强调礼对先天本性的规范和教化作用,提倡"博学而笃志,切问而近思"(《论语·子张》)。由于子夏教授于西河,其学派亦称西河之学。如果说曾子是儒家内部的道德心性派,更多影响到后来的孟子,那么子夏就属于儒家的政治功利派,影响到后来的荀子及法家人物。从目前已有的材料看,《逸周书》很可能是编订于子夏学派,是儒家主外派的一部文献汇编。

……

子夏的西河学派虽然以儒家为主，但成分比较复杂，其弟子中魏文侯、魏成子、李克（李悝）、吴起等属于政治、军事人物，田子方、段干木主要是以德行闻名，曾申、公羊高、榖梁赤等属于传经弟子。其弟子并非都是儒家学者，而是具有不同的学派倾向和立场，他们以及其后学应该都参与到《逸周书》的编订之中，这与《逸周书》内容杂驳的情况也是一致的。《逸周书》由子夏所代表的西河学派编订于魏国，其书在三晋一带广泛流传，对三晋法家产生一定影响……（梁涛：《清华简〈命训〉"大命""小命"释疑——兼论《逸周书》"三训"的成书及学派归属》，《哲学动态》，2021年第4期）

梁涛教授的上述推论，我认为是可以成立的。如果这个推论得以确立，那就意味着：子夏在西河"兴学"的意义，不仅传承和弘扬了儒家学说，还对整理古史文献做出了重大贡献。

**4. 为魏国崛起和强大培养了多方面的人才**

《史记·儒林列传》中，有一段文字值得认真研读："自孔子卒后，七十子之徒散游诸侯，大者为师傅卿相……子夏居西河，子贡终于齐。如田子方、段干木、吴起、禽滑釐之属，皆受业于子夏之伦，为王者师。是时独魏文侯好学。后陵迟以至于始皇，天下并争于

子夏祠堂"教衍西河"匾额

战国,儒术既绌焉,然齐鲁之间,学者独不废也。于威、宣之际,孟子、荀卿之列,咸遵夫子之业而润色之,以学显于当世。"(《史记》卷一二一《儒林列传》)细玩司马迁的这段记载,有两个要点不可轻忽:一是列举孔子逝世后其主要弟子的行踪,而其中以子夏在西河的活动为记载的重点,强调子夏培养的多位弟子获得了很高的社会声誉;二是以简洁的文字,标揭出战国学术重镇的所在——前期在魏文侯时期的魏国,也就是子夏"西河设教"的学术积累,中期在齐国(齐威、齐宣之际)的稷下学宫。只有把司马迁所瞩目的这两个要点真正理解了,才可能懂得司马迁对子夏的敬重和推崇的历史背景。

田子方、段干木,是儒家阵营所推崇的人物,是享有盛名的高士,得到了魏文侯的礼遇。魏文侯选择丞相的一段佳话，很能够说明问题。

在选任丞相的过程中，魏文侯的初选对象是两人：一位是宗室贵族魏成子，一位是异姓大夫翟璜。问题在于两位谁更合适担任丞相，魏文侯一时无法确定，于是向名臣李克请教。李克以"居视其所亲，富视其所与，达视其所举，穷视其所不为，贫视其所不取"五项选贤标准为答，在这场特殊的君臣对话中，巧妙地把魏成子推荐到丞相最佳人选的位置上。对此，魏文侯和李克心中达成了默契。李克是有大见识的政治家，也是善于调停人事关系的高手。他出宫后就前往造访翟璜之家。翟璜当时充满了进取之心，自以为是丞相的最佳人选，就直接向李克发问，李克也据实回答：

> "今者闻君召先生而卜相，果谁为之？"李克曰："魏成子为相矣。"翟璜忿然作色曰："以耳目之所睹记，臣何负于魏成子？西河之守，臣之所进也。君内以邺为忧，臣进西门豹。君谋欲伐中山，臣进乐羊。中山以拔，无使守之，臣进先生。君之子无傅，臣进屈侯鲋。臣何以负于魏成子！"李克曰："且子之言克于子之君者，岂将比周以求大官哉？……且子安得与魏成子比乎？魏成子以食禄千钟，什九在外，什一在内，是以东得卜子夏、田子方、段干木。此三人者，

君皆师之。子之所进五人者，君皆臣之。子恶得与魏成子比也？"翟璜逡巡再拜曰："璜，鄙人也，失对，愿卒为弟子。"(《史记》卷四四《魏世家》)

由这段对话可见，翟璜引以为傲的政治资本是为魏文侯推荐了五位杰出的人才，都被魏文侯重用在关键岗位上。西河太守吴起、邺令西门豹、攻灭中山国的名将乐羊、镇守中山故地的李克、教导嗣君的老师屈侯鲋，这五位名臣全都是由翟璜所举荐的。可见翟璜很有知人之能。李克的答对之词，实际上也是反驳之论，是在强调魏成子把自己"食禄"的十分之九，都用在了为魏国利益服务的对外联络上，而没有私利的欲求，正因为有如此境界和追求，魏成子向东方列国求得了卜子夏、田子方、段干木三位杰出人才。这三位都被魏文侯奉为老师，不以君臣之道相处，而以"师礼"相待。由此立论：魏成子所举荐的人才，比翟璜所推荐的人层次更高，也就是魏成子的政治见识更在翟璜之上。在这番对话中，还有一个具体问题应该注意到：根据李克的表述，卜子夏、田子方、段干木三位是名位相当的，田子方、段干木不应该是子夏的弟子。考虑到他们三位都是魏文侯以师礼相尊的高级人物，或许他们同为"西河设教"的授业先生。一如后来齐国"稷下学宫"中的诸位先生，而子夏就是"兴学设教"的学术领袖，一如"稷下学宫"中的祭酒。

如果我们相信《史记·儒林列传》的记载，子夏的弟子中有吴起，这是很有政治才干的兵家代表人物，他是魏国经营河西之地的第一功臣。上引《后汉书》卷四十四《徐防传》，有徐防特别推崇子夏的记载。注文中还引用《史记》之说："孔子没，子夏居西河，教弟子三百人，为魏文侯师。"今本《史记》不见这段引文，应该是流传过程中出现遗失所致。用它来证明子夏的"兴学设教"的规模，大致是可信的。子夏

卜子夏墓

门下有如此众多的弟子，按照他关注社会现实的学风，将这批学有专长的弟子输送到魏国求富求强的功业之中，是可能性很大的选择。

子夏"西河设教"的具体位置何在，"西河"何在，一直存在不同说法。前人寻求其地，大多依据子夏的墓地所在而定。问题是：子夏墓地所在也是"跨地域"争讼不已的问题，有山西省运城市所辖河津市辛封村、山东省菏泽市卜固里、河南温县林召乡卜杨门村、河南省获嘉县西关村等四处。其中似乎以河津市辛封村的影响最大，但也无法成为定论。我们只好感叹古史渺茫难稽了。就事理而言，子夏当年的兴学设教之地，其实并非与其墓地必然重合。讲学授徒在一地，死后安葬在另外一地，其实更属常见之例。就此而言，芮城城隍庙所见明代立碑"魏文侯师事卜子夏处"，虽然没有子夏的祠堂、墓地、卜姓聚族而居的相关材料为据，明代立碑官员的依据何在，我们现在也无从深究，不得不说这是一个遗憾。但是，其历史价值与古代文化传说的价值，依然存在。比如说：当游人与这方明代碑刻相对时，就可以追溯战国前期魏国创造的政治、军事、文化鼎盛一时的历史风云，可以对子夏整理和传承古代典籍、继承和弘扬儒家文化的历史贡献，献上真诚而肃穆的敬礼。

## 六 永乐宫

永乐宫在芮城县城北古魏镇龙泉村。

**[行知提示]**

广仁王庙在芮城县城北古魏镇龙泉村村北,永乐宫位于该村村东。

永乐宫三清殿西壁全图

## ◇ 永乐宫简介

永乐宫原名大纯阳万寿宫,为纪念八仙之一吕洞宾而建,因原址位于芮城县西南黄河北岸的永乐镇,俗称永乐宫。1959年修建三门峡水库,永乐宫因位于蓄水淹没区,遂被整体搬迁,现址位于芮城县城北3千米的古魏镇龙泉村东侧。

金、元时期,道教得到统治者的利用和支持,道

永乐宫无极门"无极之门"木匾　李国庆 摄影

观的兴建也蔚成风气，永乐宫即于元定宗贵由二年（1247）动工兴建，元至正十八年（1358）竣工，施工期达110多年，是中国现存最大、保存最为完整的道教宫观，同北京的白云观、陕西鄠邑的重阳宫并称为全真道教三大祖庭。

永乐宫由南向北依次排列着宫门、无极门、三清殿、纯阳殿和重阳殿。在建筑总体布局上，东西两面不设配殿等附属建筑物。在建筑结构上，使用了宋代"营造法式"和辽、金时期的"减柱法"。

三清殿又称无极殿，为永乐宫的主殿。面阔七间，进深四间，八架椽，单檐五脊顶。前檐中央五间和

无极殿（三清殿） 李国庆 摄影

后檐明间均为隔扇门，其余为墙。北中三间设神坛，其上供奉道教元始天尊、灵宝天尊、道德天尊，合称"三清"。殿内四壁满布壁画，壁画高4.26米，全长94.68米，面积达403.34平方米，画面上共有人物286个。

纯阳殿（又名混成殿、吕祖殿），殿阔五间，进深三间，八架椽，上覆单梁九脊琉璃屋顶。殿北部一间四柱神坛，前檐明次间与后檐明间皆为隔扇门，余为墙面。神坛上原为吕洞宾塑像，现已残毁。扇面墙后为《钟离权度吕洞宾图》，高3.7米，面积16平方米。

重阳殿是供奉道教全真派首领王重阳及其弟子"七真人"的殿宇。殿内采用连环画形式描述了王重阳从降生到得道度化"七真人"的故事。

永乐宫的壁画总面积达960平方米。《朝元图》描绘的是群仙朝谒元始天尊的情景：青龙、白虎两神为前导，南极长寿仙翁和西王母等八个主神的四周，簇拥了雷公、电母、各方星宿神及龙、蛇、猴等多位神君，另有武将、力士、玉女在旁侍奉，全图近300位神仙，形成了一道朝圣的洪流。壁画皆以传统的重彩勾填方法施绘。

1952年全国第一次文物普查，永乐宫一经发现即引起轰动。当时专家勘察后认为：永乐宫是现存的元代精美的建筑，是全国最大的道教宫观，也是世界现存最大的古代壁画艺术宝库之一,其中三清殿《朝元图》是世界绘画史上群像构图发展的顶峰,是世界罕见的巨制,堪称国宝。永乐宫随即被确定为国家首批重点文物保护单位。

桂子作《捣练子·永乐宫》曰:

深殿静,

紫薇红。

永乐迁来若旧宫。

壁画长屏皆妙笔,

大河九曲韵相通。

● 高从宜

# 1 "走后门"
## —— 永乐宫的道缘

中国全真教有三大祖庭：陕西户县（今西安市鄠邑区）的重阳宫，北京市西城区的白云观与山西芮城县的永乐宫。重阳宫位于黄河水系的渭河支流，白云观位于海河水系的永定河支流，永乐宫位于黄河东流转弯的岸上。"厥惟中条之南，大河之北，有镇曰永乐，东邻古芮，西腋首阳，昔称天下福地之一，信哉！"（《大朝重建大纯阳万寿宫之碑》）就与黄河文明的距离和密切性而言，永乐宫的地位形象无疑要突出、高大得多。我对全真教情有独钟，2013年拙作《重阳登高 —— 全真普世道情》出版。其结尾的题目就是"朝天阙：重阳宫与白云观"。现在想来，我没有写永乐宫的主要缘由有两个：其一，陕西鄠邑是我生长的家乡，对重阳宫太熟悉了，白云观位居首都北京，我也拜谒过多次，2013年之前，我从未到过河东地区。其二，作为"生在新中国，长在红旗下"的"60后"（20世纪60年代初期出生），先是"三年困难时期"的恶劣生长环境、后是"后天下之乐而乐"的禁欲理性，哪里会有"永乐"的想法及专门游览芮城县道教永乐宫的雅兴呢？直至此次得缘沿黄考察走近永乐宫，我才知道吕祖殿也有一个"走后门"的修炼故事。

芮城永乐宫北靠中条山，南望黄河，因故址在永乐镇而命名，为入俗习称。它的正式名称叫作大纯阳

大朝重建大纯阳万寿宫之碑　书盦 摄影

万寿宫，与鄠邑祖庵镇的大重阳万寿宫命名相仿，仅一字之差。大重阳万寿宫所在的祖庵镇因王重阳修炼的茅庵而得名："祖"指王重阳是全真教的创教祖师，"庵"指全真教祖修炼所居的狭小茅庵。王重阳不仅在矮小茅庵修炼，并且在"活死人墓"苦修。"活死人墓"的出名，有大半功劳要归于金庸先生的《神雕侠侣》。从全真教祖修炼的狭小茅庵、"活死人墓"到今日北京的白云观，再到巍峨辉煌的芮城永乐宫，全真教用了几十年的时间，仅仅刚过三代人：第一代人是教祖王重阳，第二代人是七真丘处机，第三代人就是丘处机的两大弟子：宋德方和潘德冲。宋德方（1183～1247）通晓经史、儒道并重，写有《全真列祖赋》，并主编《玄都宝藏》，为明代《正统道藏》打下了坚实基础，是永乐宫建造规划的发起者和总设计。潘德冲（1191～1256）自幼聪慧，善于理财，修道和功行兼融，是永乐宫建造工程的实施者和总监理。

现存永乐宫的主要建筑为一门三殿，一门为无极门，三殿为三清殿、纯阳殿、重阳殿。纯阳殿和重阳殿的壁画以全真教自己的五祖七真故事为题材：纯阳殿的主角即八仙之首的吕洞宾，被尊崇为王重阳的传法师父；重阳殿的主角就是创立全真教的王重阳。三清殿又称无极殿，是拜谒传统道教"太清、玉清、上清"最高神明的圣殿，为永乐宫的主殿。三清殿内四壁，满布壁画,面积达403平方米,画面上共有人物286个。这些壁画题材,既有中国传统道教的"三清四帝"和星君,还有其他教派的雷神灵官,更以全真教自己道统上的五祖七真故事为重点,从而展现全真教继往开来、兼收并蓄的道统主旨和正宗地位。三清殿上的壁画人物,以对称仪仗形式排列,以南墙的青龙、白虎星君为前导,分别画出天帝、王母等8位主神。围绕主神,28宿、12宫辰等"天兵天将"在画面上徐徐展开。画面上的武将骁勇剽悍,力士威武豪放,玉女天姿端立。整个画面,气势不凡,场面浩大,人物衣饰富于变化而线条流畅精美。这人物繁杂的场面,神采又都集中在近300位"天神"朝拜元始天尊的道教礼仪中,因此被称为"朝元图"。"朝元"是传统道教和全真教皆热衷的修炼境界和理念。在修道的神学意涵之外,不知全真教的《朝元图》中是否还带有政治立场上朝向大元之朝的历史气息?事实上,当年师父丘处机面对南宋、金朝和成吉思汗"三国"皆至的聘书时,他就坚定地选择了"元朝"。华山西峰凿有朝元洞。在写作《重阳登高——全真普世道情》时,我仅仅介绍了华山的朝元洞。现在面对华贵巍峨的永乐宫《朝元图》,我不禁自惭形秽、后悔莫及矣。

到游览纯阳殿之时,我自惭形秽、后悔莫及的心情得到了一些安慰。当年构思《中华根柢·道教三书》

纯阳殿　石春兰 摄影

时，八仙之首的吕洞宾乃是我心中的灵魂人物。吕洞宾（约830～976）是"见头不见尾"的唐代道教犹龙派的象征人物，是道教承前启后、开宗立派的伟大宗师，是可以与观音菩萨媲美的道教英豪。著名道教学者、永乐宫研究家景安宁多次说，永乐宫是一个奇迹。缔造这个奇迹的核心人物就是吕洞宾！这样说吧，不认识吕洞宾，就无法深入永乐宫。反过来说，不研究永乐宫，就无法感知吕洞宾的传奇与伟大。芮城是吕洞宾的祖籍。众所周知，永乐宫的主体建筑由三清殿、纯阳殿、重阳殿构成，纯阳殿位居中间，直观不过地体现了吕洞宾在道教历史上承前启后的关键作用。在拙作《中华根柢·道教三书》中，《风追盛唐——钟吕八仙道观》也处于中间，一如永乐宫的纯阳殿；

其前是《祖风犹龙——黄老高古道韵》，写黄老犹龙派，对应三清殿；其后就是《重阳登高——全真普世道情》，对应着重阳殿。来到吕洞宾的祖籍之地的永乐宫观览，我才深切地感觉到了这种冥冥之中神奇的巧合与契合！特别是看到大名鼎鼎、亲切熟悉的《钟吕传道图》原来就"藏"在纯阳殿的后门时，我惊诧到几乎晕了的地步。

首先，纯阳殿的前面，是高大巍峨、华贵绚美的三清殿，数百的神仙群像，海陆空的神灵造像，把人的大脑占得爆满。其次，来到纯阳殿，神仙数目固然少了一些，而市井人物、故事情节又让人难以理清头绪。终于走出纯阳殿，打算往前走最后观览重阳殿的时候，导游姑娘突然说"现在看纯阳殿的后门壁画"，并打趣说道教也有"走后门"呢。回头"走后门"，吕洞宾的道号就是回道人。

最后就是"走后门"中的《钟吕传道图》了。我在网上画册上见过多次，在《风追盛唐——钟吕八仙道观》也援用过它，就是没想到它在这里，在后门的暗室！加之后门暗室之暗和门外阳光之亮的对比，安排得也够强烈高妙啊！原作就是原作，高大的画幅先得仰视；细节和形神的丰富真切够得上杰作，而棒喝的回头寓意就不用多说了。大家都看清楚了，体味着钟离权豹眼圆睁的生猛，以及棒喝与回头的两个"V"

型手指的岔路口之意。与之对比的就是吕洞宾作为弟子的形象：儒气初歇、纯良和善中略带委屈纠结的白衣秀士像。我没能好好欣赏，却被"走后门"这个词的眼前图像和遥远记忆弄得一心两意、不人不鬼的，甚至连最后的重阳殿也没有兴趣再看下去了。

"走后门"是中国20世纪70年代到80年代非常流行的社会现象和日常用语。那时候的中国，物资统购、商品奇缺。一些稀缺、贵重的生活用品，在商店里要么不摆放，要么需要票证或者领导说情。从前门走进商店的一般老百姓，买不到它们。能买到它们的，属于那些有社会关系、从后门可以自由出入的人。当年流行的"走后门"一语，即指这一特定历史社会时期特权性质的"弊端"。40多年过去了。当年的"走后门"让人痛苦，眼前的"走后门"让我迷醉。恍惚之际，我想到了全真教传道的奇特"道缘"。"走后门"的确是全真教历史上的奇特"道缘"！

在传道授业领域，人们常用"登堂入室"一词。"入室"即相当于"走后门"，属于少数人或极少数人可以抵达的水平和层次。《福音书》将之叫作通向天堂的"窄门"。《老子》用的是"国之利器不可示于人"，《易经》的说法是"圣人退藏于密"，皆涉及这个"走后门"或"窄门"的"道缘"问题。《六祖坛经》中，慧能大师的得道也是深夜"走后门"的，并且用了暗

钟吕传道图　李国庆　摄影

语和暗号。吕洞宾作为永乐宫的主人,其受道与传道皆是一个谜,以致到今天许多专家学者还怀疑他是否真正存在。鄠邑重阳宫有《密语五篇》,是吕洞宾传给王重阳的道法,没有人知道是怎么传的;永乐宫重阳殿就有《密语五篇》的书写塑像。王重阳给马丹阳传道时,禁止外人知道,甚至连丘处机在内都属于被禁止之列。尹志平《清和北游录》记载:

> 俺（丘处机）与丹阳同遇祖师学道，令俺重作尘劳，不容少息。与丹阳默谈玄妙，一日闭其户，俺窃听之，正传谷神不死调息之法，久之推户入，即止其说。俺自此后尘劳事毕，力行所闻之法，行之虽至，然丹阳二年半了道，俺千万苦辛，十八九年犹未有验。

《真仙真指语录》也有类似记载。"与丹阳默谈玄妙，一日闭其户"，属于"密室"内王重阳给马丹阳的暗传和独传。丘处机在门外偷听（"俺窃听之"）的时间长了（"久之推户入"），忍不住推门而入，王重阳立即就不说话了（"即止其说"）。王重阳的做法，真正称得上"国之利器不可示于人"和"圣人退藏于密"了。传法之密，漫说用"走后门"和"窄门"来比拟和形容，以丘处机的遭遇看，简直就是一个"没门"与"无门"。佛教临济宗慧开的书名就是《无门关》。

让人不无惊讶的是，即便丘处机忍不住推门而入，师父王重阳的态度依然是——给你不说就是不说！与《六祖坛经》慧能大师受道之时，五祖弘忍的小心和戒惧相比，王重阳的心狠与硬够得上"天下第一"了（金庸）。名师出高徒，王重阳不让进门、不给传法，丘处机不仅不怨不恼，接下来又"重作尘劳"近乎二十年。由于自己得道的经历太漫长、太辛苦吧，丘处机在给弟子宋德方和潘德冲传法时，一方面于雪山路上先后让他俩"走后门"、进"窄门",一方面安排他们修建永乐宫。《冲和真人潘公神道之碑》写道:"吾幼遇长春师,授以秘传,终身诵之,粗有所得。"众所周知,全真教内有著名的《密语五篇》。因之,当丘处机给潘德冲"授以秘传"之后,他立即明白了自己"今世缘、道念亦庶几兼修而并举"的人生使命:这是丘处机龙门派的典型宗风,属于"重作尘劳"艰苦磨炼的修道路径。等到永乐宫修成竣工,他也弄明白了祖师吕洞宾的秘密心法:这就是"先回头"、再"走后门"才可以目睹的《钟吕传道图》,属于永乐宫纯阳殿内独特而神奇的传法"道缘"。同是全真教祖庭,永乐宫不同于重阳宫和白云观的"道缘"也正在于这幅《钟吕传道图》的有无吧。

# 七
## 风陵渡

风陵渡在芮城县风陵渡镇。

── [行知提示] ──

从芮城县古魏镇龙泉村沿曹风线西行 45 千米,到达芮城县风陵渡镇风陵古渡景区。

风陵渡黄河大桥　李国庆　摄影

## ◇ 风陵渡简介

风陵渡是一处古代津渡遗址,在山西省运城盆地西南端,处于黄河东转的拐角,是晋秦豫的交通要塞。因唐代圣历元年(698)在此置关,称风陵津,津即渡口,所以后称风陵渡。

金人赵子贞《题风陵渡》:"一水分南北,中原气自全。云山连晋壤,烟树入秦川。"即言其交通秦晋、关节中原与西北之形势。

风陵渡之名得自其近处的风陵,但风陵主人传说有二。一说风陵是女娲的陵墓,因女娲为风姓,故称风陵。但女娲风陵位置难以确认,据《蒲州府志》记载,唐天宝十三年(754),"天雨冥晦,失陵所在"。乾元二年(759)某夕风雷大作,"明旦视之,坟复涌出,夹以两柳",陕州刺史将此事奏明唐肃宗,肃宗下令祭祀。宋乾德四年(966)宋太祖赵匡胤下令置守陵户,到熙宁年间陵墓再次消失,可能是被黄河冲毁了。

另一说风陵是风后陵墓,风后是黄帝的贤臣。据传,轩辕黄帝和蚩尤战于涿鹿之野,蚩尤作大雾,黄帝部落的将士迷失四方,不能作战。风后及时赶来,

风陵渡铁路桥,对岸为山西永济,中条山在望　李国庆　摄影

献上他制作的指南车,给大军指明方向,摆脱困境,战胜蚩尤。风后死后埋葬在这里,后来建有风后陵。今风后陵,在风陵渡镇赵村东南,冢高2米余,周围30米。墓前原有明万历三十八年(1610)重建风后祠及碑记,惜已毁。

桂子临渡,有《捣练子·风陵渡》词曰:

回首望,

越千年。

晋豫秦川近碧天。

古渡舟横寒水瘦,

晋乡访古到雄关。

● 高从宜

# 1 精卫与风陵渡

> 红叶晚萧萧,长亭酒一瓢。
> 残云归太华,疏雨过中条。
> 树色随山迥,河声入海遥。
> 帝乡明日到,犹自梦渔樵。

这是晚唐著名诗人许浑描写潼关与风陵渡地理形胜的一首诗,题目是《秋日赴阙题潼关驿楼》。风陵渡对岸的西岳华山揽收了残云,风陵渡北边身后的中条山刚下过小雨;有黄河东流入海的涛声("河声入海遥"),有山色湖光中被带入梦境的渔樵晚唱("犹自梦渔樵")。不过,诗歌尾句的"犹自梦渔樵"尽管带有"长亭酒一瓢"之后惋惜而明显的期待心情,明日确定到达的首都长安("帝乡明日到")——才既是暮秋萧瑟中让人兴奋的亮眼"红叶",也是这首唐诗的诗眼和诗人行旅的皇都。

山西作家鲁顺民写过《风陵渡》《寻访风陵渡》与《金庸笔下"风陵渡",如何改变中国》等专文,他也是《山西古渡口——黄河的另一种陈述》一书的作者。鲁顺民《风陵渡》引用了许浑的这首唐诗,并评价道:"太华、中条、河声、帝乡,风陵渡的山河形胜被大致勾勒出来了。"尽管它并没有直接提及风陵渡的字眼。"太华、中条、河声、帝乡"四者中,"太华、帝乡"在风陵渡的对岸关中,"河声"属于千里流淌的中国北方,只有"中条"才与风陵渡的山河形胜直接有关了。风陵渡的山河形胜,倒是在作家鲁顺民的几篇文章特别是在《金庸笔下"风陵渡",如何改变中国》一文中有非常充分、铺陈精彩的文学呈现。《秋日赴阙题潼关驿楼》这首唐诗之于风陵渡的文化空间似乎仍然需要进一步开掘:

(1)《寻访风陵渡》等文认为,"唐武则天时,'风陵渡'正式得名"。风陵渡既然得名于唐代武则天执政时期,那么,她的孙子唐玄宗李隆基,开元年间在风陵渡上游20多千米处的蒲津渡,却修建了颇具盛唐气象的铁牛浮桥;另一方面,晚唐诗人许浑《秋日赴阙题潼关驿楼》也没有出现"风陵关"和"风陵津"的名称。唐代的风陵渡显然仍处于"月迷津渡,雾失楼台"之中,魅人,也让人疑。

(2)《寻访风陵渡》等文写道:"风陵,指的是风的墓封。传说,风,亦称风后,乃上古时期黄帝的丞相。关于风后这个人,《淮南子》《史记》均有记载,各种传说,历代演义,已经是神仙一级人物。"问题是武则天是"女权主义"的铁腕娘子,她强硬到了把未来佛弥勒菩萨从男性变为女性形象，为什么要在"风陵关"和"风陵津"的命名上高扬"风后"这种"父系"英雄人物呢？比起"风后"，女娲或者精卫可能才是风陵渡的主角和灵魂吧。

（3）风陵渡作为地名专称，意指黄河水运交通上一个名叫风陵的渡口。水运交通一如陆地道路的命名，一般总要涉及交通往来两端的地名，如京沪线、京广线、沪陕高速等等。如果以一端命名一条道路与水运交通线路，往往就包含特殊缘由：一端由于历史文化或者地理形胜对另一端形成压倒性的绝对优势，如秦直道、蜀道，如咸阳古渡、风陵渡。风陵渡的对岸是西岳华山脚下的天下名关——潼关。元代张养浩笔下的《潼关怀古·山坡羊》被作家张承志誉为"这是我推崇为第一的古诗"。其中的一句让人惊讶之辞就是"山河表里潼关路"。那么，被我们作家在《寻访风陵渡》等文中归于黄河北岸的默默风陵是如何出奇制胜、"四两拨千斤"地抢走了潼关作为天下名关的名头的呢？

"风陵"的地名最早见于《水经注》。《水经注》"河水卷四"记载："潼关直北，隔河有层阜，巍然独秀，孤峙河阳，世谓之风陵。戴延之《西征记》所谓风堆者也。"其所引东晋戴延之《西征记》中有"伏羲，风姓也"，暗示风陵为伏羲之陵。郭丛《风陵得

有了公路桥和铁路桥后寥落的风陵渡

名之由来及嬗变过程》(《中国历史地理论丛》2016年第1期)如名称所示,对风陵得名之由来及嬗变过程已有非常详尽的爬梳阐述:(1)在司马迁《史记》的记载中,后世的风陵云云叫作"封陵";(2)魏晋南北朝时期,"封陵"开始被叫作"风陵",以为是风姓伏羲之墓;(3)到了唐代,"迟至唐代中期已有风陵为女娲墓的认识。至宋时罗泌纂《路史》,言女娲死后'神居于栗广之野……是为风陵堆也'";(4)相较于唐代出现的风陵女娲墓说,黄帝风后墓说明显晚出,要晚到明代成化年间所修的《山西通志》。郭丛风陵渡的知识考古非常彻底:"查考文献则会发现,在魏晋南北朝及之前该地尚有另一名称——'封陵'。封陵地名见于《史记》,并在其中多次出现。"郭丛引述"封陵即后来风陵"的典籍文献达十数条,此处只列出两条:

> (秦昭襄王)十一年(前296),齐、韩、魏、赵、宋、中山等国共攻秦,至盐氏而还。秦与韩、魏河北及封陵以和。(《史记·秦本纪》)

> (魏哀王)十六年(前303),秦拔我蒲反、阳晋、封陵……二十三年(前296),秦复予我河外及封陵为和。(《史记·魏世家》)

从风陵得名之由来及嬗变过程看,"封陵"明显要早于"风陵"。相比于魏晋时期的风陵伏羲说,唐代出现的风陵女娲墓说既有武则天这位"女皇"的功劳,也可能更接近历史真实。它与风陵、风伯说特别是封陵、巨灵说联系在一起,能够帮助我们穿越历史烟云来窥探华夏"诸神""女神""河神"起源之奥秘。

河神常指黄河水神,是中国古代最有影响的河流神。《尚书·尧典》和《史记·五帝本纪》皆记载:"肆类于上帝,禋于六宗,望于山川,遍于群神。"《尚书·尧典》此处的"群神"给我们解释了上古万物有灵时期"诸神的起源"。"起源"一词就指涉河流的源头,即河流流淌中的自然呼唤。在华夏上古的神明谱系中,"河神"崇祀的位序正好就是《尚书·尧典》中"肆类于上帝,禋于六宗,望于山川,遍于群神"言说中的叙述位置：低于（后于）上帝，高于（先于）群神。换句话说，河神乃是"禋于六宗，望于山川"祭拜活动的中心和首要神明；并且，帝王祭拜的河神同时还与他们迎娶的爱神相关。《尚书》和《史记·夏本纪》记载大禹道："予娶涂山，（辛壬）癸甲，生启予不子，以故能成水土功。"司马贞《索隐》道："《世本》曰'涂山氏女名女娲'，是禹娶涂山氏女号女娲也。"作为大禹妻子涂山氏的"女娲"，最初的形象由"能成水土功"看，乃是一位河神。袁珂先生《中国神话传说词典》"女娲"条也是河神结论。毛泽东"高峡出平湖，神女应无恙"之句，正道出了河神与神女的不解之缘。

河神与帮助丈夫的治水女神形象乃是女娲的原型和基础；炼石补天和创生人类应该是后起神话，也是衍生神话。

事实上，大禹之前，帝虞舜大婚的爱情典礼和场合便在水边："于是尧妻之二女，观其德于二女。舜饬下二女于妫汭，如妇礼。"（《史记》）"厘降二女于妫汭，嫔于虞。"（《山海经》）事件发生的场合与氛围均在河边。大禹之后，周文王的大婚完全相同："文王初载，天作之合。在洽之阳，在渭之涘。"（《诗经·大明》）周文王娶的爱神也是河神。《山海经·大荒西经》对女娲的记载是："有神十人，名曰女娲之肠,化为神,处栗广之野,横道而处。"郭璞注云:"女娲,古神女而帝者,人面蛇身,一日中七十变。"因之,大禹的妻子涂山氏女号女娲,帝虞舜的妻子、尧之二女是女娲,周文王"天作之合"的妻子也是女娲,皆是"女娲之肠,化为神"的转生故事与叙事。再往前追溯,就是精卫填海了。《山海经·北山经》记载:

> 又北二百里,曰发鸠之山,其上多柘木,有鸟焉,其状如乌,文首,白喙,赤足,名曰:"精卫"。其鸣自詨。是炎帝之少女,名曰女娃。女娃游于东海,溺而不返,故为精卫,常衔西山之木石,以堙于东海。

精卫填海的神话,就"精卫"名曰女娃以及与河水的关系看,和禹妻子涂山氏"女娲"是一回事情;就故事情节和细节看,则与虞妻、尧之二女属于同型"寓言历史"。《尚书》《史记》和《山海经》记载的"二女",即帝尧的两个女儿娥皇与女英。姐妹俩不仅在河畔("妫汭")嫁给了帝虞舜("嫔于虞"),并且在丈夫死后投河成了湘夫人——湘江女神与河神。屈原《楚辞》中的《湘君》和《湘夫人》两篇即载此事。

《尚书》《吕氏春秋》到《史记》等众多典籍均记载着"舜却三苗,更易其俗",记载舜"南巡狩,崩于苍梧之野"。韩建业《五帝时代:战争三部曲》

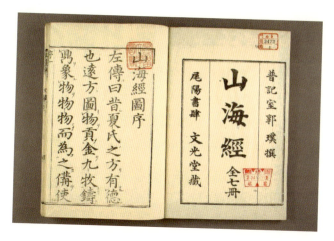

《山海经》书影

从当代考古成果支持了"舜却三苗"的战争过程。舜"南巡狩,崩于苍梧之野"大概率不是善终;帝舜的二妃——娥皇与女英也大概率没有投河于南方湘江,而是葬于黄河,具体说,是葬于黄河与渭河相汇的风陵渡。郭璞指出:"《礼记》云:'舜葬苍梧,二妃不从。'明二妃生不从征,死不从葬,义可知矣。"今人杨东晨在《帝舜家族史迹考辨——兼论传说遗迹和帝舜生平事迹的关系》的专文,详细阐述了"舜葬苍梧,二妃不从"的观点。我们从《竹书纪年》中"帝舜三十年葬后育(娥皇)于渭"推断:二妃可能投水于黄河与渭河相汇的风陵渡而成了河神与女神。

《山海经》载:"舜妻登比氏生宵明、烛光,处河大泽,二女之灵能照此所方百里。一曰登北氏。"

这二女很可能即指娥皇与女英,是神话的隐喻叙事。(1)《尚书·尧典》和《史记·五帝本纪》皆没有"舜妻登比氏"的只言片语记载。(2)"灵能照此所方百里"的二女如果是独立存在的,其鉴通灵达显然超越了作为帝尧二女的娥皇与女英,《尚书·尧典》和《史记·五帝本纪》对其没有任何只言片语的记载,完全说不通。(3)《山海经》记载的这位"舜妻登比氏"也叫作登北氏("一曰登北氏")。"登比氏"者,是魂交于夫君帝舜也,《山海经》多次用"风交"一词。这也可能是"封陵"演变为"风陵"的一项文化人类学元素。"登比氏"也叫作"登北氏"者,指帝舜的魂归故里以及娥皇与女英的魂化升天。众所周知,帝舜与二妃娥皇、女英的故里是冀州。"冀"者,意即神异的北地和灵异的北方,所谓神州之地是也。"舜妻登比氏"之云云,明显属于《山海经》的神话隐喻叙事,是对娥皇与女英魂化升天的灵照记述,是二女成为河神与女神的恩典描写。除了帝尧的"二女",还能有谁投河之后可以"处河大泽,灵能照此所方百里"呢?

除了帝尧的"二女",《山海经》还记述了另一个帝女"精卫衔微木,将以填沧海。同物既无虑,化去不复悔"(陶渊明),表达了同样神圣美丽的灵照故事，属于黄河女神的灵照故事，是只能属于精卫、娥皇与女英这些帝女的神圣美丽故事。茅盾《中国神话研究初探》指出，"精卫与刑天是属于同型的神话"。比较起来，精卫与娥皇、女英更属于同型神话：一者，皆为帝女；二者，皆是魂魄动天的女神；三者，皆是投水灵照的河神；四者，皆是牺牲升天的文化人类学女主角。她们是河神与女神的文化人类学原型。她们的故事，后世一会儿附会于伏羲，一会儿附会于女娲，最后又附会于风后。

《旧唐书·五行志》记载：

> 乾元二年六月，虢州阌乡县界黄河内女娲墓，天宝十三载因大雨晦冥，失其所在，至今年六月一日夜，河滨人家忽闻风雨声，晓见其墓踊出，上有双柳树，下有巨石二，柳各长丈余。郡守图画以闻，今号风陵堆。

《唐历》等唐代典籍记载：

> 女娲墓：潼关口河潭上，有树数株。虽水暴涨，亦不漂没，时人号为女娲墓。唐天宝十三年五月内，因大风吹失所在。乾元二年六月，虢州刺史王晋光上言：今月一日，河上侧近，忽闻风雷，晓见坟踊出；上有双柳树，下巨石，柳各高丈余。

上述唐代文献记载中所谓"女娲墓"的"风陵堆"，原是精卫、娥皇与女英这些帝女投河中央成为女神、河神而起封的陵冢，原名是"封陵"，位于"黄河内"的"河潭上"，即河水中央的沙洲上。《水经注》云"潼关直北，隔河有层阜，巍然独秀，孤峙河阳，世谓之风陵。戴延之《西征记》所谓风堆者也"，应该是在"封陵""风陵堆"的基础上所修建的"祠庙"了。今日它的具体地点，作家鲁顺民在《寻访风陵渡》寻访的结果是：在山西永济市风陵渡镇的赵村。该村地处黄河之北，中条山之南；山南水北皆为阳，在这样一个黄河岸上的"咸阳"古渡给"封陵""风陵"的女主人修建祠庙，可以说是非常适宜、完美和吉祥了。

不过，需要强调的是，风陵的墓主被归于黄帝使臣的风后的时间是很晚的（明代）。风后不是风陵历史文化中的原主人。风陵的原主人曾经是：帝女精卫（女娃），帝女娥皇、女英，风姓伏羲与女娲。唐代武则天女皇选择了风姓女娲，明代帝王选择了帝臣风后。我们认为，帝女精卫（女娃）、娥皇、女英才是风陵渡历史文明的主人——真正的女神与河神，包括原初的女娲在内。

从封陵到风陵、从伏羲墓到女娲墓的合理性和意义在于：无论帝女精卫还是帝女娥皇与女英，她们皆是女性，是牺牲成圣的女神与河神。她们牺牲显圣于河中央，灵照魂化于河中央，也起墓封神于河中央。因之，封陵也罢，风陵也好，原本不在河的岸上，而在河中央的滩上。唐代是风陵的主人从伏羲变为女娲的转折点,缘由就是武则天的"女权运动"。《唐书·乐志》写道:"礼尊封禅,乐盛来仪。合位娲后,同称伏羲。"在"礼尊封禅"的最高国家庙堂,武则天以国歌的神圣庄严之声把自己与女娲"合位",将高宗与伏羲"同称"。这一点,闻一多《伏羲考》早已指出:"这里以伏羲、女娲比高宗、武后,正表示他们二人

风陵渡对岸的潼关东山景区的女娲塑像

的夫妇关系。"事实上,武则天远不止于"表示他们二人的夫妇关系",而是要空前突出其优越强势的"女皇"形象。女娲补天,她名则天,把风陵神主从男性变为女性就是措施之一。这位强势"女皇"对风陵神主的变性是正确的,但把风陵女神从帝尧的"二女"变为女娲却是又一次的"月迷津渡,雾失楼台"。

其一,女娲补天是汉代开始流行的续起神话,最早的文献记载正见于西汉时期的《淮南子·览冥训》。此期风光的河神大名已是男性皇权笼罩下的河伯,早已告别奋勇牺牲的女神与河灵时代了。《山海经》固然有女娲神话也有精卫神话,却并没有女娲炼石补天的神话内容,而精卫填海的神话内容已非常完整了。

其二,许多学者(丁山、杜而未、萧兵、小川琢治)皆已研究过女娲与女娃(精卫)神话内容的重叠和联系性,"小川琢治以为女娲即炎帝少女女娃(精卫)之变形"(萧兵《女娲考》)。比较而言,女娲更多是炼石补天的英雄神话主角,女娃(精卫)更多是封陵(风陵)河神的投水牺牲形象。前者更对武则天的女皇胃口,却对不上历史的文化逻辑。在女娲神话中,武则天选择性突出的是巾帼英雄的补天形象。风陵渡历史与神话传说的主角,却更多归属于帝女精卫、娥皇与女英这些"女娃"。

据唐代众多文献记载,风陵渡的位置是在"潼关北大河中的滩"上（唐陆长源《辨疑志》），"又华、陕界黄河中有小洲岛……云是女娲墓"（唐杜光庭《录异记》）。这既深契着华夏文明中的"蓬莱三岛"，也与河伯娶妻的历史故事同构而异质，更与《诗经·蒹葭》反复咏叹的"所谓伊人，宛在水中央""宛在水中坻（水中滩）""宛在水中沚（水中洲）"的主旋律完全相同，能够与文化人类学中女性升天牺牲的圣化主题无缝对接。毛泽东《七律·到韶山》写道，"为有牺牲多壮志，敢教日月换新天。喜看稻菽千重浪，遍地英雄下夕烟"。在风陵渡的"千重浪"与"下夕烟"的"英雄"中，从历史故事看，我们辨认出的是《尚书·尧典》《史记·五帝本纪》所记载的帝尧"二女"；从神话角度，则是《山海经》《列仙传》所记述的"衔微木，填沧海"的帝女精卫，还有"舜妻登比氏"二女之灵照。

甲骨文的发现，给传世文献的河神传说提供了考古学物证。陈梦家《殷墟卜辞综述》第十章和第十七章告诉人们：（1）商代有非常隆重而虔敬的河神祭祀；（2）商代一位王公的名字就叫作"河"。而《史记·滑稽列传》西门豹的治邺故事表明：至晚到战国时期，尽管仍然有隆重的河神祭祀，但其真诚性已经大打折扣了！其一，在父系权力影响下，河神开始男性化。其二，受阴阳观念影响，男性河神开始需要娶妻。其三，

《重修纬书集成》卷六《龙鱼河图》中"河伯姓吕名公子,夫人姓冯名夷"透露出的消息是:河神原是女性,名称叫作冯夷、冰夷或无夷。风陵渡的命名及历史嬗变,与此是高度对应与平行的。西门豹治邺中的河伯并非河神,黄帝使臣的风后同样不是风陵的水神。"高峡出平湖,神女应无恙"(毛泽东),精卫、娥皇与女英这些圣洁美丽的帝女,她们才属于"同物既无虑,化去不复悔"的女神与河神,是风陵渡的魅力与灵照之所在。

## 八 西侯度遗址

西侯度遗址在芮城县风陵渡镇西侯度村。

—[行知提示]—

从风陵古渡景区沿 038 乡道、521 国道北行 12 千米,到达风陵渡镇西侯度村,西侯度遗址即位于该村。

西侯度遗址　李国庆 摄影

## ◇ 西侯度遗址简介

西侯度遗址位于山西省运城市芮城县风陵渡镇西侯度村附近,面朝黄河,远望华山,背靠中条山。其时代属早更新世,据古地磁断代初步确定,年代为距今243万年,是中国迄今发现最早的旧石器时代遗存之一。1988年被公布为全国重点文物保护单位。

西侯度遗址发现于黄河中游左岸高出河面约170米的古老阶地上,文化遗物和动物化石集中分布在平均约1米厚的交错砂层中。

**西侯度遗址发掘场景再现**　李国庆 摄影

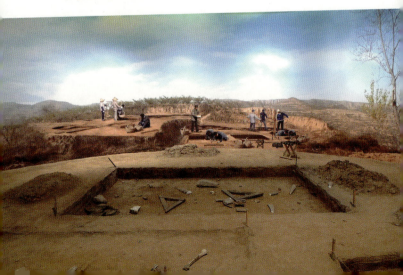

文化遗物共发现了石制品32件,包括石核、石片和经过加工的石器,有砍斫器、刮削器、三棱大尖状器等类型。石器原料多为石英岩,打片采用了锤击、砸击和碰撞三种方法。小型的漏斗状石核和有棱脊台面的石片,反映出石器工艺达到了一定的水平。

与打制石器同层出土的动物化石,除鲤、鳖和鸵鸟外,还有22种哺乳动物,包括刺猬、巨河狸、兔、鬣狗、剑齿象、平额象、纳玛象、李氏野猪、鹿、布氏真梳鹿、粗面轴鹿、山西轴鹿、晋南麋鹿、双叉麋鹿、步氏羚羊、古中国野牛、粗壮丽牛、山西披毛犀、古板齿犀、中华长鼻三趾马、三门马等。该动物群的成员绝大部分属于草原动物,适于草原生活的,也有适于丛林和森林生活的动物,如李氏野猪、古中国野牛、粗壮丽牛、剑齿象、平额象等。表明当时西侯度一带为疏林草原环境。

在遗址中发现了带有人工砍砸或刮削过的鹿角和用火烧过的动物化石,在认识上大大提早了人类用火的历史。火的发现和使用,使人类的进化大大向前迈进了一步,人类从此告别了茹毛饮血的蛮荒时代。古老的西侯度人在晋南大地披荆斩棘,点燃了中华文明的星星之火,在古人类进化历史上书写了浓墨重彩的一笔。

人类从距今约4500万年前具有高等灵长类动物

特征的垣曲"世纪曙猿"进化到现代人,中间历经了南方古猿、能人、直立人和智人四个发展阶段。西侯度遗址发现的人类生活痕迹大约就发生在距今180万年前的直立人时期。这里除了是中国境内最古老的一处旧石器时代遗址外,也是中国早期猿人阶段文化遗存的典型代表之一。

西侯度遗址是远古人类留给后世的宝贵遗产。随着考古新发现、研究新成果的不断出现,西侯度遗址

**西侯度遗址圣火广场远眺黄河**　李国庆 摄影

的文化面貌日渐清晰,学术地位与社会价值更加凸显。

桂子访古,有《如梦令·火印》曰:

石片三棱尖器,

鹿角切痕奇异。

寻倒岸深砂,

用火从何而起?

揭秘,

揭秘,

可证源于此地。

● 李百勤

# 1 旧石器时代的脚步

西溯黄河，俯察黄土，似乎能听到古人类进化的脚步声。

在200万年前，晋南运城盆地与晋北大同盆地，都是浩渺湖水，湖边矮山下，活动着最早的人类。

在运城盆地南缘中条山下的芮城县西侯度村，考古学家在这里发现了大型尖状器、砍砸器和刮削器，是古人类用脉石英、麻叶岩等石材打制的生产生活工具，特别是发现了具备人工切痕的鹿角化石和烧骨化石，说明人类当时已开始用火。这个遗址经过科学测年，它是200万年以前的遗存。正是这些打制的简易石器，划开了类人猿和猿人的分野，人类进入了能人阶段。今天大同市北部桑干河流域，有一处泥河湾旧石器时代遗址群，被称为"东方人类的故乡"，也称为"旧石器时代考古的圣地"。近几十年来考古学家在这里发掘出大量的古人用燧石、脉石英打制的细石器，包括尖状器、刮削器和雕刻器，人们就是用这种石器划开猎物皮层的。遗址中与石器相伴组合出土的古脊椎动物化石，证明了这

**西侯度遗址出土三棱大尖状器** 石春兰 摄影

些人类生活在 200 万～150 万年以前。

芮城县匼河遗址是距今 50 万年到 100 万年的遗存。这个遗址上既有脉石英、麻叶岩打制的粗大型尖状器、砍砸器和刮削器,又有燧石和脉石英打制的细小石器,这使我们认识到远古时期就产生的两个石器系统——粗大型石器和细小型石器。垣曲县南海峪遗址是距今 50 万到 30 万年的遗存。这一时期,人类住进了天然的洞穴,人们用同样的石材,打制与匼河遗址同类型的石器。和 50 万年前的北京猿人一样,都生活在天然的溶洞中。

襄汾县丁村遗址是早期智人的遗址,这里发掘的人类化石,门齿呈铲形,脑容量超过了 1000 毫升,人类的体质有了明显的进步。人们打制的石器不仅数量巨大,而且器形进一步多样化,尖状器打制得更加完美,还打出凹刃刮削器和凸刃刮削器。人们不仅狩猎牛、羊、马,还狩猎大象这样的庞然大物。人类既捕捞河中的鱼类,还采集河岸上各种野生的谷物,生活资料的来源更加丰富。阳高县许家窑遗址也是早期智人阶段遗存,人们除打制出与前人类似的石器,又打制了大量的石球,抛掷石球狩猎奔跑的野鹿、野马,这或许是最有效的方法。

朔州峙峪遗址是距今2.8万年的晚期智人阶段的文化遗存。他们食肉之后的马骨堆积如山,由此

山西襄汾丁村出土旧石器时代中期的人类石器

得到峙峪山下"猎马人"的称号。沁水县下川遗址是距今4.3万年到1.3万年前晚期智人的遗址，遗址上散落着数以万计的细石器，这些石器加工得细腻而锋利，是至今仍然可以使用的"小刀"。这一时期人们构建了最早的巢穴，房址是在3米见方的平地上，四角摆放一块顶面平整的自然石头，每块石头上放一根木柱，上部向里倾斜，4根木柱交叉后，用皮绳捆绕在一起，然后蒙上兽皮，这是人类搭建最早的避风挡雨建筑。在巢穴内部的中央，用数块小石头支撑起一块较大而扁平的石头，扁平的石头下是火塘。可以想见人们是在用石头炮烙食品，这些食品可以是肉类、谷物。更让人惊奇的是柱脚石下磨制了一堆堆殷红的铁矿粉，关于它的用途，可谓费人猜详。

吉县柿子滩遗址是距今2万年到1万年前的晚期智人遗址，在广袤的黄河滩涂上，发现十余处人类用火的遗迹，说明人们可以有效地保存火种和熟练地使用火源。这里还发现有上万件石制品，包括石磨盘和石磨棒，说明人们可以脱去谷类的外壳而制成谷米，大大提高了食物的品质。石制品是用石英岩打制的尖状器、锥钻器、刮削器、石锯等。在"岩棚"下发现了人们用铁矿粉绘制的岩画，其题材是女人的形象和狩猎的场景。遗址还发现有用贝壳钻孔制成的装饰品。柿子滩遗址的发现和发掘,说明人类已经看见了文明的曙光。

旧石器时代是以使用打制石器为标志的人类文明发展阶段。约在100万年前,人类从早期猿人进入直立人阶段,20万年前进入早期智人阶段,5万年前进入晚期智人阶段。约在1万年前,人类进入真人阶段,从体质上看就是现代人,从文化史上看,新石器时代是人类社会文明的早期阶段——母系氏族制社会也开始形成。山西境内的古人类活动遗址,串联起了黄河流域旧石器时代人类的发展演进之路,铭刻了古人类一步步走过来的脚印。

# 汾渭谷地黄河左岸及其腹地

## 九
## 蒲州故城、蒲津渡遗址、普救寺、鹳雀楼

蒲州故城、蒲津渡遗址、普救寺、鹳雀楼均在永济市。

永济市位于山西省西南部，内以平川为主，兼有山、滩、垣等地形地貌。

永济古称蒲坂，商属缶邦，春秋属晋，战国属魏，秦属河东郡。清雍正六年（1728）设永济县。1994年撤县设市。

―[行知提示]―

从芮城县风陵渡镇西侯度村沿临风线（山西运城S238）北行30千米，转万鹳线到永济市蒲州镇西厢村，蒲州故城、蒲津渡遗址、普救寺、鹳雀楼都在该村黄河之滨。

蒲津渡遗址黄河铁牛　李国庆　摄影

## ◇ 蒲州故城、蒲津渡遗址、普救寺、鹳雀楼简介

### ● 蒲州故城

蒲州故城遗址位于永济市西南约17千米的蒲州镇西厢村黄河东岸,传说中的舜都蒲坂即此。蒲州故城历为州治府治,中唐几为中都建制,为中国北方历史重镇。

城周长约10千米,金元之交战争破坏严重,明清修葺颇多。1959年因三门峡水库建设,城内居民全部迁出,城砖剥揭几尽,但城垣土胎轮廓几乎完整保

蒲州故城东门　李国庆 摄影

存，城内鼓楼及南、西、北门遗构清晰可见。

● 蒲津渡遗址

蒲津渡遗址是唐至明津渡遗址。在蒲州故城西门外。

蒲津渡是历史上的著名古渡口。考古发掘的蒲津渡遗址是唐开元十二年（724）修建的"铁索连舟固定式曲浮桥"的遗迹。遗址附近还发现有明代石碑一通和石堤50米。发掘清理出来的蒲津渡遗迹有铁牛四尊，各长3.3米，高1.5米，重约50~70吨。每尊铁牛旁各有一铁人，高约1.9米，重约3吨。南侧铁牛下还发现有铁板、铁柱，铁牛尾部立有铁制的七星铁柱7根。

蒲津渡遗址对于中国古代桥梁史的研究极具参考价值。四大铁牛被誉为"世界之最"，在考古、桥梁建筑、冶炼铸造、水文地质等学科领域，有着十分重要的研究价值。

桂子作《霜天晓角·蒲津古渡》词曰：

关中锁钥，

古渡浮桥落。

镇水铁牛泊岸，

千艘舸、牵锚索。

磅礴。
跨涧壑，
黄河日色薄。
天堑千年横跃，
菰蒲翠、萦城廓。

● 普救寺

普救寺为唐至明清寺院，在蒲州故城东3千米的蒲州镇西厢村峨嵋塬头上。峨嵋塬南、北、西三面临壑，唯东北向依塬平展，地势高敞，视野宽阔。普救寺坐

普救寺　李国庆　摄影

北朝南，居高临下，依塬而建。

普救寺始建于唐武则天时期，原名西永清院，是一座佛教十方禅院。寺院建筑布局为上中下三层台，东中西三轴线（西轴为唐代，中轴为宋金两代，东轴为明清形制），规模恢宏，别具一格。与《西厢记》故事密切关联的建筑有张生借宿的"西轩"，崔莺莺一家寄居的"梨花深院"，白马解围之后张生移居的"书斋院"。

寺中"莺莺塔"因有奇特的回声机制，周围声响能够因之扩音、传远，为世界六大奇塔之一。也因莺莺塔的回声机制，使"普救蟾声"成为古时永济八景之一。

桂子过游，有《浣溪沙·普救寺》：

佛塔巍然入碧穹，

西厢待月鹊桥东。

牡丹盛放万枝红。

普救蟾声天下异，

有情眷属梦中逢。

轩窗竹影醉春风。

● 鹳雀楼

鹳雀楼又名鹳鹊楼，因时有鹳雀栖于其上而得名，

**复建的鹳雀楼** 李国庆 摄影

是与黄鹤楼、滕王阁、岳阳楼齐名的中国古代"四大名楼"之一。位于永济市蒲州镇西厢村的黄河东岸。

鹳雀楼始建于北周,时宇文护为了镇守蒲州,在蒲州西面的黄河东岸建造了一座戍楼,做军事瞭望之用,这便是后世所称的鹳雀楼。

由于楼体壮观、结构奇巧,加之周围风景秀丽,唐宋之际文人学士登楼赏景留下许多不朽诗篇,以王之涣《登鹳雀楼》最负盛名。1997年复建了仿唐形制的四檐三层鹳雀楼。

桂子《忆江南·鹳雀楼》曰：

田畴翠，

九曲抱雄关。

鹳雀奋飞风雨里，

名楼高矗水云间。

同览好河山。

王子今

# 1 蒲津桥"铁牛"

沿黄河考察，由陕入晋，在晋南永济参观蒲津渡遗址，面对唐代铁牛，心中至为震撼。

《唐会要》卷八六《桥梁》记载："开元九年十二月九日，增修蒲津桥。缁以竹苇，引以铁牛。命兵部尚书张说刻石为颂。"这是史籍对于蒲津桥工程明确的记录。蒲津桥以"铁牛"著名。明蒋一葵撰《尧山堂外纪》卷四二《宋》"陶谷"条有这样一则趣闻："陶谷小字'铁牛'。李沆出典河中，尝寄陶书云：'每过中流，潜闻令德。'陶初不为意，久之方悟。盖河中有张燕公铸系桥铁牛故也。"（明刻本，第294页）五代至宋初名士陶谷小名"铁牛"，李沆主持河中府行政，通过蒲津桥时，都会因"系桥铁牛"想到陶谷，于是致信言"每过中流，潜闻令德"。当然，张说受命"刻石为颂"，其实并非"铸系桥铁牛"的主管官员。

顾炎武撰《肇域志》卷二二《蒲州府》记载："后魏大统四年，于蒲津造浮桥。九年，筑城为防。唐开元十二年，河两岸开东西门，各造铁牛四，夹岸以维浮桥。今西岸缺其一。""铁牛在黄河岸上，唐开元中铸八牛，置东西岸各四牛，一人策之。牛下有山，入地丈余，皆铁也。并铁柱十六，夹岸以维浮桥。今西岸缺其一，相传沈于河。"（清钞本，第714页）顾炎武有诗《蒲州西门外铁牛唐时所造以系浮桥者今河西徙十余里矣》以"浮梁""铁牛"为吟诵主题："唐代浮梁处，遗牛制尚新。一朝移岸谷，千载困风尘。失水鼍鼋没，依城鹳雀邻。应无丞相问，倘与牧童亲。世变形容老，年深战伐频。无穷怀古意，舍尔适西秦。"诗意"无穷怀古"，感叹"年深""世变"，其中说到当时还能看见"遗牛制尚新"，似可说明明清之际"铁牛"尚在地面。从《肇域志》的记载看，当时人们对于"铁牛""铁柱"以及"一人策之"的情形，都是明白的。"应无丞相问"诗句，说的是汉宣帝时丞相丙吉一个和"牛"有关的故事。徐嘉注："《汉书·丙吉传》：吉为相，出，逢死伤不问，逢人逐牛，牛喘吐舌，使骑吏问，逐牛行几里矣。或以讥吉，吉曰：三公典调和阴阳，职所当忧。"（顾炎武著，王蘧常辑注，吴丕绩标校：《顾亭林诗集汇注》，第844～845页）《汉书·丙吉传》的原文是"……吉又尝出，逢清道群斗者，死伤横道，吉过之不问，掾史独怪之。吉前行，逢人逐牛，牛喘吐舌。吉止驻，使骑吏问：'逐牛行几里矣?'掾史独谓丞相前后失问,或以讥吉,吉曰:'民斗相杀伤,长安令、京兆尹职所当禁备逐捕,岁竟丞相课其殿最,奏行赏罚而已。宰相不亲小事,非所当于道路问也。方春少阳用事,未可大热,恐牛近行用暑故喘,此时气失节,恐有所伤害也。三公典调和阴阳,职当忧,是以问之。'掾史乃服,以吉知大体。"丙吉对于导致"死伤"的治安问题,并不直接过问,而"逢人逐牛,牛喘吐舌",则询问"逐牛行几里矣"。有人质疑其"失问",丙吉答道,民间争斗造成杀伤,自有地方行政官员处理,"宰相不亲小事",没有必要亲自过问。而"方春"季节,"牛喘吐舌",担心是"时气失节"的"阴阳"反常现象,这正是宰相应当忧虑的,所以要认真调查。

《唐会要》说"开元九年""增修蒲津桥",而顾炎武《肇域志》言"唐开元十二年",所依据

蒲津渡遗址铁牛　李国庆　摄影

的应是《新唐书·地理志三》的记载:"河中府河东郡,……本蒲州。""河西,……有蒲津关,一名蒲坂。开元十二年铸八牛,牛有一人策之,牛下有山,皆铁也,夹岸以维浮梁。"明确说铸铁牛,"夹岸以维浮梁",时在"开元十二年"。

宋代因水害,蒲津桥损坏,时任天章阁待制、陕西都转运使的张焘曾经主持修复。《宋史·张焘传》写道:"蒲津浮桥坏,铁牛皆没水中,焘以策列巨木于岸以为衡,缒石其秒,挽出之,桥复其初。""皆没水中"的"铁牛"的"挽出",采用了特殊的技术,实际工程的设计、组织和指挥,由僧怀丙负责。僧怀丙曾经修复赵州桥,是高水准的桥梁工程师。《宋史·方技传下·僧怀丙》记载:"赵州洨河凿石为桥,镕铁贯其中。自唐以来相传数百年,大水不能坏。岁久,乡民多盗凿铁,桥遂欲倒,计千夫不能正。怀丙不役众工,以术正之,使复故。"僧怀丙"能正"赵州桥的巧妙的"术",我们现在还不能得知具体的技术信息。而"蒲津浮桥"的修复,僧怀丙策略之高明,我们看到比较明确的记述:"河中府浮梁用铁牛八维之,一牛且数万斤。后水暴涨绝梁,牵牛没于河,募能出之者。怀丙以二大舟实土,夹牛维之,用大木为权衡状钩牛,除去其土,舟浮牛出。转运使张焘以闻,赐紫衣。"

这位僧人的名字"怀丙",又写作"怀曷"。宋代学者吴曾在《能改斋漫录》卷一三《记事》"河中府浮桥"条是这样记述的:"河中府河有中潭,其上有舜庙及井。唐明皇始为浮桥,铸铁为牛,有铁席,席下为铁柱,埋之地中,以系桥絙。张燕公为之赞。自是桥未尝坏。庆历以前,河水数西溢浸朝邑,民苦之,屡请塞堤。蒋希鲁知河中府,始塞之,自是每岁缮修西堤。及刘元瑜知河中府,河水大涨,不得决泄,桥遂坏。铁牛皆拔,流数十步沈河中。中潭亦坏,自是不能复修。津济阻碍,人畜数有溺死者。"引河西"塞堤"导致"桥遂坏",可能是河东人的说法。宋英宗时,试求修复浮桥。"英宗时,有真定僧怀曷,请于水涨时,以絙系牛于水底,上以大木为桔槔状,系巨舰于其后,俟水涨,以土石压之,稍稍出水,引置于岸。每岁止于出一牛。至治平四年闰三月,新桥乃成。然中潭亦终不能立也。赐转运使张焘等奖喻,其僧亦赐紫衣。"明邵经邦撰《弘简录》卷一六三《庶官·宋六之八》"张焘"条的记述是"蒲津浮桥坏,铁牛没水中。焘命以巨木为衡,缒石其秒,挽出之。桥乃复旧。"(清康熙刻本,第2552页)未见"怀丙"姓名。

因"河水大涨"致使"皆拔,流数十步沈河中"的"铁牛"得以浮出的方法,大约《宋史》"以二大舟实土，夹牛维之，用大木为权衡状钩牛，除去其土，舟浮牛出"的记述是比较合理的。

"潬"就是"滩"。《尔雅·释水》："潬，沙出。"郭璞解释说："今江东呼水中沙堆为潬。"吴曾说："河中府河有中潬，其上有舜庙及井。"我们不清楚"唐明皇始为浮桥"时，是否曾经以河中沙滩为中继。宋代"河水大涨"时，"桥遂坏""中潬亦坏"，可惜"中潬"上的"舜庙及井"完全毁灭。据《续资治通鉴长编》卷七五"宋真宗大中祥符四年"记载："（二月）甲子，次河中府，赐扈驾诸军缗钱。幸舜庙，赐舜井名'广孝泉'，亲作《赞》。渡河桥，观铁牛。"（清文渊阁《四库全书》本，第867页）这一记载又见于《宋通鉴长编纪事本末》卷一九《真宗皇帝》（清嘉庆《宛委别藏》本，第153页）。大中祥符四年（1011）宋真宗视察蒲津桥，"渡河桥，观铁牛"，是帝王罕见经历。因为后来"中潬"消失，"舜庙及井"亦不存在，宋真宗"幸舜庙，赐舜井名'广孝泉'，亲作《赞》"的表现，已经不可复制。

由于黄河水文条件的变化，"水中沙堆"已"坏"，可以推知"治平四年闰三月"营造的"新桥"，工程可能较唐玄宗"开元九年""增修蒲津桥"以及"开元十二年铸八牛""夹岸以维浮梁"还要艰巨。

蒲津桥遗址并非第一次参观，但这次实地考察，听了对这处历史遗存的保护和研究多有贡献的李百勤先生详细讲述了"铁牛"等遗存发现和发掘的一些生动的故事,对于古来交通建设与黄河的关系,有了更亲近的感觉,也有了更真切的认识。

《旧五代史·唐书·李存进传》可见"浮桥"服务于军运的故事:"(李存进)以本职兼领振武节度使。时王师据德胜渡,汴军据杨村渡在上流。汴人运洛阳竹木,造浮桥以济军。王师以船渡,缓急难济,存进率意欲造浮桥。"但是随即听到了因工程困难发表的反对意见。"军吏曰:'河桥须竹笮大䉶,两岸石仓铁牛以为固,今无竹石,窃虑难成。'"这里说到"浮桥"建设与"铁牛"的确定组合。然而李存进排除异议,最终完成了"浮桥"工程。史籍记载:"存进曰:'吾成算在心,必有所立。'乃课军造苇笮,维大舰数十艘,作土山,植巨木于岸以缆之。初,军中以为戏,月余桥成,制度条上,人皆服其勤智。庄宗举酒曰:'存进,吾之杜预也。'赐宝马御衣,进检校太保,兼魏博马步都将。"李存进成桥似乎未用"铁牛",然而"作土山,植巨木于岸以缆之"作为替代方式。浮桥是否必须"两岸石仓铁牛以为固",当然与河流水文条件如水量和流速有关。

"庄宗"表扬李存进"造浮桥""桥成",言"吾之杜预也"。杜预造黄河浮桥是桥梁建造史上的著名故事。《魏书·崔亮传》记载:"亮谓僚佐曰:'昔杜预乃造河梁,况此有异长河,且魏晋之日亦自有桥,吾今决欲营之。'"《魏书·于栗䃅传》也写道:"栗䃅曰:'杜预造桥,遗事可想。'"可知杜预故事历史记忆的深刻。杜预"造河梁""杜预造桥"这一具有典范意义的史例,见于《晋书·杜预传》:"……(杜)预又以孟津渡险,有覆没之患,请建河桥于富平津。议者以为殷商所都,历圣贤而不作者,必不可立故也。"杜预则以儒学经典《诗经》中《大雅·文王·大明》所见"造舟为梁"反驳,指出:"'造舟为梁',则河桥之谓也。"后来浮桥终于建成,"帝从百僚临会,举觞属预曰:'非君,此桥不立也。'"杜预则回答:"非陛下之明,臣亦不得施其微巧。"不过,杜预"建河桥于富平津"施用的"微巧",《晋书》记载并不具体。我们不清楚是否有"两岸石仓铁牛以为固"的结构。

《宋史·谢德权传》记载咸阳渭河桥也采用"浮桥""铁牛"形制:"咸阳浮桥坏,转运使宋太初命德权规画,乃筑土实岸,聚石为仓,用河中铁牛之制,缆以竹索,繇是无患。"这正是"两岸石仓铁牛以为固"方式的沿用。所谓"用河中铁牛之制",体现了技术承继关系。类似形制,又有"利终桥"

由于"岸善崩,又仿古制,入石铁牛,鎚诸水焉"(刘瑞撰:《利终桥重修纪》,《五清集》卷一一,明刻本,第101页)等。通过方志资料,可以得知这样的情形非常普遍。吉安"庐陵县"有"习溪桥",据说"咸淳癸酉夏,水甚,桥圮,一铁牛见,识曰'赤乌元年',或曰桥是年五月二十四日造牛云"(光绪《吉安府志》卷四《庐陵县·桥梁》,清光绪五年刊本,第717页)。"水甚,桥圮",在宋度宗咸淳九年(1273)。而"铁牛"铸作于吴大帝孙权赤乌元年(238)。如果年代属实,则是很早的"铁牛"用于桥梁的历史记录。著名的"泸定桥","桥东铸铁牛一只,桥西铸铁蜈蚣一条,以镇水性,以垂悠久"(乾隆《雅州府志》卷一〇《津梁》,清乾隆四年刊本,第209页)。大约"铸铁牛"的用意,在于"以垂悠久"。

关于蒲津"浮桥""铁牛",《宋史·方技传下·僧怀丙》称之为"牵牛",似乎也值得注意。"牵牛"是天上星象,然而和桥梁有关。《史记·天官书》:"牵牛为牺牲。"张守节《正义》:"牵牛为牺牲,亦为关梁。其北二星,一曰即路,一曰聚火。又上一星,主道路;次二星,主关梁;次三星,主南越。占:明大,关梁通;不明,不通,天下牛疫死;移入汉中,天下乃乱。"《史记·天官书》说:"(牵牛)其北河鼓。河鼓大星,上将;左右,左右将。"

张守节《正义》:"河鼓三星,在牵牛北,主军鼓。盖天子三将军,中央大星大将军,其南左星左将军,其北右星右将军,所以备关梁而拒难也。""自昔传牵牛织女七月七日相见,此星也。"天星"牵牛"和"道路""关梁"的关系,暗示"牛"在交通格局中的象征性地位。蒲津"浮桥""铁牛"的形象,很可能是有某种信仰背景的。相关信仰的发生,应"自昔"而来。

"自昔传牵牛织女七月七日相见"故事,有"鹊桥"情节。《白孔六帖》卷九五《鹊》"填河"条:"《淮南子》:乌鹊填河成桥,渡织女。"牛郎织女传说在汉代已经普遍流行。鹊桥神话如果确实出自《淮南子》,应是最早的线索。然而今本《淮南子》

蒲津渡遗址黄河铁牛尾部用于牵拉浮桥铁链的横轴

李国庆 摄影

已不见此文。《四库全书总目》卷一一七《淮南子》："晁公武《读书志》称《崇文总目》亡三篇。李淑《邯郸图书志》亡二篇。其家本惟存十七篇,亡其四篇。高似孙《子略》称读《淮南》二十篇。是在宋已鲜完本。惟洪迈《容斋随笔》称今所存者二十一卷,与今本同。然白居易《六帖》引乌鹊填河事,云出《淮南子》而今本无之,则尚有脱文也。"(永瑢等:《四库全书总目》,中华书局1965年版,上册第1009页)人们似乎还相信"乌鹊填河事"确实出自《淮南子》。宋人王观国《学林》卷四"牛女"条写道:"世传织女嫁牵牛渡河相会。观国案:《史记》汉晋《天文书》,河鼓星随织女星、牵牛星之间。世俗因傅会为渡河之说。渫渎上象,无所根据。惟《淮南子》云乌鹊填河成桥而渡女,其说怪诞不足信。"虽指出俗说"怪诞",却相信事出《淮南子》。也就是说,这种"世俗""傅会"之说,应当在西汉时期已经于社会较普遍的层面广泛流播。

"牵牛"与"渡河"之"桥"的关系,有神秘理念以为渊源。后世桥梁建设以此作为意识背景,是值得思考的社会史、文化史、民俗史课题。

## 2 秦穆公"济河焚舟"

人们都熟悉项羽在巨鹿之战中击败章邯军的故事。

《史记》中的相关记载,被看作这部史学经典中最精彩的内容。尚镕说:"迁史才横绝千古,即《项羽本纪》可见。"(《史记辨证》卷一《项羽本纪》)吴见思说:"项羽力拔山气盖世,何等英雄,何等力量,太史公亦以全神付之,成此英雄力量之文。""精神笔力,直透纸背。"(《史记论文》第一册《项羽本纪》)郭嵩焘写道:"巨鹿、鸿门、垓下三段,自是史公《项羽纪》中聚精会神,极得意文字。"(《史记札记》卷一《项羽本纪》)唐顺之也曾经说:"(巨鹿之战)项羽最得意之战,太史公最得意之文。"(《精选批点史记》卷一)巨鹿战事记录中,"(诸侯军)诸将皆从壁上观""楚战士无不一以当十,楚兵呼声动天"等精彩文句,都传诵千古,成为语言经典。而"破釜沉舟"故事,可能留下最深刻的历史记忆:"项羽乃悉引兵渡河,皆沈船,破釜甑,烧庐舍,持三日粮,以示士卒必死,无一还心。"(《史记·项羽本纪》)

这是秦史走向终结时的一个历史片段。其实,《史记》还记载过一个类似的故事,是巨鹿之战中作为战败一方的秦人在崛起时代的一个镜头。《史记·秦本纪》记载,秦穆公三十二年(前628)秦军远征郑国,"径数国千里而袭人",晋人截击秦军,"发兵遮秦兵于殽,击之,大破秦军,无一人得脱者"。"(秦穆公)三十六年,缪公(穆公)复益厚孟明等,使将兵伐晋,渡河焚船,大败晋人,取王官及鄗,以报殽之役。晋人皆城守不敢出。于是缪公乃自茅津渡河,封殽中尸,为发丧,哭之三日。乃誓于军曰:'嗟士卒!听无哗,余誓告汝。古之人谋黄发番番,则无所过。'以申思不用蹇叔、百里傒之谋,故作此誓,令后世以记余过。君子闻之,皆为垂涕,曰:'嗟乎!秦缪公之与人周也,卒得孟明之庆。'"秦穆公成功复仇,体现了一个政治家的胸怀、智谋和勇略。

《左传·文公三年》已有"秦伯伐晋,济河焚舟"的记载。而人们似乎对司马迁《史记》的文字印象尤深。这可能与秦处于上升阶段的"焚船"故事与走向衰灭阶段的"沈船"故事形成鲜明对照有关。秦穆公"焚船"故事的记述,表扬了秦人的英雄主义。项羽军"沈船"故事的记述,则赞颂了灭亡秦帝国的楚军的英雄主义。

秦穆公三十六年(前624)"大败晋人",是春秋时期战争史中的一件大事。此次战役,秦穆公亲自

茅津古渡

率领的秦军曾两次"渡河"。

第一次"渡河",出击时"渡河焚船",进入晋地,"晋人皆城守不敢出"。

第二次"渡河","自茅津渡河,封殽中尸,为发丧"。

第二次"渡河",津渡是明确的,即"自茅津渡河"。"茅津"在今河南三门峡河段。《史记·秦本纪》张守节《正义》引《括地志》云:"茅津在陕州河北县、大阳县也。""殽",即"崤",就是晋军"大破秦军"的战场,在今河南三门峡东南。"茅津"是秦穆公非常熟悉的地方。他即位的第一年,就有攻伐"茅津"并取胜的军事胜利。《史记》卷五《秦本纪》记载:"缪公(穆公)任好元年,自将伐茅津,胜之。"张守节《正义》解释"茅津":"刘伯庄云:'戎号也。'《括地志》云:'茅津及茅城在陕州河北县西二十里。注《水经》云茅亭,茅戎号。'""茅津"因"茅戎""茅城"得名,作为秦晋之间的黄河渡口,因联系所谓"秦晋之好",自然为重要交通通道。东汉冯衍赋文可见"览河华之泱漭兮,望秦晋之故国"语。虽然上文说到"观壶口之峥嵘"(《后汉书》卷二八下《冯衍传》),但是此处既称"河华",很可能是在"茅津"一带缅怀军事碰撞和外交联系都十分频繁的"秦晋之故国"。我们看到,"缪公任好元年,自将伐茅津,胜之"三年之后,"四年,迎妇于晋,晋太子申生姊也"。秦穆公"迎妇于晋",有可能经由"茅津",也有可能自稍北的津渡"渡河"。

秦穆公三十六年(前624)击晋,第一次"渡河"的地点,从"取王官及鄗"的进军方向可以分析。"鄗",裴骃《集解》引徐广曰:"《左传》作'郊'。"骃案:"服虔曰'皆晋地,不能有'。"张守节《正义》:"《括地志》云:'王官故城在同州澄城县西北九十里。又云南郊故城在县北十七里。又有北郊故城,又有西郊古城。《左传》云文公三年,秦伯伐晋,济河焚舟,取王官及郊也。'《括地志》云:'蒲州猗氏县南二里又有王官故城,亦秦伯取者。'上文云'秦地东至河',盖猗氏王官是也。"对于"鄗""郊"的分析及"王官及郊"的空间位置的认定,大约可知秦穆公率军从临晋关和蒲阪(坂)关之间的津渡"渡河"。津渡位置应在今山西永济西。

这一津渡,秦汉时期又称"蒲津"。我们曾经有所讨论:"蒲津,在今山西永济西。或以为《左传·文公三年》'秦伯伐晋,济河焚舟',即取道于此(参看《辞海·地理分册·历史地理》,上海辞书出版社,1978年版,第260页)。蒲津以东岸蒲坂得名,西岸即为临晋。《史记·高祖本纪》:'汉王从临晋渡',东进与项羽争锋。韩信率军东进,欲从夏阳渡河袭安邑,也曾'为疑兵,陈船欲度临晋'(《史记·淮阴侯列传》)。汉武帝时于此置蒲关。东汉又称蒲津为

蒲津渡遗址　石春兰 摄影

蒲坂津。曹操与马超、韩遂战于河潼，'潜遣徐晃、朱灵等夜渡蒲坂津，据河西为营'(《三国志·魏书·武帝纪》)。"(王子今：《秦汉黄河津渡考》，《中国历史地理论丛》1989年第3期；《秦汉交通史稿》增订本，社会科学文献出版社，2020年版，第86页)

我们沿黄河考察途中回顾"(秦穆公)将兵伐晋，渡河焚船，大败晋人，取王官及鄗，以报殽之役"的故事，并非要进行细致专门的军事史和交通史研究，也并非有意探讨秦晋之间的区域行政史，而是希望通过《史记》明白书写的"渡河焚船"这种勇敢进取的历史表现，追寻上古文化中的英雄主义品质。

## 3 蒲州发生的战事

蒲州地处长安与洛阳之间,从西周起,战略地位就很重要。《晋书·地理志》载,十六国的前赵在蒲坂设并州牧,前秦在这里置并州刺史,苻坚时改为雍州刺史镇蒲坂,后秦在蒲坂设并、冀二州的州牧,赫连勃勃又是在这里设并州刺史。《晋书·地理志》没提到的,还有东晋末年刘裕北伐,也在蒲坂置并州刺史。仅此一个事实,就能反映出蒲州地理位置的战略控御作用。而在此地,也发生过数次载入史册的大战。

### 一、春秋时期晋秦河曲之战

《春秋经》文公十二年:"冬十有二月戊午,晋人、秦人战于河曲。"西晋学者杜预注:"河曲在河东蒲坂县南。"现代学者杨伯峻注:"河曲,晋地,当在今山西省永济县南,黄河自此折而东,故曰河曲。"这一年是晋灵公六年,秦康公六年,公元前615年。

自从晋襄公即位,在崤山打了秦军的埋伏,致使奔袭郑国的秦军全军覆没以后,晋、秦之间战事不断,河曲之战,是其中的一次著名战役。

据《左传》记载,此战前,秦人已经攻入晋境,占据了羁马。晋国震动,出动三军,前来抵御秦军。秦国兵力不详,但是秦康公率军亲征,大约和晋军旗鼓相当。晋国三军总动员:中军主将是赵盾,荀林父为副;上军主将是郤缺,臾骈为副;下军主将是栾盾,胥甲为副。阵容强大,摆出了一副决战的架势。阵线就在《春秋经》提到的河曲。

然而晋军气势汹汹地赶到后,却扎下营垒,按兵不动了。这个计谋是上军副将臾骈提出的,得到晋军高层认同。他认为秦军劳师远来,肯定不能打持久战,只要坚守住,深沟高垒,打消耗战,那就

《左传》书影

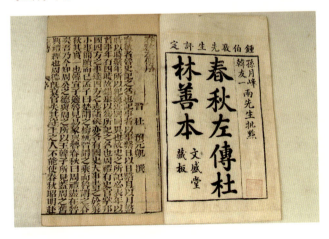

胜券在握。

　　客观态势如此，秦军确实想打速决战。兵法上说，知己知彼，百战不殆。秦康公麾下有一位谋臣，是不久前叛逃过来的晋国大夫士会，第一时间就被咨询，且献上对策。士会对晋国高层的了解可以说是洞若观火，他指出打持久战、消耗战的计谋就是出自臾骈；还分析晋军将领间可以利用的罅隙，认为臾骈这位上军副将本是赵氏的下属，反而比上军偏将赵穿位高权重；赵穿是赵氏正宗，屈居其下，内心不服；加之赵穿又是晋君之婿，攀龙附凤之辈，"有宠而弱，不在军事，好勇而狂"，可以利用。

　　于是秦军蹈隙抵罅，专门奔赵穿而去，挑战晋国的上军。上军主将、副将都坚守不出，赵穿觉得表现的机会来了，自作主张出兵，秦军随即撤走，未能接战。赵穿回营，大光其火，认为大军出动，耗费多少粮草，士卒枕戈待旦，精神紧张，却一直引而不发，"敌至不击，将何俟焉"？也不知道等什么，等待能等来胜利？他说我也不懂什么谋略，我带自己的部属去打。说完就带兵出击，向秦军进攻。

　　晋军的主将赵盾一看这情况，坐不住了，赵穿如果全军覆没，或被俘，回去都没法交代，连忙下令全体出战，接应赵穿。结果双方未分胜负，各自罢兵。

当夜，秦康公派使者到晋军中传话，约定明日再战。臾骈看出其中有诈，"使者目动而言肆"，神色慌张，语言夸张，看来是秦军恐惧，准备逃跑。如果在秦军退兵渡河的时候，趁机进攻，定能大获全胜。可是胥甲、赵穿都反对，认为"死伤未收而弃之，不惠也；不待期而薄人于险，无勇也"，不能乘人之危，应该先救死扶伤，然后堂堂正正地开战。他们的意见占了上风，结果秦军顺利撤走。

河曲之战以"交绥"而结束，也就是说，双方妥协了。一场可能是赌上了国运的大战，阴差阳错地偃旗息鼓了。

## 二、五代后汉时期河中之围

蒲州在唐代的地缘重要性比以前都高，故升为河中府，还曾两度短暂升为中都，至五代仍为河中府。

后汉乾祐元年（948）三月，以河中节度使李守贞为首，联合永兴军节度使赵思绾、凤翔巡检使王景崇谋反，消息报告到了朝廷。

其时后汉政权尚在风雨飘摇之中，虽然已经历经二帝，实际掌握政权只有两年。后汉高祖刘知远称帝十一个月即驾崩，隐帝刘承祐在乾祐元年二月即位，李守贞三月就反叛了。这三处叛军，在京师汴梁西面一字排开，李守贞最近，赵思绾占据长安，位置居中，王景崇所据凤翔又偏西，大致是东西向一条线，横亘在后汉的腹地。所谓心腹大患，出现在隐帝即位之初，对于后汉政权的威胁不言而喻。

四月，平叛的各路大军分遣而出。讨伐李守贞的一路，由保义节度使白存珂统率，任命为河中行营都部署。但是白存珂犹豫畏战，驻军同州（今陕西大荔），逼近河中，做出平叛态势，而没有战绩。六月，朝廷加派奉国左厢都虞候刘词为河中行营马步都虞候，明显包含着督责之意。

其实白存珂还有援军在侧。李守贞在反叛之初派其骁将王继勋占领了潼关，到白存珂出兵之际，已经被陕州都监王玉夺回，嗣后昭义节度使常思屯兵潼关，对李守贞形成大范围的合围之势。尽管如此，白存珂仍观望不前。

七月，平叛迄无战果，朝廷欲改变局面，派出重臣统兵，任命枢密使郭威为西面军前招慰安抚使，所有平叛军队都由郭威统一指挥。行前郭威与众将商议战略，有人建议先攻凤翔、长安，从远处开战，大包抄，兜回来集中所有胜兵围攻李守贞；也有人建议擒贼先擒王，拿下李守贞，其余叛军就会土崩瓦解。最后议定用后策，郭威亲赴河中，指挥作战。

这一次发三路大军攻河中，郭威从陕州进军，即从今三门峡市渡过黄河，由东向西攻；常思从潼关进军，从风陵渡过黄河，由南向北攻；白存珂从同州进军，逼近黄河西岸。蒲州城西临黄河，故西路军逼近河岸就是兵临城下了。

大军齐集，郭威采取了围而不攻的策略，他的分析见于《资治通鉴》："彼冯（凭）城而斗，吾仰而攻之，何异帅士卒投汤火乎？夫勇有盛衰，攻有缓急，时有可否，事有后先；不若且设长围而守之，使飞走路绝，吾洗兵牧马，坐食转输，温饱有余。俟城中无食，公帑家财皆竭，然后进梯冲以逼之，飞羽檄以招之，彼之将士，脱身逃死，父子且不相保，况乌合之众乎！"

据此，三路大军从三个方向包围了蒲州城，白存珂在黄河西岸，常思在城南，郭威在城东。《资治通鉴》记载郭威在城西，经现场考察，《新五代史》的记载是正确的，在城西没有开辟战场的空间，白存珂在黄河西岸的包围阵线就是最前沿了。

郭威的长期围困战术，是通过"刳长壕，筑连城"的措施实现的。郭威利用壕沟和城墙，采取防守的态势，要把李守贞困到粒米皆无，不战而胜。他动用了两万民夫到前线挖壕筑墙，作为围城的基础。李守贞派兵毁坏，随毁随修。

围城至乾祐二年（949）七月，郭威才大举攻城。这时候李守贞已经无力防御，携妻子和儿子自焚。

*《资治通鉴》书影*

叛乱告平。

此战虽是郭威为了后汉王朝而出征，却成就了他个人的盖世军功，一年多以后即取代后汉，建立了自己的后周王朝。

### 三、金代末年蒱城之战

金哀宗正大八年（1231），蒙古窝阔台汗三年，蒙古大军兵分三路，全力攻金。左路军进兵济南；右路军取道凤翔、宝鸡，再绕南宋辖境，包抄汴京；中路军由窝阔台亲自统领，攻河中府，下洛阳，直指汴京。

金朝派两员大将率兵三万，镇守河中。这两员将领都是女真皇族，姓完颜，出身内廷护卫，而且同名，俱名完颜讹可。一位的官职是权签枢密院事，另一位是元帅。权签枢密院事在史书上称草火讹可，因为他抓住盗贼就用草火烧燎；元帅称板子讹可，他不认识宫中的牙牌，而叫作板子，故名。

两位讹可认为兵力太少，城太大，防守难度大，就把河中府城截了一半，只守半个城。后世蒲州地方志所载，乃实地观察得出的结论，确认死守的是西半城，放弃了东半城。

截城这种无奈之举，不仅是因为兵少，还有一个原因，是在之前曾由元帅都监阿禄带奉旨视察，相度该城可否守御。阿禄带到达河中，蒙古兵攻占了绛州，他认为河中孤城不可守，遂决定弃城，还放火焚烧了官府民舍，城内居民逃散，资财损失，后来决定据守河中，难度增加不啻数倍。

窝阔台大军围攻河中，攻势特急。按照他们的战略构想，是第二年正月各路大军会师汴京，所以河中、洛阳必须在当年拿下。"蒙古筑松楼，高二百尺，下瞰河中，土山地穴，百道并进。昼夜力战，楼橹俱尽，白战半月，力竭，城破"。其间曾有王敢奉命率兵一万增援河中，然杯水车薪，无济于事。最后草火讹可亲自上阵搏杀，被擒遭杀害；板子讹可伙同三千败兵夺船而逃，后被金朝追责杖杀。

这次围城之战虽然很急迫，也迁延数月，到底是三个月还是四个月,至今不清楚。破城是在当年十二月,无异词;围城之始,《金史》记载是九月,《元史》记载是十月,后来有人做过研究,结果也无法确定,只能存疑。

## 4 蒲津铁牛

人们常说，黄河是中华民族的母亲河，这是因为黄河流域孕育了最初以华夏族为主体的中华民族。跨越黄河两岸的渡口是历代王朝经营和控制的关键。黄河自上游进入晋陕峡谷汹涌向南，冲下壶口，突出禹门咽喉，抵达潼关掉头东折，穿越晋豫峡谷，至孟津而到达平缓的下游地段。黄河在中游地区大小渡口无数，最重要的是孟津、茅津和蒲津三大渡口。由于它们地处关河锁钥、通衢要津，所以特别称为津。这里给大家介绍一下蒲津渡。

明人顾祖禹《读史方舆纪要》谓："蒲州控据关河，山川会要，……自古天下有事，争雄于河山之会者，未有不明河东为噤喉也。……河中之地，黄河北来，太华南倚，有羊城砥柱之险，浊河孟门之限，以缳辕之襟带，与关中为表里，建都于此，可以总水陆之形势，将关河之气色。"顾氏把蒲津渡在政治上的重要性和地理上的显著性讲得十分透彻。

华夏民族最早活动在豫西、晋南和关中地区，东边有夷人，西边有戎人，南边有蛮人，北边有狄人。

以农耕经济为生的华夏族最早在黄河中游建立唐、虞、夏王国，西北以游牧经济为生的戎人和狄人不断内迁，商周时期在河东地区形成戎夏杂处的局面。商代后期，周人兴起于关中的周原一带，在当时是一个小方国。周人经过几代人的努力，发展经济，扩充军事，媾和戎狄，最后灭掉商朝。周人原是小国，其实力不足以全面统治全部中原，发明了分封制这个政治制度，在戎夏杂处的河东地区将他们的子弟封了郇、瑕、魏、虢、虞、耿、晋、霍八个侯爵之国藩篱王室。连接黄

《蒲州府志》城西铁牛图

河两岸的渡口是他们必须掌控的要害，虢国跨河而国，控制下阳渡（与茅津渡实为同一渡口，因黄河淤沙堆积而变换具体地点），魏国控制封陵渡、洰津渡和大禹渡，耿国控制禹门渡，郇国控制蒲津渡。

春秋时期，晋国都于曲沃（今闻喜县上郭古城），逐渐强大起来，兼并了中原地区周室分封的公国和侯国，也吞并了戎狄形成的伯爵小国，成为春秋五霸之一，西与强秦为邻，秦晋之间的主要通道就是蒲津渡。《左传》记述秦穆公护送晋文公归国说："济河，围令狐，入桑泉，取臼衰。二月甲午，晋师军于庐柳，秦伯使公子絷如晋师，师退军于郇。辛丑，狐偃及秦晋之大夫盟于郇。壬寅，公入于晋师。丙午，入于曲沃。丁未，朝于武宫。"当时的蒲津渡在今天的临猗县吴王渡，令狐是临猗县令狐村，桑泉是临猗县城西村，臼衰是临猗县程村、胥村，庐柳是永济市城子埒村，郇是运城市盐湖区西曲樊村，曲沃是闻喜县的上郭村。《左传》直书"济河"，未说何地而渡，这是因为蒲津渡是当时的通衢大道，无须赘述而已。

战国时期，韩、赵、魏三家分晋，魏国尽有晋国南部土地，向南、向西都是跨河而国，黄河西边有五城，与秦国为邻。魏国控制汾阴渡东西两端，蒲津渡仍然是秦人东渡的主要通道。《续通典》记载，自河东而言，亦曰蒲阪津。自关中而言，亦曰夏阳津。《春秋后传》

记载,秦昭襄王二十年(前287)"秦始作浮桥于河"。《史记·秦本纪》载,秦昭襄王五十年(前257)"初作浮桥"。《史记正义》云:"在同州东渡河,即蒲津桥也。"

两汉时期,汾阴渡是黄河东、西两岸的主要通道。在蒲津渡口均置蒲坂县,隶属河东郡。楚汉相争时期,韩信在夏阳津演绎了木罂渡河的故事。三国时期,曹操夜渡蒲津,西征马超、韩遂。西魏大统二年(536)、东魏天平三年(536)高欢在蒲津建浮桥渡河攻西魏。西魏宇文泰、隋文帝都曾在蒲津渡建造浮桥。《隋书·食货志》记载:"户口岁增,诸州调物,每岁河南自潼关,河北自蒲坂,达于京师,相属于路,昼夜不绝者数月。"

北朝以来,氐秦(前秦)、羌秦(后秦)先后建都关中,攻略河东,蒲津渡成了最繁忙的渡口。北周初年,在黄河东岸置河东县,在春秋时期桑泉邑置蒲坂县。黄河东岸是北周与北齐对峙的前线,北周在河东县修建了一座观察哨楼,楼初成,有鹳雀栖于其上,仿佛帮助人们瞭望北齐人马动静,人们遂名之曰鹳雀楼。唐代诗人王之涣(一说是杨赞)吟咏了一首五言绝句《登鹳雀楼》:"白日依山尽,黄河入海流。欲穷千里目,更上一层楼。"连天接地,气势磅礴,千百年来成为妇孺皆知的绝唱,当年的瞭望小楼成了名闻遐迩的文化名楼。

隋大业三年（607）以蒲坂并入河东县。唐武德元年（618）置蒲州，治桑泉县。三年（620）移蒲州治于河东县，蒲津关由吴王渡移至河东县（今永济市蒲州镇），从此至今这里称为蒲津渡。

唐朝建都长安，汾水、涑水有丰饶的粮仓。晋阳是其龙兴之地，故称为北都。洛阳居天下之中，交通便利，经济繁荣，相对长安称东都。杭州当时已经经济富庶，人文昌盛，遂称南都。蒲州地处东、西、南、北四都之交汇，是长安的近畿屏障，所以几置河中府，有几度称中都。《资治通鉴》记载，唐玄宗开元九年（721）丙辰（正月），改蒲州为河中府，置中都官僚一准京兆、河南。六月己卯，罢中都，复为蒲州。由于蒲州特殊的地理位置，对长安具有重要的战略意义，唐朝在蒲津渡修建浮桥，《资治通鉴》记载，开元九年（721）"……十二月，新作蒲津桥，熔铁为牛以系絙，时铸八牛，牛下有山，皆铁也，夹岸以维浮梁"。《唐会要》记载，"开元九年十二月九日，增修蒲津桥，絙以竹苇，引以铁牛"。《新唐书·地理志》记载，开元十二年"河两岸开东、西门，各造铁牛四，其牛下并铁柱连服，入地丈余，并前后铁柱十六"。至于铁牛的形制，浮桥的规格，日本圆仁和尚曾有记述。日本清益僧圆仁（794～864）于唐文宗开成三年（838）跟随遣唐史藤原常嗣入唐，归国后著《入唐求法巡礼行记》，文中说："到河中节度府，……侧有蒲津关，到关得勘入，便渡黄河，浮船造桥，阔二百步许。黄河两流，造桥两处，南流不远两派合。却过七重门，向西行五里，到河西入八柱寺宿。"圆仁和尚记蒲津桥二百步许，现在估算约合三百米。《元和郡县志》记载，"蒲津关今造舟为梁，其制甚盛，每岁征竹索价，谓之桥脚钱，数至二万。"可见浮桥每年能得到修缮维护，故能使用数百年之久。唐人徐坚《初学记》曾说，蒲津浮桥，开元九年大加修理，开元十二年用生铁铸成牛形铁锚以固定浮桥之缆索。有守桥吏、水手和竹木匠各守其职，可以免除兵役和其他徭役。当遇到发洪水或结冰时，则解除竹缆保存，以备再用。

综合以上记载，我们可以知道，当时蒲津渡的黄河中间有一座河中小岛，浮桥长约三百米，浮船是用竹缆所连接。浮桥有专门的官吏来管理，过桥是要收取费用的。桥上有专门的水手和专业的竹木匠人。

这座浮桥一直使用到金代，元光元年（1222）元人火攻蒲州，浮桥毁于兵燹。从此以后，国家政治中心不在关中，使用了五百年的蒲津浮桥再未修复使用，唯有铁牛、铁人、铁山、铁柱、铁墩留在黄河岸边，任由日曝、风吹、水浸、沙埋。八百年来，因淤沙堆积，黄河河床不断抬升，洪水上岸留下的淤沙逐渐把浮桥

黄河铁牛发掘现场

的设施湮没于地下,直至1959年的一次洪水把铁牛彻底掩埋。

1991年永济市文物工作者怀着对唐代文物的敬仰之心,也为了发展永济旅游,开始了对铁牛的探寻工作。经国家文物局批准,1993年山西省考古研究所对铁牛进行考古发掘,出土铁牛四尊,铁人四个,铁山两座,铁墩四件,铁柱七根。铁牛西对黄河,呈后蹲之势,每尊铁牛长300厘米,宽110厘米,高150厘米,蹄下踩一块铁板,腹下各有六根地锚穿过铁板,向前45度斜插地下，深达4米。牛的后鞘托一根横轴，轴长270厘米，直径35厘米，轴头饰有吉祥花卉图样。此轴用以缠绕缆索，然后拴系到右后方位的铁柱上。清代蒲州知府阎景柱描写铁牛时说："观其矫角昂首，体蹲而力贠，足以任重，足以励猛。坚足以骶，强足以距。其目似怒，其耳如聆，其处有度，其代甚因。"南边两尊铁牛踏板厚40厘米，每尊测算重量约75吨。北边两尊踏板厚50厘米，重量测算为55吨。这些铁牛和地锚就固定在唐代地层上，说明原地原位未发生变动。这说明铁牛地锚是在开挖地沟现场铸造的，地锚铸成后，再在地锚顶端现场浇铸牛身，使牛与地锚合为一体。中国古代有五行学说，认为牛属土德，以牛做桥墩能起到镇水的作用。

每尊铁牛外侧有铁人一尊，身高190厘米，下有铁柱埋深130厘米，测重约3吨。各个铁人皆侧身向外作用力状，手握虚拳，"或作先牵，或作回叱，其面目意色，各宛然有发"。1号铁人头戴小圆帽，腰围长裙，上身袒露；2号铁人头戴幞头，身着短衣；3号铁人头束小辫，袒其右臂；4号铁人头戴幞头，身着翻领襕袍。他们的装束显然不属于同一族类，可能是为了展现大唐盛世江山一统、四方来朝的思想理念。

铁牛右后侧有七根铁柱，偏南的五根皆单独树立，柱高600厘米，直径40厘米，柱头呈桃状。北边的两根有横杠连接为一体,可能是古时河水冲刷,堤岸倒塌,方形柱根翻在上头了。七根铁柱呈北斗七星状分布,斗口向西,斗柄指北。经研究,这些铁柱是拴系竹缆的,牵拉浮桥木船的竹缆绕过铁牛后轴,最终拴在铁柱上。这样分布是浮桥竹缆分力的最佳角度。

由于黄河水流湍急,而且旋流较多,河岸开阔,滩头风力较大,牵引浮船的缆索会出现摆动,所以人们在铁牛前边制作了铁山、铁墩,将竹缆穿过铁墩的大孔,嵌入铁山的凹槽,减小浮船摇摆的幅度,增强桥面的稳固性。通过考古发掘得知,这些铁人、铁山、铁墩放置在宋代的地层上,可能是经过移动的。

千百年来,健硕的铁牛矗立在黄河岸边,对两岸的交通做出巨大贡献,引得历代文人骚客歌咏不绝。唐代皮日休作《河桥赋》,形容浮桥"噫!前王之道,

黄河铁牛及其地锚

蒲津渡遗址出土的唐代 4 号铁人　　李国庆　摄影

深有旨哉。在水则河桥晓济，在路则四关尽开，木之于陆，一贯而来。所以大同其轨，广纳其材，其梁之防乎？"张说《奉和圣制度蒲关应制》："蒲阪横临晋，华芝晓望秦。关城雄地险，桥路扼天津。楼映行宫日，堤含宫树春。黄云随金鼎，紫气逐真人。东咏唐虞迹，西观周汉尘。山河非国宝，明主爱忠臣。"

宋璟《蒲津迎驾》诗云:"回銮下蒲阪,飞斾指秦京。洛上黄云送,关中紫气迎。霞朝看马色,月晓听鸡鸣。防拒连山险,长桥压水平。省方知化洽,察俗觉时清。天下长无事,空馀襟带名。"张九龄《奉和圣制早渡蒲津关》曰:"魏武中流处,轩皇问道回。长堤春树发,高掌曙云开。龙负玉舟渡,人占仙气来。河津会日月,天仗役风雷。东顾重关尽,西驰万国陪。还闻股肱郡,元首咏康哉。"徐安贞有诗曰:"仙掌临秦甸,虹桥辟晋关。两都分地险,一曲度河湾。路得津门要,时

**蒲津渡遗址出土的唐代铁柱**　李国庆 摄影

称古戍闲。城花春正发，岸柳曙堪攀。后乘犹临水，前旌欲换山。长安回望日，宸御六龙还。"唐文宗时，河中府在蒲津关前中潬建河亭，李商隐有诗曰："万里谁能访十洲，新亭云构压中流。河鲛纵玩难为室，海蜃遥惊耻化楼。左右名山穷远目，东西大道锁轻舟。独留巧思传千古，长与蒲津作胜游。"明人顾炎武望着西迁的黄河，感慨当初的铁牛，有诗咏道："唐代浮梁处，遗牛制尚新。一朝移岸谷，千载困风尘。失水鼋鼍没，依城鹳雀邻。应无丞相问，傥与牧童亲。世变形容老，年深战伐频。无穷怀古意，舍尔适西秦。"清人苏于沛曾作《开元铁牛歌》："吾闻石犀远镇蜀江濡，铁犀夜吼沔江烟。蒲津渡口又见觳觫四，大书制自开元年。当日河流太震荡，下注孤城如覆盎。既无强弩射洪涛，复难烧角照夔魖。乌犉之力雄且豪，夹岸维桥猛于象。角能分水尾摇风，神物光怪谁能仿？从此河形流向西，荒滩紫确分高低。麦陇亲亲沙漠漠，半埋踏石追风蹄。喜逢盛世休征列，河伯效灵龙守穴。平来德水庆安澜，何用铲鞴烛天重铸铁。"

黄河蒲津桥是世界上最早的浮桥，铁器群总重达三百余吨。作为桥头地锚，铁牛以优美的造型艺术、精湛的冶炼技术、高超的铸造工艺、广泛的实用价值深受世人注目，是中国古代交通、冶金、桥梁、科技、雕塑史的实物资料。这批铁质文物的保护面临着极大的挑战。当年文物出土后,为了使它充分发挥各个方面的研究价值,曾设想原地原位保存保护,那就得建造箱函装进去。一方面所需资金巨大,另一方面渗水防锈处理国内没有一定的把握。最后采取了原地顶升的方案,从地下6米抬高到地上6米,总抬高12米,这样就把铁牛连同地锚一起升高到地面以上。为了防止铁质文物的锈蚀损毁,对露于户外的文物群完成了电化学阴极保护,并施涂缓蚀剂,收到了良好的效果。目前,各方面的科技工作者还在为蒲津渡铁质文物群保护开展各种课题的研究。

加强历史遗产保护,是坚定文化自信的有力保障。蒲津渡遗址文物保护历来受到各级政府的高度重视,2001年被国务院公布为全国重点文物保护单位,2005年建成蒲津渡遗址博物馆。目前,四方游客到此抚牛望河,畅想大唐盛世的辉煌,莫不肃然起敬,赞叹称绝。

## 十

# 解州关帝庙、常平关帝庙

解州关帝庙、常平关帝庙在盐湖区。

盐湖区位于山西西南部,因盐湖而兴,因盐湖而得名。

西汉,始置解县。自宋、元置盐运使,遂筑城驻运司,始名运城。1958年,称运城县,1983年,改运城县为运城市,2000年,撤市设区改称盐湖区。

[行知提示]

永济市蒲州镇西厢村沿运风高速(运城—风陵渡)东行72千米,到达盐湖区解州镇解州村,即到解州关帝庙,常平关帝庙在解州关帝庙正东12千米的常平乡常平村,沿826县道可达。

解州关帝庙端门　书盒 摄影

# ◇ 解州关帝庙、常平关帝庙简介

## ● 解州关帝庙

解州关帝庙,位于山西省运城市盐湖区解州镇解州村,始建于隋代,是我国现存始建最早、规模最大、档次最高、保存最全的关帝庙宇,被誉为"关庙之祖""武庙之冠"。1988年被公布为全国重点文物保护单位。

北宋徽宗宣和年间,关公被纳入官方祭祀的对象。《宋史·志五十八·礼八》载,宣和五年(1123)关羽被加封为"义勇武安王"后,"从祀于武成王庙"。明代,将关羽由"从祀"升级到"专祀",祀典也日益隆重。据清乾隆《解梁关帝志·祀典》记载,明世宗嘉靖年间,朝廷祭祀仪礼开始形成定制。因此,解州关帝庙在宋、明、清各代多次修葺、扩建和重建。现存建筑大部分为清康熙四十一年(1702)关帝庙被大火焚毁后,于清康熙五十二年(1713)重建的。

解州关帝庙背湖(盐池)面山(中条山),坐北朝南,南北长700米,东西宽200米,分为庙堂、东宫和西宫三部分。

庙堂有牌坊七座,殿阁六重,以两道围墙环绕。庙堂南部为结义园,始建于明万历四十八年(1620),由当时解州知府张起龙主持创建。清乾隆二十七年(1762)解州知州言如泗主持进行了大规模增建,并题"结义园",由牌坊、君子亭、三义阁、假山、环廊等组成。

庙堂北部是正庙,以崇宁殿为界,呈"前朝后寝"布局,分前后院。前院以端门、雉门、午门、御书楼、崇宁殿为中轴,两侧配以木坊、石坊、钟鼓楼、崇圣祠、碑亭、钟亭等。崇宁殿是关帝庙的主殿,因关羽被宋徽宗封为"崇宁真君"而得此殿名。殿前月台上置一铜鼎香炉和一长方形供案,是清人仿照古代式样铸造

解州关帝庙崇宁殿  书盒 摄影

的。月台前阶石上，雕有卷草、流云和二龙戏珠图案，犹仿皇宫规制。大殿面宽七间，进深六间，重檐歇山顶。殿一周有26根巨大石雕龙柱。龙柱上有升龙、降龙、祥云等，雕刻粗犷有力，与柱头额枋上的精雕细刻，形成强烈对比，相互衬托，各具美韵。后院即寝宫，以"气肃千秋"木坊为屏障，春秋楼为中心，刀楼、印楼居两侧，气势雄伟。

解州关帝庙内保存有明代铁人、焚炉、旗杆和清顺治十七年（1660）铸万斤洪钟等。

### ●常平关帝庙

常平关帝庙，位于山西省运城市盐湖区常平乡常平村，因关羽出生于该村，又称关帝家庙。距解州关帝庙12千米。2006年被公布为全国重点文物保护单位。

据记载，隋代以后，随着历代封建王朝对关羽的逐级追封，关帝家庙也随之增建扩建，仅明嘉靖三十四年（1555）以后，关帝家庙就整修或增建达十六次之多，现存建筑多为清代遗构。

关帝家庙现占地面积13937平方米，坐北朝南，在建筑布局上沿袭"前朝后寝"之制，主体建筑依轴线顺次布列，中轴线依次排列有山门、仪门、献殿、崇宁殿、娘娘殿、圣祖殿,东西两侧配以钟楼、鼓楼、木牌坊、廊房、官厅、官库、太子殿。

庙前为"灵钟盐海""秀毓条山"木坊两座,钟鼓楼相对两旁,石雕牌坊位于钟鼓楼之中央,正面雕"关王故里",为明嘉靖三年立。通过牌坊为山门、仪门和献殿,三座建筑均面宽三间,进深四椽,悬山顶。献殿前后檐敞朗,梁枋简洁,皆饰彩绘,据题记为嘉庆二十三年(1818)重建。

献殿之后为崇宁殿,面宽五间,进深四间,重檐歇山顶。殿内木雕神龛内关羽端坐,四位侍者神情恭谦。

常平关帝庙崇宁殿　书盦 摄影

过垂花门进入一组四合院建筑,正面为娘娘殿,面宽进深各五间,平面近方形,前檐插廊,重檐歇山顶。殿内关夫人、侍女像为清塑。

圣祖殿位于庙内最后高大的台基上,乾隆二十八年(1763)重建。面宽三间,进深四椽,悬山顶。殿内塑关公始祖、三代祖父及夫人像,为国内武庙中之仅见。

祖塔在山门与仪门之间,八角七层砖建,实心塔,无基座,七重叠涩出檐。塔身嵌铭五块,记载了金大定十七年(1177)建塔及明嘉靖、清嘉庆年间重修情况。

关帝家庙现存碑碣20余通,对于关羽历代封号、家族历史、庙宇沿革等均有详细记述。

桂子有《春光好·关帝庙》,词曰:

彰忠义,

柏参天,

立堂前。

赤兔马奔归汉,

去如烟。


百战勇驰天下,

《春秋》一部无言。

风过楼台亭榭处,

夜听泉。

高从宜

# 1 关帝庙还愿
## ——尸解仙的宗教心理学解读

快50年过去了,第一次阅读《三国演义》中"关羽走麦城"的情景依然历历在目,宛若昨天。那天,好不容易从伯父家借来一册古旧的《三国演义》,右下角的纸张已经揉卷了几十页,纸页黄脆,封皮半残,露出线描的五虎大将。我曾在自己合编的一本书中交代过:那时最喜欢的虎将是长坂坡杀得七进七出的常山赵子龙,而不是排在五虎大将首位的关羽。说实话,不仅少时读完《三国演义》,就是到了五十岁之前,我也不知道关云长是山西运城人。

记忆中,当时最喜欢的尽管是赵云而不是关羽,读到"走麦城"那一段,还是对关羽的被俘虏、被杀害禁不住地哭了:眼睛模糊看不清文字,忍住眼泪不让父母看见;压住书页,吃过午饭、平静一些之后,才接着将"关羽走麦城"的情节完整看完。在自己五十年的阅读史上,由于痛苦而看不下去书,这是第一次,似乎也是唯一的一次。关云长被杀害,单纯论牺牲的痛苦程度和悲恸色彩,显然要既轻于《福音书》

中的耶稣基督,也低于《热什哈尔》中的马明心。我阅读《福音书》和《热什哈尔》时,却没有"压住书页、看不下去"的记忆印象。这其中可能有三个缘由:

首先,是年龄大了,不易动感情了。第二就是:第一次阅读《三国演义》"走麦城"的时候,一方面是结局太突然,另一方面是与前面的"出五关"的对比太强烈。最后是,《福音书》中的耶稣基督与《热什哈尔》中的马明心皆是宗教人物,他们一个是"救主",一个是"圣人",对自己的牺牲和悲剧痛苦既有精神上的充分准备,也出于思想上高度的自我选择。而关羽"走麦城"被俘和被害呢,既没有充分的精神准备,也不是自我的思想选择。比较之下,关羽就显得更委屈、更窝囊,同时也更不甘心、更不服气。关羽死后,《三国演义》"七十七回:玉泉山关公显圣,洛阳城曹操感神"写道:

> 却说王甫在麦城中,骨颤肉惊,乃问周仓曰:"昨夜梦见主公浑身血污,立于前;急问之,忽然惊觉。不知主何吉凶?"正说间,忽报吴兵在城下,将关公父子首级招安。王甫、周仓大惊,急登城视之,果关公父子首级也。王甫大叫一声,堕城而死。周仓自刎而亡。
>
> 却说关公一魂不散,荡荡悠悠,直至一处,乃荆门州当阳县一座山,名为玉泉山……普净认

得是关公,遂以手中麈尾击其户曰:"云长安在?"关公英魂顿悟,即下马乘风落于庵前……普净曰:"后果前因,彼此不爽。今将军为吕蒙所害,大呼还我头来,然则颜良、文丑,五关六将等众人之头,又将向谁索耶?"于是关公恍然大悟,稽首皈依而去。后往于玉泉山显圣护民,乡人感其德,就于山顶上建庙,四时致祭。后人题一联于其庙云:

汉末才无敌,云长独出群。神威能奋武,儒雅更知文。

天日心如镜,《春秋》义薄云。昭然垂万古,不止冠三分。

书中所言的"关公一魂不散,荡荡悠悠,直至一处",正是关羽对自己"走麦城"败亡结局的不服气、不甘心也想不通的集中体现。直到魂游到"荆门州当阳县一座山,名为玉泉山",被普净师父以一句"然则颜良、文丑,五关六将等众人之头,又将向谁索耶"的诘难与棒喝,他才了然、无话可说,魂定神安,"后往于玉泉山显圣护民",成了佛教的伽蓝神、道教的尸解仙,成了"乡人感其德,就于山顶上建庙,四时致祭"的华夏英雄神明。在《三国演义》中,关羽的"显圣"事件包括托梦与自己的部将王甫和周仓附体于敌将吕蒙和孙权,以及示现于对自己恩害皆有的"奸雄"

曹操。普净师父则是"关公恍然大悟"的接引者和精神教父。不消说,这里不免含有文学性的浪漫想象和夸张成分。总体上同时应该承认《三国演义》能够进入中国"四大名著",特别是关羽之死的叙事描写之所以能够感动千万人的缘由在于:它既具有相当的历史真实,又具有高度的艺术真实,还能深契宗教心理学的知识诠释。

(1)《三国演义》的历史真实,仅举"刮骨疗毒"一例。陈寿《三国志》原文写道:"羽尝为流矢所中,贯其右臂,后创虽愈,每至阴雨,骨常疼痛。医曰:'矢镞有毒,毒入于骨,当破臂作创,刮骨去毒,然后此患乃除耳。'羽便伸臂令医劈之。时羽适请诸将饮食相对,臂血流离,盈于盘器,而羽割炙引酒,言笑自若。"能够承受"刮骨疗毒"之痛苦的人已经非常稀有了,关羽不仅可以承受,还"割炙引酒,言笑自若",这不是"天人"就是"神人"了。

(2)《三国演义》的艺术真实:既源于生活又高于生活,完全符合毛泽东现实主义的美学原则。亚里士多德《诗学》指出:诗歌(艺术)之所以高于历史(生活),在于历史(生活)只记录现实发生的事情;诗歌(艺术)不仅记录现实发生的事情,还描写可能发生的事情。可能性选择则遵循着人道主义的希望原理。关羽死后,托梦部将并且"王甫大叫一声,堕城而死。周仓自刎而亡",以及魂交普净禅师,不仅可能性相当高,完全符合人道主义的希望原理和人性情理,并且属于宗教心理学的普遍现象。

(3)阅读过《福音书》和《热什哈尔》的读者可能记得:耶稣基督和马明心死后,他们的门徒和部将也像关羽的部下王甫、周仓一样,赴死者同样有许多。"悲痛欲绝"不单是一个汉语词汇,也是一种普世性的情感体验与生命事实。关羽的死亡和显圣,完全符合宗教心理学的一般原理。屈原《国殇》有云:"身既死兮神以灵,魂魄毅兮为鬼雄。"李清照的诗句更简明:"生当作人杰,死亦为鬼雄。"就中国道教的神学思想来看,北周皇帝宇文邕主持编撰的《无上秘要》中就出现了"尸解仙"概念,即人在死后的归天成仙现象。"视死如归"恐怕也不单是一个汉语词汇,而是宗教心理学的一般事实。张三丰在《水石闲谈》中指出:

> 自古忠贞节烈,杀身成仁之时,便有七返还丹景象。当其一心不动,一志不分,浩然之气立其中而生其正,任他刀锯鼎镬,都视为妖魔试我,毫不动摇,我只收留义气,聚而不散,凝而至坚。火候至此,则英雄之光炁,亘万年而不灭也。仙家入室临炉,就要有此手段。

《水石闲谈》中的这段话,应该是对道教"尸解仙"

概念最透彻也最明晰的解释和概括，是儒道互补修炼实质的原理性论证，也是对关羽这位"英雄之光焘、亘万年而不灭也"尸解成仙的权威性确认。以至道教"仙家入室临炉，就要有此手段"——关羽俨然成了道士修炼的学习榜样与楷模。这也并非偶然。事实上，宋元明清时期，关羽扮演的是历史层面的真武英雄，张三丰则是强调真武修炼的神仙英雄。陈寿《三国志》"卷三十六"的开头语"关羽字云长，本字长生"够说明一些问题了。这完全是一个修道人的名字和人生目标！

历史上，有汉代张良与黄石公的故事，有唐代尉迟恭和孙思邈的传说。"关羽字云长，本字长生"更应该有同样的故事和传说，却至今没有任何索解。缘由大致有三：

其一，《三国演义》第一回"宴桃园豪杰三结义，斩黄巾英雄首立功"的题目已经显示关羽这些英雄是靠斩杀黄巾起义军起家的。黄巾起义的领袖张角等人，其社会身份则无疑属于道士和道教。关羽的道缘不宜公开。其二，作为中国土生土长的信仰团体，道教本来就以组织松散、教义庞杂而著称。更兼三国时代，道教初创；关羽自己也是"亡命奔涿郡"（陈寿《三国志》），最后又是突发性地"败走麦城"，根本没有说出道缘的必要因素和前提。其三，道教源于道家，皆以隐逸和隐没为应世方式;重事不重名。

　　这三点,大概就是关羽有一个道家名号,而道缘至今讳莫如深的原因吧。道缘事实的确很明显:"关羽字云长,本字长生"的名号可以做注,他的青龙偃月刀可以解释,以及他的赤兔马和"面如重枣"的赤帝形象尤其说明问题了。"宋徽宗赵佶于崇宁五年追封关羽为'忠惠公'……事隔一年,又加封'崇宁真君',又把关羽纳入了道教的势力范围。"(韩振远《常平关帝祖庙》)。种种迹象提示,关羽可能本来就属于"道教的势力范围"。仙家自谓"羽人"和"云中君",关羽作为五虎上将,视死如归,英勇就义,

解州关帝庙关帝塑像　书盒 摄影

属于道教"尸解仙"的典型个案。苏东坡有诗写道:"符离道士唐兴际,华岳先生尸解余。"在苏轼看来,大名鼎鼎的吕洞宾也是尸解仙成就。

道教"尸解仙"的概念之外,佛教更有著名的《西藏度亡经》。中国人至今还有"守七"的丧礼习惯。《西藏度亡经》则细致描述了"七七"(49天)的亡灵转化原理与现象。罗贯中在《三国演义》的第"七十七回"描写"玉泉山关公显圣,洛阳城曹操感神"恐怕不是偶然的,倒可能是大师的匠心安排,出于高超的思想自觉。其实,并非仅止于"败走麦城"的死后,就是"胜出五关"的生前,我们也能够看出作者的深层寓意:"出五关"者,既有改姓为"关"而后名"羽"字"云长"的因果道理,还有"不在五行中"的超越理念。"斩六将"呢,既指涉着佛家的"六道轮回"和汉语的"七情六欲",还有关羽的铁面斩断叙事。恰恰是在"败走麦城"和"胜出五关"这两处关键时节,普净师父出现了,用"颜良、文丑以及五关六将的无头"反问了"无头关羽"的魂灵哀声,生死因果之大"义"才有了升华呈现与形上表达。经典名著的深度和高度于此毕现。

山西运城是关羽的家乡与故里,也是拜谒关公最热诚和隆重的地方。运城市区的解州关帝庙为武庙之祖,地处山西运城市解州镇西关。北靠盐池,面对中条山。解州关帝庙创建于隋开皇九年（589），宋、明时曾扩建和重修，清康熙四十一年（1702）毁于火，经十余年始修复。解州关帝庙总面积22万平方米，共有房舍200多间，分为正庙和结义园两部分，是现存规模最大的宫殿式道教建筑群和武庙，被誉为"关庙之祖""武庙之冠"。解州关帝庙景区是全国重点文物保护单位、国家AAAA级旅游景区。"关公信俗"已被列入国家级非物质文化遗产名录，"关公文化节"被评为中国十大人物类节庆活动之一。2012年，"关圣文化建筑群"被列入中国世界文化遗产预备名单。

原运城市文物旅游局副局长李百勤先生和我们一起游览了解州关帝庙（官庙）和常平关帝庙（家庙），并希望我特别研究一下关羽的信仰现象，以解释其中的道理。面对古朴庄严、连绵透迤的古庙建筑和松柏苍劲、婆娑遮天的幽邃庙廊，我看到：关公不仅是三国蜀汉的五虎将第一人，并且事实上属于整个华夏历史文化中的武将第一人；不仅是武将第一人，并且是佛道的护法和民众的信仰对象。在解州关帝庙，我买了关公后裔、山西作家关新刚30万字的《关公在河东》。此书详细介绍了运城地区（河东）20多处关帝庙的方方面面，特别是描述了关公信仰的民俗社会学内容。另一位山西作家韩振远《山西古祠堂》书中的《常平关帝祖庙》重在描述关公信仰中的世俗成分，特别是历代帝王权力的主导影响。在历代帝王权力的主导影响中,作者又强调道:"真正使关羽由人变成神的是明成祖朱棣。朱棣夺取皇权之后,为了证明其政权的合法性,说他得到了关羽神灵的保护,他当皇帝乃是天意。"

我和《常平关帝祖庙》作者的态度和心情基本相同:既对民众信仰中的世俗实用成分感到可笑和可怜,也对帝王出于政治权力的"造神"活动感到可厌和可怕。同时,必须强调的是:老百姓的信仰层次固然不高,他们也不是完全没有脑子与判断。帝王政治权力的"造神"作用固然强大,也不必过分绝对化。其一,帝王们把自己都无法捧到神坛,为什么可以把关公推到神位?这其中自有关羽成为关圣的精神缘由。其二,历史上,即使有一些帝王把自己捧到了神坛,可最终还是不得不接受"走下神坛"的结局。事实上《山西古祠堂》中提到了明代帝王朱棣受到了"关羽神灵的保护",可惜没有进行必要的追问。事实是:无论是明代帝王朱棣还是宋徽宗赵佶,他们不仅是封建帝王,也是热诚的道教徒。晋陕黄河两岸有非常多的关帝庙和真武殿,一个涉及关羽信仰,一个涉及张三丰信仰,两者又存在真武和玄武信仰双向互动的复杂关联。真武和玄武的信仰是宋明两朝迫切的精神需求,"吴堡石城与府谷石城有关羽庙,韩城市和神木市有关羽庙,佳县白云观也有关羽庙。关羽信仰的精神因素是复杂而深沉的。就精神因素而言,他是义薄云天的战神。就地理乡情看,他是晋陕黄河的义子。宋代之后,汉民族既需要战神又需要河神,关羽信仰历史性地出现了!在晋陕黄河流域,关羽既是战神又是河神"(高从宜《谁为祖国守边关》)。

从根本上讲,"关羽神灵的保护"云云,涉及的是宗教心理学尤其是"显圣事件"。"显圣事件"涉及的事实与原理:一个属于经验层面,一个属于信仰层面。

就经验层面看,"关羽神灵的保护"对象可能是明代帝王朱棣,也可能是《三国演义》中的王甫和周仓。就信仰层面看,"关羽神灵的保护"对象,可能发生在文学艺术层面,也可能发生在宗教信仰层面。从《三国演义》成为"四大名著"的情况看,文学艺术层面上"关羽神灵的保护",差不多已是毋庸置疑的事实了。那么,就信仰层面看"关羽神灵的保护"呢?

四十岁之前,我个人不仅认为这不可信,并视之为胡说。2001年遇到释昌定老和尚,开始改变了我的固执。释昌定青年时候在江西云居山做过虚云老和尚的秘书,后在陕西淳化县山区苦修五十年,出任过山东省佛教协会的荣誉会长。在释昌定所在的寺院里,我首次看到了专门敬拜关羽的神龛。他肯定关羽"显过圣"。2015年，我拜访在宝鸡天台山下闭关修道的孙师傅，他也非常肯定关羽在附近烽火台"显圣"的事实。研阅宗教心理学，关羽的"显圣"就至少是一个可能事件了。这既可以帮助我们理解朱棣这些帝王们为什么偏偏选择关羽来"造神"，而放弃其他武艺功业并不落下风的霍去病、赵子龙、尉迟恭、杨继业诸华夏名将，还可以帮助解释民众为主体的信俗社会学选择。今天，解州关公庙上楹联所写的"昭然垂万古,不止冠三分""心如天如日,救为帝救王""允文允武,乃圣乃神"完全无法再简单地被视为封建迷信的"四旧"和人民的心灵鸦片了，倒应当与普世性宗教心理学和现象学开始一场开放、平等、诚恳的理性对话和思想游戏。

告别关帝庙的时候，李百勤先生的叮嘱，成了我的心事和情债。不必说宗教心理学诸"显圣"命题了，单《三国演义》的"义"字就够让我感慨万千了。从十岁多读《三国演义》对关羽之死的难过落泪到游览关帝庙，整整五十年了，我总算多少明白这个"义"字了。十岁多读《三国演义》的同时，我也进教堂参拜弥撒礼仪。弥撒礼仪的高潮就是：司铎主祭耶稣牺牲之前的情景，向天父说："看，这是上主的羔羊。"汉语"义"字原本就是"我是羔羊"的象形——"義"！罗贯中《三国演义》中，关羽可以说是"义"的化身和象征。关帝庙中,经常可见到写着"义薄云天""英气贯日"的匾额和楹联,直观地表明了云长公的气之清和义之高。《三国演义》说他的诗句中,也有"天日心如镜,《春秋》义薄云"的礼赞。尤其张三丰《水石闲谈》所言的"自古忠贞节烈,杀身成仁之时,便有七返还丹景象",把英杰视死如归的"尸解"成"仙"原理表达得非常清楚了。

河东解州是关羽的桑梓地。当初,他从河东解州"亡命奔涿郡",走的就是晋陕峡谷黄河岸边的北上之路吧。"《蜀记》曰:羽初出军围樊,梦猪啮其足,语子平曰:'吾今年衰矣,然不得还!'"这是《三

解州关帝庙气肃千秋坊及御书楼

书盦 摄影

国志》"裴松之注"中的一条记载,内容是关羽败走麦城之前的梦兆和预感:"吾不得还矣!"事后证明了关羽自己的梦兆和预感。他无法身还荆州和成都了,更无法身还黄河岸边的解州故里了。《三国演义》和《三国志》都记载了关羽的梦通;梦通即神通,正是一种显圣现象。重情义者不会不魂系祖土故园,作为五虎上将第一的三国英雄,他是以尸解成仙的方式魂归故里的。屈原《国殇》的礼赞是"身既死兮神以灵",三国之后,关羽的托梦和显圣愈发多了!在他生前"亡命奔涿郡"的晋陕峡谷黄河两岸,就矗立着为数众多的关公祠、关圣殿与关帝庙。关羽俨然成了黄河晋陕峡谷的河神与战神,成为华夏文明的守护神和玄武真君。"乃神乃圣",封君封帝也就自然而然、理固宜然吧!

这篇彻夜完成的旨在解释关公成圣封神的文字,其直接缘由,固然出自对运城李局长的答谢和心债,其实也是我个人50年来从初读"三国"到认信关圣心路历程的清理和回顾。同时,面对科技昌明、经济飞升而精神贫瘠、信仰沉沦的当代社会,我有必要表达一下这位旷代英雄对民族心灵的普遍感动、对黄河文明的特别救恩。这是我拜谒关帝庙时许下的个人心愿,现在也算是还愿了。

# 十一
## 运城盐池、池神庙、河东盐务稽核分所

运城盐池、池神庙和河东盐务稽核分所在运城市盐湖区。

―[行知提示]―

从常平乡常平村沿826县道东行10余千米,转006乡道北穿盐池,到盐湖区解放南路,池神庙、河东盐务稽核分所都位于市区。

运城盐池与中条山

## ◇ 运城盐池、池神庙、
　河东盐务稽核分所简介

### ●运城盐池

运城盐池又名盐湖、银湖，因位居黄河以东，古称河东盐池。盐池地处运城盆地之南，中条山北麓，涑水河畔；东西长20～35千米，南北宽3～5千米，

运城盐池

总面积132平方千米；湖面海拔324.5米，最深处约6米；由鸭子池、盐池、硝池、镁池等组成。

运城盐池是中国著名的内陆盐湖，是世界三大硫酸钠型内陆盐湖之一，形成于距今约6500万年的喜马拉雅构造运动时期。由于造山运动和地壳变化，中条山北麓断裂，出现了一个狭长的凹陷地带，逐渐形成湖泊。天长日久，湖中的大量含盐类的矿物质慢慢与早期淤积层结合，经过长期自然蒸发作用，盐类沉淀，结成了很厚的矿石层，形成了盐湖。

盐是人体不能缺乏的重要元素，有调节人体活动的作用，而盐池作为紧靠中原且开发很早的重要产盐地之一，自上古以来就受到人们的高度重视。据传，为了争夺河东盐池，黄帝分别与蚩尤和炎帝进行了历史上著名的涿鹿之战和阪泉之战。这两场战争的胜利，使黄帝牢牢控制了河东盐池，控制了中原地区的食盐命脉，最终成为各部族的首领，获得了"中华始祖"的崇高地位。在与盐湖相守的中条山里，始凿于西周初期的虞坂古盐道至今保存着盐运留下的车辙槽印。汉代以后，"盐铁官营"，于是"天下之赋，盐利居半"。食盐成为古代重要的经济命脉和税收大宗，被视为"国之大宝"。盐池所在的河东也因盐利，成为天下富庶之地，并发展出浓郁的商业文化氛围。

盐池生产由初期的"捞取法"，到东汉时期出现"垦畦浇晒",直到唐代,才形成完整的"垦畦浇晒法",盐工们开始用淡水搭配卤水晒盐,生产出的盐不再发苦,而结晶的时间也大大缩短,五六日即可成盐,这是盐业生产划时代的变革,在全世界的日光晒盐史上也居于领先地位。

近现代以降,盐池长期为山西省重要的多种化工原料产地,产品远销国外。20世纪80年代开始,盐湖逐步停止生产食用盐,转向开发芒硝、无水硫酸钠等化工产品。2020年运城盐湖正式启动"退盐还湖",湖区的工业生产活动被全面清退,"绿山、治水、活盐、兴产、靓城"综合治理一体推进。

● 池神庙

盐池边有始建于唐代的池神庙,与盐池交相辉映。史载,唐大历十二年(777)十月,唐代宗诏赐池神为"宝应灵庆公",列入祀典,永远奉祀。不久,礼部尚书崔纵在运城市南门外的卧云岗建灵庆祠,即今池神庙。

据记载,原池神庙殿宇错落,规模壮观。卧云岗最下端临盐池原建歌薰楼,往北依次为舜帝弹琴木牌坊、日月井、"地宝天成"牌坊、"海光楼"、连三戏台、献殿和三大殿。过三大殿,东北角为雨神庙,西北角为甘泉庙。今池神庙仅存三大殿和连三戏台及

池神庙 书盦 摄影

东西厢房等建筑。

三大殿是一字排列着三座大殿,规模相近,形制基本相同,均面阔三间,进深三间,平面为正方形,重檐九脊歇山顶,琉璃瓦脊兽构件。据庙内碑刻载,明万历年间,中殿奉东西盐池之神,左殿奉条山、风洞之神,右殿奉忠义武安王之神。万历年间御史蒋春芬修庙时,改左殿奉中条山之神,右殿奉风洞之神。在池神庙东另建武安王神庙。

桂子谒池神,以《忆江南·盐池神庙》记曰:

佳辰近,

谒庙祀池神。

名冠河东三大殿,

花开醋海四时春。

风顺共阳轮。

● 河东盐务稽核分所

　　河东盐务稽核分所为19世纪流行于欧洲的别墅式建筑,由东西两座小楼组成,始建于1919年,1921年竣工。

　　清末《辛丑条约》庚子赔款以及袁世凯与列强签订的"善后借款合同"数额巨大,清政府和袁世凯将河东盐池的盐税作为支付列强的钱款来源之一,河东盐务稽核分所即为当时英国监督盐税收入经理、协理

河东盐务稽核分所　书鑫　摄影

的住处。

1936年5月14日,河东盐务稽核分所停止办公,其作为"国耻"的历史终结,同年7月16日,国民政府河东盐务管理局在此成立。1938年3月3日运城沦陷后,该所成为日本宪兵司令部。1945年抗战胜利后,成为中国国民党运城市党部。1947年12月28日运城解放后,此处曾是中共运城地委、行署所在地。现为运城市市级文物保护单位。可以说,河东盐务稽核分所见证了中国百年历史沧桑。

●李百勤

# 1 河东盐池

### 盐池的形成

我们人类生活的地球已经有46亿年的历史了,27亿年以前没有生命,地质史上称为太古代,16亿年前称为元古代,5.4亿年前进入古生代,2.5亿年前进入中生代,7千万年前进入新生代。在漫长的历史长河中发生了多次地壳运动,在中生代的燕山运动之后,中国地貌的格局基本显现出来,古渤海的海岸线就在秦晋高原的边缘上。

在新生代的喜马拉雅山运动之后,中条山隆起,在其北麓凹陷地带隔出一片海水,经过数千万年的蒸发沉淀,形成了盐池底部的硝板,这就是盐池的矿床。500万年前青海高原上的水大量东注,因受到三门山的阻隔,在豫西、晋南形成古三门湖。200万年前三门山崩塌,湖水东泄流入渤海,这就形成了黄河。在中条山一带,盐池底部的海拔低于黄河河床,形成一个地势低洼的内陆湖泊,就是盐池。这个盐池底部的硝板经水溶解,就是卤水。卤水中富含各种物质,包括钠、镁、钙、钾、碘、硼、锂、铯、铷、溴等，也包括氯离子、硫酸根离子、硝酸根离子等。当自然界的温度达到38摄氏度时，氯离子就会和钠离子结合生成氯化钠，即食盐。当自然界的温度在4摄氏度以下时，钠离子就会和硫酸根离子结合生成硫酸钠，即芒硝。芒硝经过脱水处理，即是元明粉，可做多种化工原料。这是基于现代科学知识对盐池的认识。

在科学尚未昌明的古代，围绕神奇的盐池，对其形成演绎了多个神话故事。有的说，万荣县的峨眉岭下有一天跑来一只麒麟，样子是个四不像，张翁村的人们不知这是灵异的神物，以为怪物会带来不祥，一起拿扁担追赶，吓得麒麟一股劲儿奔跑，到中条山下大尿一泡，就成了盐池。有的说，炎帝部族生活在黄河以东，黄帝部族生活在黄河以西，黄帝向东拓展领地，派大郎柏鉴向中条山一带进发，炎帝部族的蚩尤出来应战。蚩尤使出魔法令狂风大作，柏鉴迷失方向无法取胜。西部海隅的风姓部族首领为黄帝助战，打败蚩尤。黄帝将蚩尤解体，蚩尤的血化为了盐池。盐池西边旧有风后祠，抗日战争时期毁于兵燹，至今遗址犹存。盐池南边有大郎庙，被供奉为盐池的保护神。盐池南边还有个蚩尤村，蚩尤被确定为恶神。北宋末年，淫雨绵绵，山水冲坏盐池，池不生盐，人们以为是蚩尤作祟。宰相王钦若信奉道法，请出关公降服蚩

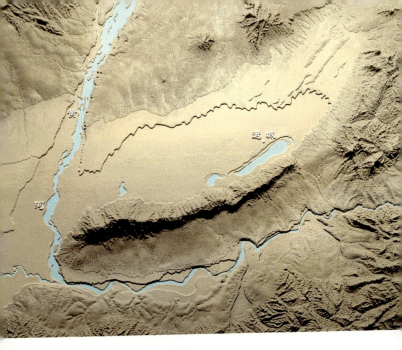

**运城盆地及其周边地形地貌**

尤,盐池方才恢复产盐。这些故事反映了古人感到盐池的神奇,对它的来历进行着思考和探索。

### 盐对人类的作用

黄河中游有两大支流,一条是汾河,一条是渭河,这个东北—西南方向的汾渭地槽是古人类进化的演化场。这里有距今 240 万的山西芮城西侯度旧石器时代遗址,这时人类处在能人阶段。有距今 100 万年的陕西蓝田旧石器时代遗址,有距今 70 万年的山西芮城匼河旧石器时代遗址,有距今 50 万~30 万年的山西垣曲南海峪旧石器时代遗址，这时人类进化到直立人阶段。有距今20万～5万年的山西襄汾丁村旧石器时代遗址，有距今4.3万～1.3万年的山西沁水下川旧石器时代遗址，有距今2万～1万年的山西吉县柿子滩旧石器时代遗址，这时人类进化到智人阶段。食盐使人类褪去了密长的周身体毛，留下该有的毛发。

约在1万年前黄河流域的人群进化到真人阶段，人类文明也进入新石器时代。在这个时代人们开始定居，无论是吃肉类还是粒食，都是蒸煮熟的食品，加放盐分更加重要。氯化钠能帮助人的肠胃消化食物纤维和碳水化合物，从而汲取能量维持生命。如果人长期不吃盐，就不能很快地吸收到营养，会出现体乏无力的情形。人们的味觉一般有五种，即咸、苦、酸、辛、甘。咸居五味之首，氯化钠就是咸的来源，如果不用盐，厨师是无法做饭的。

总之，盐无论在人类进化史上，还是现有生活中都是不可或缺的物质。盐池周边方圆百里的新石器时代遗址达二百余处之多，除了气候温和，黄土发育良好，适宜农耕外，利用盐池资源也不能不说是一个重要原因。

### 三代时期的盐池

在中国古代，人们发现盐的产地有九处之多，而地处中原地区的唯有山西的河东盐池。中原地区是人类进化的演化场，也是古代国家最早形成的地域，河东盐池就是大自然送给中国人的宝物。

远古之世于文献无征，夏商周三代有史册可考。夏禹建都安邑，与盐池不无关系。夏禹接受虞舜禅让而得王位，传说舜帝曾在盐池岸边抚五弦琴唱出《熏风歌》："南风之薰兮，可以解吾民之愠兮。南风之时兮，可以阜吾民之财兮。"这就是歌唱产盐季节和场景的。盐池东边夏县东下冯村发现一座商代城址，发掘出成片的储盐仓库遗迹。商王武丁命傅说作相曰："若作和羹，尔惟盐梅。"《尚书》是汉代儒人根据当时可知的资料整理的古代典籍，其《洪范篇》传说是箕子向周武王陈述的"天地之大法"，云："五行：一曰水，二曰火，三曰木，四曰金，五曰土。水曰润下，火曰炎上，木曰曲直，金曰从革，土爰稼穑。润下作咸，炎上作苦，曲直作酸，从革作辛，稼穑作甘。"殷商王朝视河东之地为其西土，甲骨文记载的方国有甫方、垣方、工方等，向其称臣的有虞、芮、匿（茨）、佣等国，都在盐池周边，可以想见商王朝对盐池的重视和利用。周武王克商之后，把一个弟弟分封于盐池北边，称郇侯。又分封一位吕氏子弟（周室姻娅）于盐池南边，称瑕侯。从此，盐池盆地称郇瑕之地。郇城在盐池北10千米的西曲樊村，这里的周代遗址上曾出土成排的盐窖，圆形窖穴呈袋状，口部直径60厘米，底部直径90厘米，深110厘米。窖穴里边盛满盐粒，业已风化，颜色呈浅蓝色。足见郇国是管理池盐生产和储存的。《穆天子传》有"安邑观盐池"之语。《周礼》说："盐人掌盐之政，供百司之盐。"说明周代已经设置盐官，称"盐人"。既掌盐政，可知盐的生产、储存、运输、供应等都形成一定的制度。

盐池的活动，在金文中也有反映，这是直接的、真实的古代文献。西周金文是记载重大事件的文字，有的记录用盐作为赏赐、馈赠的物资，有的记录诸侯用盐交换马匹和铜材，说明盐在当时受到极大重视。西周时晋国分封在汾、浍之间，几百年间不断兼并周边国家，春秋时期成为五霸之一。晋国中后期曾计划离开故绛，迁移新都。许多大夫主张迁到郇瑕之地，理由是这里很富饶。韩厥认为这里的水容易使人生病，于是才迁都到新田（今侯马）。当时盐池范围较大，除了官府产盐、管盐外，可以由士人自行捞采。鲁国有个叫顿的贫士，辛勤劳作却总是受穷。于是向陶朱公询问致富之道。陶朱公让他到西河饲养母羊，十年必有大富。顿到了盐池北边的猗氏（夏代所建城邑）放牧羊群，发现这里可捞到盐。《史记·货殖列传》说，"猗顿用盬盐起"，富埒王侯。顿本是儒生，因在猗氏贩盐致富，人称猗顿。猗顿致富之后，特别赒济穷人。

他贫能致富,富能济贫,古代被树立为商人的榜样,陪祀在财神庙中。

## 汉魏唐宋对盐池的管理

春秋时期周王室迁都洛邑,出现百家争鸣的局面,地理上提出了三河的概念,即潼关以东称河内,潼关

河东盐运古道示意图

以西称河外,潼关北面黄河以东称河东。秦始皇统一中国,天下置三十六郡,即有河东郡,郡治在魏国的旧都安邑。汉代建立后,沿称河东郡。盐池就在河东郡地域之内,从此称"河东盐池"。许慎著《说文解字》,说:"鹽,河东盐池也。袤五十一里,广七里,周百十六里。从盐省,古声,公户切。"《地理志》:"河东郡安邑,盐池在西南。"汉代盐官即驻安邑城内。盐池卤水大咸,与千里之外的海水相似,古人认为盐池与大海相通,是一处海眼,命其名称"渤澥"。水中高地称梁,渤澥之中的高地为澥梁。春秋时期晋国开国之主唐叔虞庶裔孙、大夫扬食采于解梁,城在盐池西边,即今永济市开张镇古城村。汉代置解县,隶属河东郡,解县亦驻盐官,管理盐池西部,遂有解池、解盐之谓。汉武帝为彻底解决边患北击匈奴,连年用兵致使朝廷财政拮据。为了缓解财政压力,接受御史大夫桑弘羊的意见,汉朝将涉及国计民生的盐铁经营权收归官府,推行"盐铁官营"政策。当时,河东盐池是实行这项政策的重点地区,汉武帝元狩四年(前119)置均输官,河东盐池的官员为河东均输长,居全国诸盐官之首。汉昭帝始元六年(前81),朝廷召集会议,就武帝实行的盐铁官营政策进行辩论,汉宣帝时桓宽将这场辩论著成《盐铁论》。在此之后,官府对盐铁的管理有所放宽。

魏晋因循，历代均置盐官。

北魏统一北方，十分重视河东盐池的管理，盐官驻河东郡治安邑（今夏县禹王城）。这一时期盐池水域有所缩小，盐池北边大片土地露出。永熙二年（533）将原河东郡析置为河东、河北二郡，河北郡治陕州，河东郡治蒲阪（今临猗县城西村）。太和十一年（487）置南安邑县（今运城市东部山西省水利专科学校校区），盐官驻南安邑。为了保障盐池产盐，需将中条山北坡的洪水引向东、西两端，正始二年（505）都水校尉元清开凿永丰渠，既排除了中条山洪水，又开通了池盐运往蒲津渡的漕运航路。由于虞坂道崩塌，运往中原的盐路这一时期主要走含口道（今绛县冷口镇），再经轵关（今河南济源市）到洛阳。北周大象二年（580）开修穿越中条山的车辆道，将河东池盐运抵茅津渡装船运输。这就是民间至今流传的"打开牛家院，能发九州十八县"俚语的来历。

隋代以南安邑为安邑县，北安邑为夏县，唐因之。唐代对盐池的经营有三个贡献：一是开挖环池堑壕；二是发明了垦畦浇晒法；三是褒封盐池神祇，创建神庙。

盐池周匝有60千米，自古虽有官府管理，但盗盐贩私防不胜防，竭水（山中的泉水和洪水）入池时常发生。唐代环池开挖堑壕，口宽一丈，壕深丈余，极大地收到了防水防盗的作用。所谓"画野标禁，堑川为壕。西笮解梁，左缭安邑"。在此之前，盐粒是在池水中自然捞采，有些盐粒掺杂在泥淖中是无法采捞的，势必影响产量。唐代制盐人把池底整平拍打，然后像整田畦一样围以堤堰。开沟渠将卤水放入畦内，当盐结晶生成后沉底，然后将水放开流出。在炽热的阳光下，再经过南风一吹，盐粒就干了。由于地面是拍打过的，产出的盐能收尽收，大大增加了盐的收成。唐代盐的产量达到两万斛，当时的一斛相当于现在的60千克。时称"终岁所入，二百千万。供塞垣尽敌之赏，减天下太半之租"。唐代宗之前，盐池神称"鹽宗"，不在朝廷祀典。由于盐税对国家的重大贡献，由韩滉奏请，唐代宗称河东盐池为"宝应灵庆池"，册封河东盐池之神为"灵庆公"，"俎豆之数，视于淮济。享谒之期，载在王府"。最初灵庆公祠建在运城东边庙村，元代移至运盐使司城南卧龙岗，现存池神庙是明代遗构。

宋代在唐代盐池堑壕之外筑拦马短墙，且分别在解县和安邑县设置盐官，盐池分为东、西两池。崇宁四年（1105），册封东池之神曰"资宝公"，西池之神曰"惠康公"。大观二年（1108）加王爵。盐池卤水大咸，环盐池的地下水都是较咸的水，在池中劳作的盐工们迫不得已只能饮用这苦涩的水。东、西盐池北岸有渊薮，人们发现一只狐狸不顾人的猎杀总出没于此,有好奇者去探究竟,发现一泓泉水,饮之甚甘凉,命曰野狐泉,并建龙祠致祭。崇宁四年封此泉神曰"普济侯",大观二年晋爵"普济公"。

## 元明清时期的盐池

蒙元初创,赋税未遑。耶律铸为相,勘定天下税赋,选用廉干之人分掌各州钱谷。姚行简为解州运盐使,丙申年(1236)在两池之中北阜、淡泉之左创建治所,开辟盐场,即运盐使司城,今作运城。此时解州属陕西路资宝军。至元二十四年(1287),解州盐税输官课钞三万八千四百九十一锭,除正额外,增钞一万六千零九十三锭。"陕西所统财赋,盐税独输其七"。于是,修葺资宝王和惠康王祠,"爱择爽垲,载葺新宫。栋宇华焕,像设尊雄"。庙址即今运城池神庙。至元二十九年盐务管理机构改称"陕西都转运盐使司"。元大德三年(1299)加封资宝王曰"永泽资宝王",加封惠康王曰"广济惠康王",加封普济公曰"福源灵庆公"。

明代对盐池的建树有四方面:一是修建禁墙,二是起开中法,三是创立书院,四是两修神庙。

明于成化十年(1474)、正德十二年(1517)两度大规模征调民夫环盐池修筑禁垣,垣高6.6米,厚4.8米,周匝60千米。偌大一座盐池,仅在北面东部建"育宝门"（俗称东禁门）、中部建"佑宝门"（俗称中禁门）、西部建"成宝门"（俗称西禁门），三门建成之后，东、西两门长期封堵，出入只走中门，为的是严格盐的管理。

宋初，用兵边塞，"使民入粟塞下，与钞以给盐，一岁之出无虑四十万席，其利既博而法益密矣"。明初亦用兵北塞，分派各州县向边塞输送粮草，耗资十分巨大。有人提出仿效宋朝之法，使商人向边疆运送粮草，视所送多少发给盐钞，到河东盐池领取食盐，且到指定的县域销售，所得银两即为输送粮草之费。此法称"开中法"，经济史学家认为这是晋商发迹之始，这些商人时称"盐户"。在盐池从事盐畦生产的人，都是具有熟练技术的职业盐工，这些人称"畦户"。

盐池东禁门

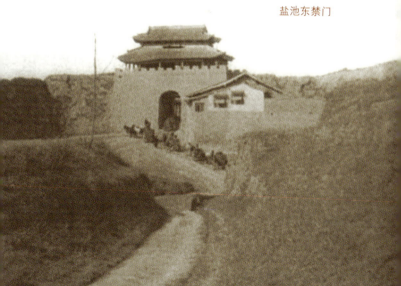

为保障崤水不进盐池,盐池周匝修筑了七十二道堤堰,通常都有专门的人看护维修,这些人称"堰户"。

古代自实行科举制度以来,在各州县设立学堂,根据地域大小、人口多少定以生员额数,由官府供养,一般三年科考一次。河东运盐使司虽为纳赋大户,然非州县建制。明代书院大兴,运城也随风创建河东书院、宏运书院和正学书院。盐商子弟入读书院,同州县生员一样可参加科举考试,正德年间以前中进士者达十六人之多。

明代曾两度修葺池神庙,第一次是天顺年间,对元代创建的池神庙进行了维护修缮。第二次是万历二十年,重建了池神庙,"始正其位,号中殿曰东、西盐池之神,左曰中条山之神,右曰风洞之神,载在祀殿"。

一个庙宇内三座大殿横向排列在一条轴线上,这在中国古代建筑群是绝无仅有的,一般庙宇都是根据神祇主次纵向排列大殿的,这从一个侧面反映出古人对盐池生产条件的认知,认为他们三位缺一不可。

清代对盐池的管理基本沿袭明代做法。康熙四十二年(1703)康熙皇帝巡幸盐池,诏告各地商人开发盐池,周边富商大贾纷至沓来,参与池盐生产的商户达四十余家。盐池由运盐使司统一管理,盐池禁墙以内设缉私营,看管盐池生产。禁墙以外设掣置署,二里置一墩台（铺位），直至各个渡口关隘，负责盐的运销。清代后期，为营运方便，在盐池东南隅辟东便门，使盐运东出盐池直经虞坂道抵茅津渡销往中原各州县。

### 新中国的盐化工业

民国时期外敌入侵，社会板荡，河东盐池经历了最黑暗、最屈辱的阶段。1912年袁世凯窃取总统宝座，为了维护其统治地位，向英、法、德、日、俄五国银行贷款2500万镑，年息五厘，分47年还清。五国要求用全国盐税担保，在运城设立"河东盐务稽核分所"，攫取中国人民的劳动血汗。1938年春日寇进入运城，强征民夫采盐，大肆掠夺中国资源，为他们发动的侵略战争服务。

1947年11月运城解放，陕甘宁边区政府勘定盐池经营范围。1948年成立"潞盐管理局"，为保障人民生活，大力发展盐业生产。1948年秋成立芒硝公司开始投产，充分开发和利用了盐池的自然资源。1952年创建地方国营运城化工厂，1958年成立"山西运城盐业化工局"，正式开始盐池的化学工业时代。根据形势需要，1986年基本停止食盐生产，全力转向现代化工生产。直至2020年11月，生产了无水硫酸钠（元明粉）、结晶硫化碱、硫酸镁、奇强牌洗衣粉、硫酸钾、

硫氢化钠、氢氧化镁、氯化钡、硫酸钡等多种化工产品。随着技术的进步和交通事业的迅猛发展，青海、新疆、内蒙古等地的优势化工资源得到开发，河东盐池开始转产经营，盐池将回归自然。

运城七彩盐湖　薛俊　摄影

## 十二
## 舜帝陵庙、泛舟禅师塔

舜帝陵庙、泛舟禅师塔位于运城市盐湖区。

[行知提示]

从盐湖区解放南路东北行约 10 千米至大渠街道寺北曲村,即见泛舟禅师塔。从泛舟禅师塔沿 815 县道北行 12 千米到达盐湖区北相镇复旦大街,即到舜帝陵庙。

舜帝陵庙  书盒 摄影

# ◇ 舜帝陵庙、泛舟禅师塔简介

## ● 舜帝陵庙

舜帝陵庙位于山西省运城市盐湖区北相镇西曲马村鸣条岗西端,据庙内明清重修碑记载,创建于唐开元二十六年(738),元末毁于兵火,明万历年间重建,清顺治十年、康熙三十五年、雍正六年、乾隆八年先后重修。现存建筑基本保持了原有布局。

如今的舜帝陵庙分为景区和陵区。景区包括舜帝广场、舜帝公园、舜帝大道,陵区即舜帝陵庙古建群,陵区坐北向南,分为外城、陵园、皇城三部分。

外城与陵园以仪门为界,外城主要是神道和古柏广场,神道有石像列于两旁。"古柏广场"有两组千年古柏,其一为"活柏抱死柏",明朝地方志称为"连理柏",当地老百姓称"夫妻柏"。另一组为"龙柏",树形状如神龙,根部又像一把龙椅,相传西汉末年,王莽篡位,光武帝刘秀避难于此,因刘秀是东汉开国之君,因此得名"龙柏"。

仪门是一座仿清重檐歇山顶式的两层建筑,门

舜帝陵庙古柏　书鑫 摄影

上挂"有虞帝舜陵"匾额,为明万历进士邢其任所书。东西对设盘龙砖雕影壁,分别有"此是鸣条岗春露秋霜怀复旦,谩言苍梧驾尧天舜日睹重华",和"山悬丽日日照纵横八万里,门纳德风风行上下五千年"对联。

陵园南北长200米,东西宽200米,沿轴线分布着月台、献殿、享殿以及舜帝陵冢。献殿为元代悬山顶式建筑,前檐通梁长17.4米,由一根完整的古杨木搭建,古今罕见。

享殿为清代建筑,面宽三间,进深二间,前后檐敞朗,有雍正元年安邑知县车敏来所题"陟方之所"

舜帝陵庙享殿及陵冢　书盦 摄影

牌匾，西山墙嵌《鸣条舜陵考略》石碑4通。

墓冢方形高3米，周长51米，正面立明万历三十九年（1611）邢其任书"有虞帝舜陵"石碑。陵前嵌"有虞氏陵"石碣一方，陵前有石像二尊。

绕陵北行约三十米，即是皇城，又名离乐城。进拱形城门，内以戏楼、卷棚、献殿、正殿、寝宫为中轴线，东西两侧配以廊房及钟、鼓二楼，主从有序，构造布局严谨，左右对称。主建筑正殿，建造于台基之上，重檐歇山顶，斗拱五铺作，面阔五间，进深五椽。殿内泥塑的舜帝坐像，头戴冕旒，身着衮服，神态庄严。

庙内现存明、清、民国时期重修碑刻7通。2006年被公布为全国重点文物保护单位。

舜是传说中我国氏族社会后期部落联盟领袖。传说舜以孝悌而闻名天下。后受四岳推举,尧命他摄政,并将女儿娥皇、女英婚配与舜。舜举贤任能,举荐"八恺""八元"等十六人辅佐尧帝,使天下大治。尧死后,舜继位,又咨询四岳,挑选贤人,治理民事。特别是命禹治平水患,使民安居乐业。故受万民拥戴。死后葬于鸣条岗。

桂子拜谒,有《长相思·舜帝陵》:

沐南风,

咏南风。

舜帝抚琴万世雄,

繁花绿映红。

舜帝陵庙皇城正殿塑像  书盦 摄影

日匆匆,

岁匆匆。

解愠多财今古同,

为民方政通。

● 泛舟禅师塔

泛舟禅师塔在运城市区西北 5 千米的大渠街道寺北曲村东南的报国寺遗址内,是一座保存完整的亭阁式的名塔,也是唐代单层圆形砖塔的典型实例、孤例。其设计之独特、建造之精巧、存世之久远,是我国古代建筑工程技术成就的真实体现。为山西省重点文物保护单位。

泛舟禅师塔建于唐长庆二年(822)。据塔之石刻记载,唐代安邑人曲环,勇武从戎,"安史之乱"中,曲环在河南一带抵抗叛军,屡立战功,官至左仆射(即宰相之职),《旧唐书》有传。功成名就的曲环在故乡置地,建造了报国寺,并请来"泛舟禅师"做寺院住持,且与他结为知己,并在寺院北边建造别墅。

这位泛舟禅师是唐高宗李治的孙子,于唐长庆二年(822)亡故。为了纪念这位好友,曲环招来能工巧匠,在泛舟禅师安葬的墓地上,建造了这座端庄秀丽的墓塔。曲环晚年告老还乡,就在此地别墅安度晚年,后

泛舟禅师塔　李国庆　摄影

发展为村庄,即寺北曲村。

泛舟禅师塔高约 10 米,构造平面为正圆形,立面为塔顶、塔身、塔基三部分。每部分高度约总体三分之一。塔基为圆筒形,砖砌成,台上为须弥座,束腰与上下枭之间刻莲叶尖形,并装饰菱形花样;塔身圆形,周围用方形砖柱分作八间,南面开一小门,门槛、立颊、门额为石雕;六角形的内室,上部为叠涩式藻井,藻井中有一小方孔,孔上有一小室直达塔顶;北面嵌有高 1 米、宽 0.7 米的刻石,记述泛舟禅师生平和建塔经过。东西两面各安门一合,肩上有砖丁四路四行;四角各安直棂窗,上串上面施椿替,下串下面施心柱,并装下栏,颇似西安大雁塔的分间方柱,窗的上、下腰串及椿替、心柱、立颊等,极像敦煌檐制。从外观来看,塔檐逐层叠涩而成,两层山花蕉叶与覆钵之上为宝珠塔刹,造型古朴典雅,雕刻粗细相同,该塔为唐代圆塔的典型实例,有极高的历史和艺术价值。

桂子以《捣练子·泛舟禅师塔》记之曰:

砖砌就,

塔身圆。

叠涩挑檐远近观。

惊艳世人无不赞,

匠心独运美千年。

## 十三
## 禹王城、司马光祠

禹王城、司马光祠在夏县。

夏县,中条山穿境而过,东隔黄河与河南渑池县相望。中条山雄居县东,鸣条岗横亘县城之西。

夏县古称安邑。禹分中国为九州,安邑属冀州。公元前22世纪,夏禹之子启建都于此。范文澜《中国通史简编》载:"启放弃阳翟,西迁到大夏,建安邑。"民国始称夏县。

─[行知提示]─

从舜帝陵庙沿机场大道、介公大道东北行约35千米,到达夏县禹王乡禹王村,禹王城遗址即位于该村。司马光祠位于禹王城遗址西约6千米的夏县水头镇小晁村。

司马光祠前广场雕像　杨博峰　摄影

## ◇ 禹王城、司马光祠简介

### ● 禹王城

禹王城遗址即古安邑，位于运城市夏县西北7.5千米处禹王乡的禹王村、庙后辛庄、郭里村一带，地处青龙河平川和鸣条岗丘陵地带，因传说夏禹曾在此居住过，故俗称禹王城，为春秋战国时期的魏国国都安邑城，也是秦、汉及晋时的河东郡治所。

禹王城遗址总面积13平方千米，有大城、中城、

禹王城遗址禹王台

小城和禹王台四部分。大城状如梯形,小城在大城的中央,小城在内为"城",外面的大城实为"郭",具有春秋战国时期"城郭制"的特点,禹王台在小城的东南角,中城在大城的西南部。

大城,属战国前期(前562～前339),地跨鸣条岗黄土丘陵和岗下平原,周长15.5千米,北窄南宽,整体形状略呈梯形。墙基的宽度除西北城角有1千米的地段为22米外,其余部分都是10～12米,高度为3～8米之间,四面城墙皆版筑。北墙和西墙保存较好,一般残存2米,最高达5米,南墙和东墙保存稍差,东墙南段及东南角遗迹不明显,除北墙之外,其余城墙均不是一条直线,在西墙北段外,似有护城壕痕迹。东墙北段残长1530米,西墙长约4980米,随地形起伏而曲折,是四个城墙中弯曲最多的,南墙长3565米,北墙长2100米,外侧有护城壕。

中城,处于大城西南部,略呈方形,面积约6平方千米,其西、南两城墙分别是大城的西墙和南墙的一部分,北墙长1522米,高1～5米不等,东墙残长960米。

小城,位于大城中部,小城整体形状为缺去东南角的不规则长方形,周长3270米,面积约0.754平方千米,墙宽5～6米,地势高出周围地面1～4米,小城地势略高,应该是春秋战国时代安邑的宫城。

禹王台，在小城东南角，又称禹王庙、青台，系长方形夯土台，高11米，东西长65米，南北宽70米。从夯土台的剖面上来看，其上部夯土时代较晚，下部夯土较早。

禹王城遗址出土遗物有陶范、瓦、瓦当、砖、铜钱、铁渣等。尤以出土的兽首云纹瓦当及十二字文字砖为同时期都城遗址所独有，具有较高的文物和艺术价值。

禹王城为东周至汉的文化中心，公元前562年至公元前339年，为魏国国都，公元前221年至公元前206年，秦设河东郡于此，公元前206年至公元8年、公元25年至公元220年的两汉时期，皆为河东郡所在，是经济、文化的大都市之一，对后世的文化发展也产

禹王城遗址出土汉红陶"传国"棂花窗范正、背

生了深远影响。

## ● 司马光祠

司马光祠实为司马光茔祠,位于夏县水头镇小晁村北,规模宏丽,分茔地、祠堂、余庆禅院、涑水书院四大部分。

茔地占地面积约10万平方米,司马光本人及其先祖多人均归葬于此。古冢累累,树木森森,石刻遍布,气象肃穆雄浑。

祠堂创建于宋,历代重修,现存为清乾隆二十七年(1762)规制,正殿五间,东西厢房十间。殿内祀温公四代先祖塑像。

余庆禅院为北宋英宗治平二年(1065)创建的司马温公祖茔香火院。神宗元丰八年(1085)敕赐"余

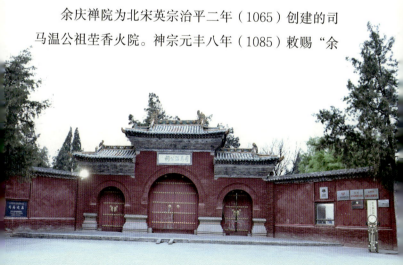

司马温公祠正门　书鑫　摄影

庆禅院"额,五间大殿系宋代原物,内奉彩塑金妆大佛三尊,高约3米,并配有彩塑韦陀等胁侍菩萨,东西两侧为十六罗汉,均为宋塑。工艺精湛,造型传神,施彩绚丽。

涑水书院系司马光为家乡子弟所建学堂。现内陈列司马光手迹、《资治通鉴》各种版本、科举制度展、邵仲节艺术展等。

茔祠内还保存众多的北宋石雕,以及宋、金、元、明、清珍贵碑刻。如王安石撰文、书法家雷简夫书丹的司马沂碑,苏轼撰文并书丹的《司马光神道碑》(又名"杏花碑")以及明代时用宋制立的螭首(高1.8米)龟趺(高1.6米)宋哲宗篆额的《忠清粹德之碑》,

司马光家族茔地  书盒 摄影

均被历代金石学家视为珍品。

司马光(1019~1086),字君实,北宋陕州夏县(即今夏县)涑水乡人,世称"涑水先生"。自幼聪明过人,宝元间进士,历仕仁宗、英宗、神宗、哲宗四朝。元祐三年正月,宋室以国葬大礼将其安归祖茔。遗著有《资治通鉴》《涑水纪闻》等。司马光茔祠以"司马温公祠"之名,于1988年被公布为全国重点文物保护单位,2020年被批准为国家AAAA级旅游景区。

桂子作《忆江南·司马温公祠》词曰:

群芳艳,

涑水绕峨嵋。

击瓮救童怀大智,

祭祠思古读丰碑。

春暮杏花垂。

孙家洲

# 1 古城安邑：
# 定都、迁都与魏国盛衰再解析

2021年4月14日，我们的考察队伍，从山路崎岖的平陆进入了夏县。眼前的自然环境有了明显的改变：出现了大片的平野之地。农作物长势喜人，预示着又一个丰年。可以想见，在传统的农耕社会里，这应该是一个富饶的地方。夏县，古称"安邑"，绝对堪称"历史悠久，人文荟萃"的文化名城。尽管这是我第一次到夏县来，但是，在多年的古代史教学和研究过程中，它对我很有吸引力和亲切感。

我对于古代"安邑"的关注，主要与以下历史传说和典故有关：

A. 按照扑朔迷离的远古传说，大禹划定"九州"，安邑隶属于冀州。其后，大禹之子启曾经建都于此。按照部分历史学家的持重之说，夏代的历史还只能是处于"传说时代"之中，研究方法和结论也就无法与"信史"时代同等要求。而且，学术界对"夏朝是否是信史"的问题迄今并未取得一致意见。夏朝的都城所在地，也就无法完全实指，主要依靠考古学家的研究所得而做出推论。涉及夏朝前期的都城所在地，主要有四个地方在学术界引发过较多的关注：禹都阳城（今河南登封王城岗遗址）、禹都安邑（今山西运城夏县）、夏启之都阳翟（有"钧台之享"，今河南许昌禹州）、夏启之都（有"黄台之丘"，今河南新密市新砦城址）。夏部族的政治活动中心在"晋南豫西"是史学界的基本共识。上述四地均在这个范围之内，相比较而言，禹都安邑之说的重视程度，不及另外三地。考虑到四地的地理分布，安邑是唯一在晋南的夏都，而且安邑是否确为禹都所在地还有不同意见的争鸣。论及安邑曾经是夏代的都城，历史地理学的泰斗谭其骧先生的论断是值得尊重的："再从传说中的古史来看，唐尧、虞舜、夏禹时代的首都都在今天的山西南部。尧都平阳就是现在的临汾，舜都蒲坂就是现在的永济县蒲州，禹都安邑在今天的运城县境内。关于尧舜禹的都城虽然还有各种不同传说，有的说在山东，有的说在河北，但在山西的传说却比较可信。……从尧舜一直到夏朝，山西，主要是晋南，是当时华北的政治经济文化重心。"（谭其骧：《山西在国史上的地位》，《晋阳学刊》1981年第5期，后收入《长水集》）从探讨晋南的古史地位而言，安邑的特殊价值当然值得重视与发掘。

B. 战国前期的魏国曾经选择安邑为其都城。魏国的崛起和鼎盛,与定都安邑应该有直接关系。

C.秦汉之际,汉军侧翼战场的统帅韩信,在安邑挥军破敌,擒获西魏王魏豹,对汉朝的开国之战以及其后的政治走向(此处特指汉文帝的身世)产生过深远而微妙的影响。

如题所示,本文将只讨论定都安邑和迁都对于魏国国势的影响问题,而对另外两个话题暂时置而不论。

## 一、安邑:定都与迁都的历史轨迹

战国时期的魏国,是在春秋时期晋国著名大夫毕万的封地基础上发展而来的。"献公之十六年,赵夙为御,毕万为右,以伐霍、耿、魏,灭之。以耿封赵夙,以魏封毕万,为大夫。卜偃曰:'毕万之后必大矣,万,满数也。魏,大名也。以是始赏,天开之矣,天子曰兆民,诸侯曰万民。今命之大,以从满数,其必有众。'"(《史记》卷四四《魏世家》)史书所记载的毕万受封魏地其后代必定昌盛的预言,为后来的历史发展所证实。春秋后期,毕万后裔的势力越来越强大,从其封地之名而改称为魏氏。魏绛在晋悼公时期以治军严整和推行"和戎"政策而声名鹊起。晋悼公曾经用"自吾用魏绛,八年之中,九合诸侯,戎、翟和,子之力也"之语给予高度评价。晋悼公十二年(前562),名臣魏绛将其封地的政治中心由霍(今山西霍州西南)

徙治安邑。"安邑,今解州夏县是。"《水经·涑水注》:"安邑故晋邑矣,春秋时,魏绛自魏徙此……武侯二年,又城安邑,盖增广之。"

魏文侯四十三年(前403),发生了一个重大历史事件"三家分晋",原属晋国的韩、赵、魏三家大夫要求周天子封其为诸侯。周威烈王就把三家正式封为诸侯。瓜分了晋国的韩、赵、魏三个"新生"国家由此进入中原大国的序列。"战国七雄"对峙的局面也得以正式形成(《资治通鉴》纪事由此开始,也就是以"三家分晋"作为战国时代的开端)。其中的魏国,延续其政治传统而定都于安邑。战国初期的魏国以一流强国的国家实力,在列国之间发挥着重要作用。

"陕西历史博物馆藏战国安邑二釿"货布

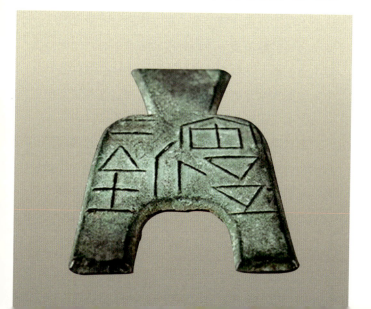

"安邑者，魏之柱国也"，这句战国时期政治家的论断，足以说明安邑在魏国的特殊地位——"如室有柱"（《战国策》卷十《齐三》"国子曰秦破马服君之师"条）。魏文侯、魏武侯励精图治而建立起来的强国基业，就是以安邑为舞台而建立起来的。

魏文侯成就千古明君的美誉，首先在于用人。他很注意拣选和重用有治国用兵之能的俊杰人物。他先后任用魏成子、翟璜、李悝等人为辅佐大臣，其中以李悝主持"变法"影响最为深远，直接奠定了魏国迅速崛起的立国根基；任命富有政治见识的统军天才吴起开拓和镇守西河郡，而取得了拓地西境、抑制秦国东出的战略优势；破格重用一代名将乐羊为大将，取得了攻灭中山国的辉煌战绩。魏文侯对天下知名学者子夏和志节高士田子方、段干木的尊重，成为战国政坛上不可多得的佳话。由子夏主持的"西河设教"，使得当时的魏国成为战国时代的学术中心。如此一批俊杰之士集中在魏文侯当政时期的魏国，为富国强兵、学术繁荣而竭尽心智，魏国收其大利，这与魏文侯有知人之明、用人之能有密不可分的关系。

魏武侯即位后，继承了其父基业，从总体而言，魏国的国势在继续发展，在列国关系中，处于举足轻重的地位。但是，在善于用人方面，魏武侯和其父相比较，明显有所逊色。特别是罕有其匹的军政奇才吴起,在某些政要人物的刻意陷害之下,与魏武侯的关系越来越隔膜和疏远,导致吴起无法自安,只好选择离开自己经营多年的西河郡,离开倾力辅佐的魏国,出走楚国。随着吴起离开西河郡,魏国在西河郡的统治体系被侵蚀、被动摇。度过了国势中衰危机的秦国,对河西之地的进攻之势越来越猛烈,魏国对西河郡的控制能力越来越弱。此事对于秦国与魏国的盛衰变化,其标志性意义当然不容低估。就"知人之明"和"用人之能"而言,魏武侯不及其父魏文侯,应该是没有歧义的。

魏武侯逝世,其子继位,不久就改称尊号为"王"——这就是魏国世运转折时期的国君魏惠王。如何认识和分析魏惠王时期的魏国综合国力的变化,有几个标志性的历史现象应该注意。其一,与东方的齐国连续发生两场大战(桂陵之战、马陵之战,在古代战争史上知名度很高,齐国军师孙膑与魏军统帅庞涓之间的较量,是流传甚广的历史传奇,此处从略),导致原本战斗力极强的魏军主力部队被击溃,魏太子被俘,统帅庞涓战败自杀,魏国的军事力量一蹶不振。其二,与秦国争夺河西之地的长期斗争,以魏国认输、不得不拱手让出西河郡全境而收场。其三,魏国决定迁都,由安邑迁往大梁(今河南开封)。上述几个重要事变,有着内在的联系。

请看史料:"(魏惠王)三十一年,秦、赵、齐共伐我,秦将商君诈我将军公子卬而袭夺其军,破之。秦用商君,东地至河,而齐、赵数破我,安邑近秦,于是徙治大梁。"(《史记》卷四四《魏世家》)《史记·魏世家》的上述记载,其实是把两年的重要大事汇聚在一年而笼统记载的。如果仔细梳理时间坐标,正在秦国推行"变法"的商鞅,在率军东伐魏国的战场上,以诡诈之术,诱执魏军统帅、魏公子卬,发生在魏惠王三十年(前340)。《史记·商君列传》的纪事更为明晰:

> 齐败魏兵于马陵,虏其太子申,杀将军庞涓。其明年,卫鞅说孝公曰:"秦之与魏,譬若人之有腹心疾,非魏并秦,秦即并魏。何者?魏居领阨之西,都安邑,与秦界河而独擅山东之利。利则西侵秦,病则东收地。今以君之贤圣,国赖以盛。而魏往年大破于齐,诸侯畔之,可因此时伐魏。魏不支秦,必东徙。东徙,秦据河山之固,东乡以制诸侯,此帝王之业也。"孝公以为然,使卫鞅将而伐魏。魏使公子卬将而击之。军既相距,卫鞅遗魏将公子卬书曰:"吾始与公子欢,今俱为两国将,不忍相攻,可与公子面相见,盟,乐饮而罢兵,以安秦魏。"魏公子卬以为然。会盟已,饮,而卫鞅伏甲士而袭虏魏公子卬,因攻其

军,尽破之以归秦。魏惠王兵数破于齐秦,国内空,日以削,恐,乃使使割河西之地献于秦以和。而魏遂去安邑,徙都大梁。(《史记》卷六八《商君列传》)

这段史料,有几个重点问题应该予以关注和解读。其一,秦国在商鞅的主持之下,加强了对魏国的军事攻势,是借用了魏国在马陵之战中被齐国击败的条件,魏惠王处理与列国的关系出现一系列失误,导致东方的齐国和西方的秦国先后向魏国发动重点进攻,其结果是灾难性的。其二,商鞅对秦君分析魏国是秦国的心腹大患,从地理环境来论证两国之间势不两立。其中最重要的一句话是"魏居领阨之西,都安邑,与秦界河而独擅山东之利"。魏国据有山险之势(应该是指中条山),再加之以安邑为都,就构成了凭借黄河天险而控制秦国东出的障碍,魏国却可以"独擅山东之利"!其三,商鞅挥军东侵魏国的战略意图,就是重创魏国军队,逼迫魏国向东迁都,为秦国继续东进奠定有利条件。"可因此时伐魏。魏不支秦,必东徙。东徙,秦据河山之固,东乡以制诸侯,此帝王之业也。"不得不说,商鞅的战略思路非常清晰。其四,在商鞅的巧诈算计之下,魏军大败,大局的变化完全在商鞅的设计之中:魏国将河西之地拱手交给秦国以求和,并且将都城从安邑迁往大梁。这就从立国的战略态势上，放弃了与秦国抗衡的主动权，而完全陷入了守势，甚至呈现的是面对强秦的逃避之势。

## 二、迁都：魏国由盛转衰的转折点吗

魏国的都城由安邑而迁移到大梁，是否是因为西邻强秦威逼日重而不得已采取的逃避之策？迁都之后，魏国的国势是否由此而转为衰败？不同的历史学家所得出的研究结论，存在着不同的看法。

上引《史记·商君列传》的材料足以证明，汉代的伟大史学家司马迁对以上两个问题都持肯定态度。当代著名的历史学家杨宽先生对于魏国迁都前后的列国形势的论断，则更为全面："公元前三六二年……这年魏国虽然战胜了韩、赵两国，却给秦打得大败。魏国国都原在安邑，地处河东，受秦、赵、韩三国包围，只有上党山区有一线地可以和河内交通，如果赵、韩联合攻魏，切断上党的交通线，再加上秦的进攻，形势就岌岌可危。因此，在公元前三六一年魏惠王就迁都大梁了。魏在迁都大梁前后，曾极力图谋在中原开拓土地……在魏的压力之下，三晋之间这样调整交换土地，使得魏国在中原的大片土地连成一块，造成十分有利的形势。"（杨宽：《战国史》，上海人民出版社，1955年版，第276～277页）仔细琢磨杨宽先生的这段论述，其中含有三层意思：其一，魏国迁都,是在被秦国"打得大败"之后发生的;其二,魏国以安邑为都,除了饱受秦国的军事威逼之外,还有来自赵、韩两国的牵制,这是军事地理形势所决定的;其三,魏国迁都之后,国势并未立即表现出衰败,特别是在三晋之间的领土互换调整中,魏国还凭借其相对优势,得到了实惠。

如果对比司马迁和杨宽观点的异同,也许我们应该得出一个判断:对于魏国迁都的前因后果,杨宽的分析和论断,更为全面。我也注意到杨宽论述中的部分判断,后来有学者表达了不同的看法。如李晓杰说:"从中可推知,秦从崤关攻魏当是沿黄河进兵的。如此,则不知是否魏还可通过黄河沿岸的道路来沟通魏河内与河东地区?至于《中国历史地图集》及杨宽先生所认为的魏通过上党山区一线来联系河东与河内的结论,则是不可靠的。这不仅因为魏当时绕行赵、韩上党地区于理不合,更因为这一区域在战国时期始终为赵、韩的领地,魏从未有过据有赵、韩上党之地的记载。总之,在魏国的东西两大区域之间一定存有沟通的道路,只是由于史料的不足,目前尚很难做出明确的判断。"(李晓杰《战国时期魏国疆域变迁考》,《历史地理》第十九辑,上海人民出版社,2003年)李晓杰教授提出讨论的问题,是具体在杨宽先生所论魏都安邑,"地处河东,受秦、赵、韩三国包围,只有上党山区有一线地可以和河内交通"之说中，这条交通路线是否存在的问题，所提出的商榷意见，不涉及对杨宽先生其他论断的否定。

史学研究富有吸引力的一个例证是：对于魏国迁都是否导致了其国势由盛转衰，出现了不同意见的争鸣。日本学者藤田胜久在其所著《〈史记〉战国史料研究》中，集中梳理了有关争议意见。因为所讨论的问题错综复杂，笔者概述其意怕失原文旨趣，故不避引文繁复之嫌，分段摘要引用原文如下（原文的引文出处一概从略）：

> 在魏文侯时期，还是以安邑为中心，统治区域止于今山西省汾水流域和黄河以西，领土尚未达到洛阳以东。从这个意义上讲，魏文侯时期的魏国只不过是限于洛阳以西的一个小国而已，那么，说魏国继承了晋的文化传统这样之评价，和魏国成为第一强国之现象根本是两回事，我们对此二事应该分开研究。

> ……司马迁把惠王时期看作是走向衰退的转变期。但是依据《魏世家》及《竹书纪年》，当时的形势也当别论。

> ……

> 惠王时期……疆域之扩大更为明显。从与各国交战及会盟之地名看……魏国既在西部和秦国

交战，与东方各国之战线也扩大了……

在探讨魏国向东方的发展时，迁都大梁的时期成为一个重要问题。《魏世家》惠王三十一年（前339）条中有"秦用商君，东地至河，而齐、赵数破我，安邑近秦，于是徙治大梁"之记载，这是说魏受秦压迫而不得已迁都。加上魏在桂陵、马陵之战败于齐，这段时期被描写成魏国走向衰退的转变期。但《水经注》所引《纪年》有"梁惠成王六年四月甲寅，徙邦于大梁"，而《集解》所引《纪年》作为"九年"发生之事件。根据这一说法，迁都大梁就是惠王六年（前364）或九年（前361）之时，杨宽先生在修改惠王在位时间后视其为公元前361年的事件。就是说魏在公元前350年秦迁都咸阳，越过黄河向东方发展之前，已经迁都大梁了。

对此，史念海先生指出，选择首都之条件，是处于中央位置，是能成为向外发展的据点，认为魏迁都大梁有可能不是受到秦之压迫，而是建立面向宋之据点……因此，如果认为迁都大梁是秦向东方发展以前的事，那么我们可以将迁都大梁和魏向东部扩张政策联系起来，迁都大梁就有了积极的意义了。（藤田胜久：《〈史记〉战国史料研究》，上海古籍出版社，2008年版，第

358~360 页）

在抄录了如此超长篇幅的文字之后，梳理其中几个重要的问题：其一，对魏文侯时期的魏国是否属于强国存在不同看法；其二，对魏惠王时期魏国进入衰败期出现了异说；其三，魏惠王迁都大梁的时间有不同的推论；其四，魏惠王迁都是不是避让秦国的进逼，或许是为了向东方拓展。藤田胜久教授为了搜集学术争鸣意见所付出的心血，真是令人佩服。至于他所征引的有关学者的判断，各有精彩之处，却也难以成为定论，也还有继续展开讨论的空间。

## 三、探究魏国盛衰之变的私见

如果我们尝试对战国格局做粗线条的描述，以下几个阶段是较为明显的：战国前期以魏国最为强盛，而后被齐国在"桂陵之战"和"马陵之战"中打败而一蹶不振；战国中期，以"商鞅变法"为契机，秦国得以迅速崛起，以"东西二帝并立"为其标志，进入了秦齐两国双雄对峙局面；战国后期经"五国伐齐"和"弱燕破强齐"，东方强齐衰微，秦国独强于天下的格局得以确立，为其后的"混一天下"奠定了基础。可见，魏国的盛衰之变，是战国前期历史发展大关节，甚至可以说是标志性事件。由此而言，解析魏国盛衰之变的过程和影响，是一个很重大的历史课题。

## 1. 讨论一个国家盛衰，应该有"国势"和"国运"的意识

我所说的"国势"和"国运"，可以理解为与"国家综合实力"概念最为接近，但又不能完全等同。它应该涵盖国家的"硬件"和"软件"两个方面。"硬件"主要是指：治国方策与时局是否契合，军队战斗力的强弱以及关键性战争的胜负，国家疆域的伸缩变化。"软件"主要是指：政治大局的清明还是混乱，人才的去留与民心的向背。

如果按照这个标准来评价魏国的强弱，上引藤田胜久教授"魏文侯时期的魏国只不过是限于洛阳以西的一个小国而已"的论断，恐怕就难以成为定论。就国家整体面貌所表现出来的活力而言，魏文侯时期无疑是最为突出的：魏文侯重用李悝推行"变法"，极大地振兴了国势，使魏国成为最有开创性的国家，直接推动了魏国向政治强国迈进；魏文侯任用了翟璜、吴起、乐羊等一大批有治国用兵之能的人才；魏文侯礼遇儒学名师和讲究志节的高士；魏文侯时期有开疆拓土的巨大成功，特别是重用吴起屡次与秦国交锋而完全夺占河西之地，重用乐羊取得了攻灭中山国的战绩；就军事制度而言，正是在这个时期创设了"武卒"制度，使得魏军保持强大的战斗力数十年，思想家荀子在比较齐国、魏国、秦国的军队战斗力时，提出了

"齐之技击,不可以遇魏氏之武卒。魏氏之武卒,不可以遇秦之锐士"(王先谦:《荀子集解》卷十《议兵篇》,中华书局,1954年版,第181页)的结论。由以上各个方面来看,魏文侯在位时期的魏国,整体上呈现出勃勃向上的态势,在政治、军事、文化、经济各个方面都表现出比其他国家更为强势。也就是笔者前面所说的,无论从"国势"还是"国运"而言,魏国无疑都是第一流的强国。所以,即便是魏文侯时期的国土面积不及魏惠王时期广大(对此,笔者也表示存疑,容待后考),也不能说他在位时的魏国是一个"小国",与强国无关。

同样道理,也无法确认迁都之后的魏国还保留着强国的实力和"国际"影响力。要具体讨论魏国迁都前后的变化,有几个大的历史背景必须被纳入研究的视野之内:

其一,魏国的精锐军队,在与齐国的两场大战中消耗殆尽,亲自督军参战的太子被俘,统兵大将在战场自杀,对于魏国军心、民心的重挫,对魏国"国际形象"的削弱,显而易见。

其二,魏国在与秦国之间持续几十年的河西争夺战中,彻底失利,不得不弃守河西全境,使得强秦取得了兵临黄河的优势,也就是具备了随时可以渡河东进的有利态势。表面上看来,似乎是魏秦"共享"黄河天险,都可以据河设防,但是从两国的实际军事力量而言,魏军已经失去了渡河西进的能力,凭借天险都无法完全阻止秦军的东侵了。而且,魏国称雄所依赖的"武卒",也在河西战败的过程中损失殆尽。

其三,魏国迁都之后的"东进"该如何评价?它的"积极意义"是否存在?从战国中期开始,"战国七雄"的列国大势,越来越明显地呈现出东西两大阵营的对立,也就是西方迅速崛起的秦国与东方"山东六国"之间的对峙和抗衡。真正有远见的政治家和外交家,逐渐意识到联合抗秦的必要性和紧迫性。"五国联合攻秦"的态势能够形成,就是这种"共识"的体现。尽管这种"合纵抗秦"的局面未能持久,但是,东西两大阵营的根本对立和严峻局面,在六国高层有识之士中是有共识的。而魏国的地理位置,恰恰处于与秦国直接对峙的前线。如果魏国能够坚守黄河西岸的河西战略要地,则黄河天险全在魏国的掌握之下,秦军无法饮马黄河,就会极大地限制其东出争夺天下。但是,魏国在失守河西之后,又向东方迁都,不论其直接原因是否如司马迁的分析是为了避开秦军的进逼,从客观形势而言,魏国在西部边界的"示弱",是有利于秦国东出争雄的。魏国迁都所体现的"西守东进"战略,带来的究竟是什么局面?魏国"向东发展",无非是在"东方阵营"内部夺得某些土地,对鲁、

禹王城遗址出土战国铁锛

卫、宋、郑等弱小国家增强了影响力而已。如果从东西两大阵营争夺的大局来看,对于秦国的东出征伐而言,没有任何阻碍的作用。秦国君臣应该是很愿意看到东方列国之间争夺不断的。在这个意义上,实在无法看到魏国"向东发展"有何所谓的"积极意义"。

2. 讨论魏国的盛衰之变,为齐国的同类变化提供了一个很好的对比和联想的模本

梳理魏国和齐国盛衰之变的轨迹,发现存在着一个令我惊异的相似点:两国分别有三位君王"主导"了各自国家由强盛到衰弱的历史过程。魏国的三位君主是魏文侯——魏武侯——魏惠王;齐国的三位君主

是齐威王——齐宣王——齐湣王。魏文侯和齐威王都有招贤纳士、振兴国势、励精图治的佳话传世,开创了国家走向强盛的大好局面;魏武侯和齐宣王都是善继父志,在开疆拓土方面大有贡献,有效提升了本国在"国际"关系中的地位和影响力;魏惠王和齐湣王的相似之处则带有明显的悲剧色彩:他们继承了父祖两代苦心经营的强盛局面,在其执政前期,表现出对外扩张的勃勃野心,也曾经有过战胜攻取的如意和辉煌,使得他们的国家达到了表面上的巅峰状态;但是,他们在处理与列国的关系时,恃强凌弱,四面树敌,导致被孤立,乃至遭遇几个国家的联合(或轮番)进攻,在关键性战争中大败,战略要地被敌国控制,包括军队战斗力在内的国家实力一蹶不振。这些因素的叠加,就决定了魏、齐两国先后走上了由盛而衰的道路。齐湣王的结局更为悲惨,身死国破,如果没有田

陕西铜川宜君战国魏长城

单的复国之举,齐国就可能成为"战国七雄"中最早被灭亡的国家。魏惠王的结局相对幸运,但是,魏国走向衰败之路,无疑是从魏惠王时代开始的。其中,魏国迁都之举,也许促成决策的因素并非单一,但是,作为魏国由盛转衰的一个标志性事件,自有其历史依据。上引司马迁的分析和论断,不失为定论。

此次有机会来到山西夏县,身临其地而促发思考,认真探究战国时期魏国立都安邑和迁都的重大问题,对此前并未悉心研究的这个历史"积案",得以形成一得之见,大有不虚此行之感。

● 李百勤

## 2 "河东"——地灵人萃、物阜文兴之区

河东，在古代最初狭义是指临近黄河东岸的山西省西南部，即秦汉时代所设河东郡地，这一名称一直沿用，至后世成为山西省的别称。顾炎武《日知录》第三十一卷称："河东，山西一地也，唐之京师在关中，而其东则河，故谓之河东；元之京师在蓟门，而其西则山，故谓之山西，各自其畿甸之所近而言之也。"自唐代以后多用广义的"河东"，即泛指山西省。河东是华夏文明的摇篮。

周代在山西分封了郇、瑕、耿、魏、虞、霍、虢、匽、唐等诸侯。唐叔虞受封于成王时期，初在汾、浍间方百里，周公命他"启以夏政""疆以戎索"。所谓启以夏政，是指采用夏的历法，因地处夏墟；疆以戎索，指的是与戎人为邻。

唐叔虞之子改国号为"晋"。他的周边都是戎人和狄人所建的小国，爵位为伯。见于文献记载的有条戎、茅戎和赤狄东山皋落氏。过去未曾见于文献的伯爵之国，近年通过考古发掘显现出来，比如绛县衡水

**西周初期晋国周边形势图（部分）**

村的倗国，绛县雎村的櫨国，翼城县大河口村的霸国。这些伯国，因非姬姓而为伯，但他们可能都先于周人来到中条山下。

由于有强大的周王室背景，晋国自西周后期开始不断兼并这些小国。春秋初期晋国把周王室分封的同姓侯国全部吞并了，它的国土东达郑、卫与齐为邻，西逾黄河与秦连畔，南抵宋、陈与楚国对峙，北至恒岳与胡狄分界。晋文公回国主政以后挟天子以令诸侯，开创晋国百年霸业，九合诸侯，一匡天下，在五霸之中雄踞第一。

晋国的卿大夫食采领地不断扩大，他们之间尔虞我诈，争夺地盘，形成公卿专权的局面。最后由韩氏、赵氏、魏氏瓜分了晋国的全部土地。"三家分晋"标志着中国历史进入了战国时期。战国七雄，晋占其三。魏文侯"初税亩"，最早实行封建地租制度，一度雄霸诸侯。赵武灵王"胡服骑射"富国强兵，在北方抵御胡狄南侵。韩国因申不害变法、加强中央集权，而国力大增。

秦有天下，设置三十六郡，三晋大地有河东郡、上党郡、太原郡，三郡都是极富饶的土地。炎汉初兴，分封功臣，周勃封绛侯，食采于绛县。靳强封汾阳侯，食采于曲沃。刘邦纳魏王豹之妾，生下第四子刘恒，封代王，都于晋阳（今太原）。汉文帝刘恒继承皇位后，在轩辕黄帝当年扫地为坛祭祀后土的汾阴修建后土庙，驾临祭祀。后土是总管土地的神祇，以这种方式确立皇帝拥有土地的合法性，然后"溥天之下，莫非王土；率土之滨，莫非王臣"。汉武帝北击匈奴，最著名的将领是卫青、霍去病舅甥二人，这两位大将乃是山西平阳人。霍去病之弟霍光，乃是汉武帝托辅汉昭帝的顾命之臣。

三国名将关羽,喜读《春秋》,平生是儒家思想的践行者。死后宋代封义勇武安王,明代封伏魔大帝,清代封武圣。佛教封伽蓝菩萨,道教封为天尊。山西解州有建成最早、规模最大、保存最完整的关帝庙。

魏晋南北朝时,山西乃是胡汉杂处之地,终为民族融合之所。山西中北部不断发现北朝大型壁画墓达数十处,都是研究民族史和艺术史的实物资料。

隋代大儒王通(文中子),以当时的社会需求阐述儒家学说,著《中说》一书,并在汾河汇入黄河的河津县北山下设坛授徒,远近慕名求学者逾千人。唐初许多贤臣良将都曾到文中子处求学问道,时称"河汾门下"。李渊在周隋之世袭封唐国公,出任太原留守,遂起兵晋阳,直取长安,建立唐朝。大唐几度在蒲州设河中府,置中都。唐时确定世族郡望,"河东三姓"裴、柳、薛,号称人才渊薮,选配驸马都尉数十人。

宋代司马光作为史学家著《资治通鉴》,考据翔实,编年清晰,论事精当,评人中肯,被历史学家奉为圭臬。作为宰相,靖忠粹德,邃思忧国,深为赵宋王朝器重,专为司马家族在夏县修建余庆禅院,命僧众为其世守先茔,禅院肥硕的用材、精美的彩塑至今保留。

金代山西北有元好问,诗文豪放沉郁,奇芬异彩,邃婉高古,名擅一时;南有段克己、段成己兄弟并负才名;金哀宗时中进士,金亡,避乱龙门山中,二人

温公祠堂　石春兰　摄影

诗词多写故国之思，意致苍凉，颇具苏、辛之风。

元代实行种族等级制度，把民人分为蒙古人、色目人、北人和南人。在占领南方后对当地居民大肆杀戮。山西地区相对人口稠密。明初进行了大规模的移民，将山西各府县的大户都集中到洪洞县一棵大槐树下，然后分别遣送到各地，特别是云南与贵州。至今民间还流行"要问老家在何处，山西洪洞大槐树"的顺口溜。

明代薛瑄治程朱理学，创立河东学派，著《读书录》。开坛授徒，使霍太山以南文风蔚起，门下中进士者多达百人。薛瑄官至礼部侍郎，做官以爱人为本，清正廉洁，光明俊伟，其故里今天确定为山西省廉政教育基地。

据说，山西西周大墓陪葬的贝币产自地中海。早在南北朝时期，山西就是南北政权或东西政权对峙的前沿，大批胡商将产自中亚和欧洲的珍宝、药材和皮货都贩卖到山西，然后换取丝绸、茶叶和瓷器，满载而归。由于胡商人数较多，唐代特别设立"萨宝府"这个官方机构管理胡商，山西就有多处。宋代时，西与西夏对抗，北与辽金作战，将粮草运抵前线，官府成本太高。有人提议将粮草交给商人转运，视所运多少，官府开具票证，以此到河东盐池领盐，在规定的州县销售，所得的利润即是转运粮草的费用。最后商官皆可，效果良好。明代北部又与蒙古草原游牧人群对峙，将宋人以盐利抵粮草运费的做法作为制度，即所谓的"开中法"，山西商人在颇费辛苦的同时，也大获利润。

清人入关后，山西商人基本形成三大商帮。晋北帮，走西口，在万里茶道上把内地丝绸、茶叶运到俄罗斯。晋中帮，出娘子关，到北京天津，贩运近现代工业品。晋南帮，过黄河到西安、兰州和宁夏，贩运近现代工业品到西北，又将西北特产贩运到东部城乡。山西商人纵横万里，汇通天下，山西是全国最富有的省份。晋商大院遍布全省，尤其晋中的祁县、太谷、平遥，晋南的曲沃、襄汾、绛州，富商大贾豪宅林立，今天成了山西旅游的热点景区。

## 十四
## 上郭城址和邱家庄墓群、酒务头墓地

上郭城址和邱家庄墓群、酒务头墓地在闻喜县。

闻喜县位于运城市北端,运城盆地与临汾盆地的交界处。

西周、东周,属晋国曲沃。战国属魏。秦改曲沃为左邑县,属河东郡。汉元鼎六年(前111),设闻喜县。

―[行知提示]―

从司马光祠沿837、839县道东北行约25千米,到达闻喜县城桐城镇上郭村,邱家庄与其紧邻,上郭城址和邱家庄墓群即位于两村。从上郭城址和邱家庄墓群沿41县道、后夏线东行约20千米,到闻喜县河底镇酒务头村,酒务头墓地即位于该村。

荀侯匜及其铭文

◇ 上郭城址和邱家庄墓群、
  酒务头墓地简介

● 上郭城址和邱家庄墓群

上郭城址和邱家庄墓群，为两处相邻相关的文化遗存，位于闻喜县城东南约 2 千米的桐城镇上郭村与邱家庄，西邻涑水河。1973 年至今，十余次考古工作充分证实此地是在晋国历史上占有重要地位的"古曲

邱家庄墓地出土玉龙

沃"的核心区域，对晋文化和晋国历史研究具有重大意义。2006年被公布为全国重点文物保护单位。

上郭城址位于上郭村东北—西南走向的鸣条岗台地，南北长5000米，东西宽1500米，总面积750万平方米。墓葬为西周、东周时期，早期发掘出土有"荀侯"匜、"贾子"匜、"刜人守囿"挽车等青铜器以及陶器、玉器等珍贵文物。

2021年在上郭城址西北角面积250平方米的居址区，发现了仰韶和周代两个时期的遗存，特别是出土60多块春秋早期陶范及铜炼渣、雕刻刀具和大量的板瓦、筒瓦、瓦当，表明这里曾经有大型的都邑，有大型的铸铜遗址。

邱家庄墓群为西周时期大型遗址，在鸣条岗东端，东西长2000米、南北宽500米，分布在上郭村村西、村北的丘陵上。1973年、1979年清理发掘15座土坑竖穴墓，墓地保存较完整，其中五组大型墓葬均有可能是晋国国君及夫人墓葬。

2021年，在上郭城址北城墙以北70米范围内勘探发现8座墓葬，其中两座中型墓葬均为竖穴土坑墓，平面呈长方形，葬具均为一棺一椁。男性墓出土随葬品36件（套），女性墓出土随葬品10件（套），种类有青铜器、陶器、玉器、石器等。两座墓中青铜器组合皆为鼎、豆、盘、舟、匜各一件。

**男性墓出土器物组合**

据司马迁《史记·晋世家》记载，晋昭侯将曲沃，也就是现今遗址所在地一带，分封给了自己的叔叔桓叔（成师），"曲沃桓叔"积极"笼络人心，招贤纳士"，古曲沃很快就成为晋国第二个政治、经济、文化中心，其实力也超过了"翼（时为晋国国都）"，"曲沃邑大于翼"（《史记·晋世家》），翼与曲沃之间开始了长达近70年的晋国内乱，而大宗与小宗的争斗，最终是曲沃桓叔的孙子曲沃武公，击败晋国正宗嫡系，取而代之，称晋武公。此时，晋国的政治中心虽然在"绛"，但曲沃仍然为武公族系的宗邑。又据《汉书·地理志》记载,该地是"河东郡闻喜,故曲沃"。

从上郭城址和邱家庄墓群考古成果联合推断,再结合传世文献,证实上郭城址就是与晋文公等晋国君主密切相关的"古曲沃",使"曲沃代翼"的文献记载有了考古学的佐证,具有重大的意义。

尤为特别的是,上郭城址还出土了石雕蚕蛹,该蚕蛹呈椭圆状,两头尖,中间宽,长2.8厘米,最大腹径1.2厘米。螺旋状的花纹简洁地勾勒出蛹的头、腹和尾部,形态逼真、造型精美。

结合邻近区域与丝织业有关的出土文物,如在上郭城西略偏南10余千米的夏县西阴村仰韶文化遗址出土的"半个人工切割下来的蚕茧标本"(已被确认为中国丝绸史上最重要的实物证据,距今约5500年),芮城东庄新石器时代遗址出土的陶纺线轮(距今约4500年),夏县师村仰韶文化遗址出土的5枚石雕蚕蛹和1枚陶制蚕蛹(距今约6000年),夏县二里头

邱家庄墓地出土石雕蚕蛹

文化"东下冯类型"的东下冯遗址出土的陶纺轮（距今 3500 ~ 3900 年），以及与上郭城址距离非常近的闻喜酒务头遗址出土的商代晚期玉雕蚕，证明当时黄河中游的先民们已经了解、喜爱并崇尚蚕桑。

且以蚕茧、蚕蛹组成的丝织业为突破口，结合燧石、食盐、铜矿、铁矿等优渥的自然条件，和特征鲜明的玫瑰花纹彩陶，来研究山西南部、陕西东部、河南西部 5000 多年的文明史，已经水到渠成。

桂子参观后，有《忆王孙·上郭城址》词：

萋萋芳草掩王孙，

上郭城垣空断魂。

出土青铜器为尊。

入深门。

遗址何寻绕远村。

● 酒务头墓地

酒务头墓地位于山西省运城市闻喜县河底镇酒务头村西北 200 米处，西距闻喜县城约 18 千米，东、南距中条山直线距离约 3.5 千米，南望汤王山，北距涑水河支流沙渠河约 4.5 千米。墓地处于垣曲盆地、运城盆地、临汾盆地交汇的要冲之地，是古代从河南进入山西最便捷的通道之一，亦是考古学文化交融的关键地带。

2017年6月至2018年12月,考古工作者对酒务头墓地展开抢救性发掘。发掘面积5500平方米,共发现"甲"字型大墓5座、长方形中小型墓7座,车马坑6个以及灰坑5个,出土青铜器、陶器、玉器、石器、骨器等珍贵文物600余件(组)。

大墓自西向东依次排列。墓道朝南,有台阶、斜坡两种。墓室为横长方形,均有生土二层台。葬具为一椁一棺,椁底正中设长方形腰坑。墓葬西或西南多有1至2个车马坑陪葬。墓主骨骼保存极差,根据人

**酒务头墓地 M1 出土青铜器**

酒务头墓地出土食器

骨痕迹判断均为仰身直肢葬,头向为东西向。3座有殉人,M5多达7例,余为1例。另外,多数墓葬的二层台上和腰坑内均有殉牲,以殉狗为主。

出土文物中,以青铜器为主,主要包括礼器、乐器、车马器、兵器、工具等。礼器有鼎、甗、簋、斝、爵、觚、尊、卣、罍、盘、盉;乐器有铙和铃;车马器包括弓形器、车衡饰、车軎、轭、镳、衔、当卢、泡等;兵器有钺、戈、矛、刀、胄饰、镞等;工具有锛、凿等;

玉器有鱼、蚕、龙、璧、柄形器等；陶器有罐、簋、罍等。从整个墓地来看，组合关系和纹饰风格与殷墟青铜器一致。酒务头墓地出土青铜器上有很多铭文，初步统计，"匿"字出现15次。

酒务头墓地出土"匿"族青铜器

商代晚期带墓道的大墓在殷墟之外并不多见，该墓地是继山东滕州前掌大、青州苏埠屯、河南洛阳东大寺、山西浮山桥北等墓地后，又一次发现带墓道大墓的大型晚商墓地，对于研究商代墓葬的形制结构、葬俗、墓道功能与等级关系提供了极好的资料。根据墓葬形制与出土遗物判断，酒务头墓地时代为殷墟四期，应为商代高等级方国"匿"部落贵族墓地。该墓地的发现与发掘是商代考古的一次重大突破，不仅为"匿"的青铜器找到了归属，具体判断了"匿"之所在，也填补了晋南地区晚商遗存的空白。

墓地的大墓形制、青铜器组合和器型纹饰风格等表现了商文明演进过程的同一性与复杂性，加上该墓地所处的特殊位置，对于认识晚商文化的区域类型、商王朝西部势力范围的变迁、中央对地方管控方式和国家政治地理结构等课题具有重要意义，为研究晚商时期的历史、礼制、文化和商末国家政治结构提供了宝贵的资料。

## 十五
## 乔寺碑楼、西吴壁遗址、太阴寺

乔寺碑楼、西吴壁遗址、太阴寺在绛县。

绛县位于山西省南部,地处运城、临汾、晋城三市交界地带,县境东部和南部由中条山环抱,西部和北部由平川和盆地构成。中条山横亘县境东南部。

唐尧、虞舜、夏,绛县属冀州地。春秋,属晋。

周惠王八年(前669),晋献公围杀群公子于"聚",将此地命为绛。晋平公十七年(前541),设县,名为"绛县"。

—[行知提示]—

从酒务头村沿819县道北行约30千米,到达绛县横水镇乔寺村,乔寺碑楼在该村。从乔寺村沿呼北线东行15千米到达古绛镇西吴壁村,西吴壁遗址位于该村。从西吴壁村东行14千米,到达卫庄镇张上村,太阴寺位于该村。

太阴寺山门

## ◇ 乔寺碑楼、西吴壁遗址、太阴寺简介

● 乔寺碑楼

乔寺碑楼建于清道光十七年（1837），是周氏家族为资政大夫周万钟所建的功德碑楼。碑楼坐西朝东，单体建筑，平面长方形，碑楼石砌台基长17米，宽2.6米，高1.5米，楼身约高15米。楼身六间，单檐歇山顶。正面五碑室七通碑，序由乙未科探花乔晋芳撰，每室之间有通柱石雕对联，上嵌石匾额，楼体上部四面均

**乔寺碑楼** 书鑫 摄影

为仿木斗拱砖雕,三踩单翘,龙形耍头,有飞椽,并雕有人物、花卉。

乔寺碑楼为我国最大的纯砖石旌表建筑,集建筑、砖雕、石雕、书法艺术于一体,保存状况良好。

桂子过游,有《忆江南·乔寺碑楼》:

碑楼美,

寄语后来人。

不忘绎思追百岁,

昭兹来许感三春。

归去化香尘。

## ●西吴壁遗址

西吴壁遗址位于绛县古绛镇西吴壁村南,地处涑水河北岸的黄土台塬上,南距中条山约6千米,是一处夏商时期的墓地和手工业遗址。该遗址是首次在邻近夏商王朝腹心地带发掘的专业冶铜遗址,填补了冶金考古的空白,不仅对于研究商代文化和历史具有重要意义,而且对于探讨中国古代文明的发展历程也有着重要意义,是中国考古学史上的重要发现之一,入选"2019年度全国十大考古新发现"。

西吴壁遗址于1995年被当地村民在建设西吴壁小学时意外发现。经过数年的发掘,遗址面积达110

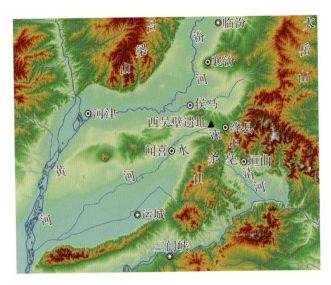
**西吴壁遗址位置示意图**

万平方米。碳十四测年结果表明,西吴壁遗址的形成时代大致在公元前 16 世纪至前 15 世纪。

西吴壁遗址东南部为夏商冶铜遗存集中分布区,已发现存在面积约 10 万平方米。2022 年,考古工作者选取西吴壁遗址中的 57 件炉渣、1 件挂渣陶片、3 件挂渣炉壁及 14 件矿石,进行科学分析。研究显示,西吴壁遗址冶金产品为初级阶段的红铜,实际冶炼温度应在 1000 摄氏度左右。

2022 年,考古工作者在西吴壁遗址东部发现并清理了 16 座长方形竖穴土坑墓,按照墓圹规模和随葬品的差异,这些墓葬初步分为大、中、小三个等级。这 16 座商代墓的葬俗相近,组成了一处族墓地。其中的大型墓 M16 位于墓地中部,墓圹面积约 9 平方米,深 1.2 米,葬具为一棺一椁,椁保存较差,南侧椁板上摆放羊头和两条前肢,东、西棺椁之间的填土中各有一具殉人。初步鉴定墓主人可能为男性,随葬品皆置于棺内,出土种类有青铜、绿松石、玉、陶、贝、漆器等。

大型墓葬 M16 的规模大,内涵丰富,是迄今所知国内二里岗下层阶段规模最大、内涵最为丰富的高等级商系墓葬。其葬者应是商代初期居住在晋南地区的高级贵族。由此可以进一步证明西吴壁遗址是晋南地区商代前期最重要的中心聚落之一,除向外输送铜料外,还肩负区域管理与对外交流等职能。

对随葬器物的文化因素分析表明,该墓地主要包含商文化和土著文化因素,此外还发现了少量北方文化因素。商文化和土著文化因素共存的现象,在一定程度上反映了商代初期,商王朝在处理与晋南土著人群的关系方面,采取了较为温和的策略。而北方系文化因素的发现,说明晋南同北方地区关系密切。同时暗示晋南地区铜料的输出方向,除商王朝中心都邑外,可能还有北方青铜文化分布区。

相关学者已阐述了以晋南为代表的中原地区青铜

西吴壁遗址二里头时期灰坑中出土的铜矿石

西吴壁遗址出土二里岗时期的残炉壁

时代存在较为先进的产业格局,而西吴壁遗址的科学发掘为深化该产业格局的认识提供了绝佳机遇。与辽西地区、河西走廊、长江中下游相比,西吴壁遗址产业规模大,实现了冶金与铸造技术的分离。此外,以晋南为代表的中原地区青铜冶铸活动始终被高等级聚落或大城所控制、垄断,并被置于王权礼制的严格监管之下,铜、锡、铅料有各自独立且复杂的供应链。

晋南地区在夏及早商时期专事铜矿的开采与冶炼,青铜礼器等"国之重器"的铸造主要集中于王朝腹地的都城,从而构成了支撑中原文明稳步提升的完整青铜产业格局。

西吴壁遗址夏商时期面积较大,应具有中心聚落的性质。发掘出土的种类丰富的遗迹和遗物共同构成了冶铜产业链的各个环节,为进一步复原早期冶铜工业的技术、生产方式、生产场景提供了丰富的资料。该遗址是中原地区揭示出已知时代最早、规模最大、专业化水平最高的夏商冶铜遗址,弥补了从铜矿开采到集中铸造之间所缺失的冶炼环节,填补了中国冶金考古的空白。

西吴壁遗址二里头文化时期的木炭窑是国内迄今为止发现的最早木炭窑遗迹,该遗迹的发现为研究早期生产、利用木炭及早期木炭质量等问题提供了重要材料,同时为复原冶铜生产工作链、厘清冶铜作坊

西吴壁遗址大型墓 M16 出土铜礼器

布局增加了新材料,具有较为重要的学术意义。

桂子访古,有《捣练子·西吴壁遗址》曰:

遗迹现,

在西吴。

考古经年瓮器殊。

聚落炭窑皆罕见,

尚存商代冶铜炉。

● 太阴寺

太阴寺俗称卧佛寺,位于绛县卫庄镇张上村。南北长108米,东西宽81米,占地面积为8748平方米。太阴寺始建于北魏时期(386~534),北周天和三年（568）、唐永徽元年（650）、金大定二十年（1180）、元大德元年（1297）及明清时期均有修缮。2001年被公布为全国重点文物保护单位。

太阴寺坐南朝北，二进院落。中轴线由北向南依次有山门、过殿、大雄宝殿、舍利塔，两侧有配殿、耳殿、斋堂和僧舍。现仅存过殿和大雄宝殿。

过殿台基为宋金时期遗存，木构为1916年失火烧毁后，从附近范村整体搬迁来的一座家庙。大雄宝殿为金代遗构，面阔五间，进深三间，单檐悬山顶。檐下"大雄宝殿"木匾乃辽大安二年（1086）镌刻。殿内中部设木制佛龛，龛内有雕造于金大定十年（1170）木雕释迦牟尼卧像一尊。龛内绘有明洪武五年（1372）绘制的一组佛弟子吊唁壁画。

太阴寺大雄宝殿　书鑫 摄影

太阴寺木雕释迦牟尼卧像为中国最大的独木雕卧佛，躯长4米，造型端庄，神态安详。据寺内保存的元代碑文记载，这是云公、法澍（佛龛西侧有其像）等重修太阴寺、补雕《赵城金藏》时雕刻的一尊佛祖涅槃像，同时雕刻的还有三士佛像。

　　太阴寺是大藏经《赵城金藏》的重要雕印地，历代刊刻大藏经中流传至今、时代最早、最完整的大藏经《赵城金藏》，是目前中国国家图书馆的镇馆之宝。《赵城金藏》从开雕到续雕、补雕、印制，历经金、元两个朝代，太阴寺是其中一个重要的雕印场所。

　　太阴寺是研究我国古代建筑、壁画、雕塑、雕版印刷以及佛教文化的珍贵遗产。

太阴寺大雄宝殿木雕释迦牟尼卧像　书盍 摄影

桂子作《忆江南·太阴寺》，词曰：

庄严相，

卧佛涅槃身。

雕版印经传大藏，

慈悲生慧入禅门。

名寺有奇珍。

• 王子今

# 1 "貘尊"发现与黄河中游生态史

古来器物设计制作,有"制器象物,示有其形"的说法(《北堂书钞》卷一三四引蔡邕《警枕铭》)。器物形制仿象生物真"有其形"者,或称"仿生"。以植物为标本的,有箪、筒、瓠、蒜头等。以动物为仿象对象的,多见模拟犀、象、牛、虎、鹿、鱼、鹰、鸮、雁、鸭者。有关犀、象、梅花鹿、孔雀遗存的文字记录和文物证明,因这些野生动物分布区域的历史变化,是可以看作生态史料的。其中仿拟动物形象创作的器物与画象,自有更值得重视的文化价值。

山西绛县横水西周倗国墓地 2004 年出土青铜器"貘尊",被认为"提供了古代生物的珍贵信息,也提供了研究西周青铜器铸造技术的重要物证"(胡春良:《绛县西周倗国墓地出土貘尊》,《山西日报》,2020 年 6 月 12 日 12 版)。

与绛县同样属于黄河中游地方,纬度低 1 度左右的陕西宝鸡茹家庄西周墓出土的"貘尊",也是同样的器物。发掘简报起初称作"羊尊"(宝鸡茹家庄西周墓发掘队:《陕西省宝鸡市茹家庄西周墓发掘

山西绛县横水西周倗国墓地 2004 年出土青铜器"貘尊"（山西博物院编：《山西青铜博物馆珍品集萃》，科学出版社，2020 年版，第 122 页）

简报》，《文物》1976 年第 4 期）。现在学界认为应当就是"貘尊"。

弗利尔美术馆收藏的两件仿象"貘"的形象铸作的青铜器，用途和器名不详，均出土于山西。一件为东周中期，一件为东周晚期。器形与"貘"的关系是可以大致明确的。

容庚《善斋彝器图录》所著录"遽父乙尊"，以为是"象"的形象，正如孙机所指出的，"实际上所塑造的是一只惟妙惟肖的貘"（孙机：《古文物中所见之貘》,《从历史中醒来:孙机谈中国古文物》,生活·读书·新知三联书店,2016年版,第33页)。

弗利尔美术馆藏有一件可能可以称作竿顶饰的青铜器,很可能表现的也是"貘"的形象。

山西青铜博物馆藏目云纹提梁卣,年代为西周,山西公安机关移交。出土地应当在山西。提梁两端铸作"貘"的头部象形(山西博物院编:《山西青铜博物馆珍品集萃》,科学出版社,2020年版,第64页)。

陈梦家著录美国收藏中国青铜器,其中若干件提梁卣的系、首部模拟"貘"的头部。如编号为A601、A614、A615、A617、A618、A621、A623、A626、A627、A628者,都是如此(陈梦家著:《美国所藏中国铜器集录》,金城出版社,2016年版,第1394页,第1428~1429页,第1332~1334页,第1438~1439页,第1440~1441页,第1448~1449页,第1452~1453页,第1469~1461页,第1464~1465页,第1466~1468页)。这可能是西周青铜提梁卣制作的一种通式。有些提梁的兽头系首,从唇吻部看,虽然并非典型的"貘"首,其风格也是类似的。

弗利尔美术馆收藏一件称作"牛首"的青铜器附件,其实也是"貘"的头部造型。

日本学者林巳奈夫较早注意到这种动物形象是"貘"(林巳奈夫著,陈起译,王小庆校:《从商、

宝鸡茹家庄出土"貘尊"（宝鸡茹家庄西周墓发掘队：《陕西省宝鸡市茹家庄西周墓发掘简报》，《文物》1976年第4期）

西周时期动物纹饰中所见的六种野生动物》）。

汉代画象中有关于"貘"的图像资料。罗小华引据孙机的论著，在"遽父乙尊、宝鸡茹家庄出土貘尊、神面提梁卣等西周铜器中的貘造型，美国赛克勒医生所藏的东周铜器中的貘造型"之后，有"山东平阴孟庄汉代石柱画像石、山东滕县西户口汉画像石中的貘，以及江苏金坛出土上虞窑貘钮青瓷扁壶"。孙机认为，这些文物资料诸多生物学特征，"均与马来貘相合"（孙机：《古文物中所见之貘》，《从历史中醒来：孙机谈中国古文物》，同前引，第32～37页）。罗小华以为"这些貘的形象塑造得如此逼真，可以反映出，古代中国人对于马来貘的形象具有十分深刻的印象"（罗小华：《楚简中的"貘"》，《中国典籍与文化》2019年第2期）。

值得注意的是，山东平阴孟庄汉代石柱画像石所见"貘"，左侧有人喂食，似乎是豢养的宠物。这体现出人与"貘"的关系达到相当亲近的程度。而山东滕县西户口汉画像石所见"貘"，与绛县横水西周倗国墓地出土青铜器"貘尊"身体纹饰非常相像。

白居易曾经作《貘屏赞并序》，序文说"貘""生南方山谷中"，大约唐代"貘"在南方仍然生存。白居易写道："寝其皮，辟温；图其形，辟邪。予旧病头风，每寝息，常以小屏卫其首。适遇画工，偶令写之。按《山海经》，此兽食铁与铜，不食他物。"赞文曰："邈哉其兽，生于南国。其名为貘，非铁不食。"所谓"此兽食铁与铜，不食他物"以及所谓"非铁不食"，暗示人们对"貘"的动物学知识的早期积累，很可能始于青铜器得到普及，铁器初步应用的年代。李时珍《本草纲目·兽部》卷五一"貘"条说："唐世多画貘为屏，白乐天有赞序之。"以为"画貘为屏"是"唐世"生活史和美术史的普遍现象。

我们认为，"貘"的形象的艺术性存留，体现了古代社会意识中有关生态史现象的遥远记忆。

《史记》卷一一七《司马相如列传》载录司马相

如赋作,言"兽则㺎㹠貘犛,沈牛麈麋"。裴骃《集解》引郭璞曰:"貘似熊,庳脚锐头。"司马贞《索隐》引张揖云:"貘,白豹也,似熊,庳脚锐头,骨无髓,食铜铁。音陌。"扬雄《蜀都赋》"北则有岷山,外羌白马,兽则麕羊野麋,罢犛貘貒……"也说到"貘"。《说文·豸部》:"貘,似熊而黄黑色,出蜀中。从豸。莫声。"段玉裁注:"即诸书所谓食铁之兽也。见《尔雅》《上林赋》《蜀都赋》注、《后汉书》。《尔雅》谓之白豹。《山海经》谓之猛豹。今四川川东有此兽。薪采携铁饭甑入山。每为所啮。其齿则奸民用为伪佛齿。""字亦作貊。亦作狛。"关于"佛齿"的说法可能来自《本草图经》:"今黔、蜀中时有,貘象鼻、犀目、牛尾、虎足,土人鼎釜多为所食,其齿以刀斧锥锻,铁皆碎,落火亦不能烧。人得之诈为佛牙、佛骨,以诳里俗。"李时珍《本草纲目·兽部》卷五一"貘"条:"今黔、蜀及峨眉山中时有。貘,象鼻犀目,牛尾虎足。土人鼎釜,多为所食,颇为山居之患,亦捕以为药。其齿骨极坚,以刀斧椎煅,铁皆碎,落火亦不能烧。人得之诈充佛牙、佛骨,以诳俚俗。〔时珍曰〕世传羚羊角能碎金刚石者即此,物相畏耳。按《说文》云:貘,似熊而黄黑色,出蜀中。《南中志》云:貘大如驴,状似熊,苍白色,多力,舐铁消千斤,其皮温暖。《埤雅》云:貘似熊,狮首豺发,锐鬐卑脚,粪可为兵切玉,尿能消铁化水。"

有学者指出,根据郭璞的意见,"人云亦云,附和响应",形成"大熊猫在古代叫貘"的认识(周岩壁:《"貘"与"大熊猫"的这段公案》,《博览群书》2020年第3期)。其实,前引《说文·豸部》已经说"貘,似熊而黄黑色,出蜀中"。

《王力古汉语词典》"貘"字条引《说文》《尔雅·释兽》及郭璞注,言:"所述有似大熊猫。"有人说,郭郛《尔雅注证》第十八章引郭璞说,也以为"大熊猫古称貘"(周岩壁:《"貘"与"大熊猫"的这段公案》,《博览群书》2020年第3期)。这应当是误解。郭郛《尔雅注证》第十八章《释兽》写道:"白豹(Panda)、大熊猫(Ailuropoda melanoleucus),古称为貊(狛)(bō),曾以貘、貊、貉混用。"同时又指出:"貘是貊、狛、水(滨)貘;白豹是大熊猫,即貊、狛。"(郭郛注证:《尔雅注证——中国科学技术文化的历史记录》,商务印书馆,2013年版,第693页)

甚至比较权威的《中国动物志·兽纲》"四、大熊猫科(AILUROPODIDAE)"也写道:"我国人民自古以来对大熊猫颇多了解。据考证大熊猫古名为貘。《尔雅》有'貘,白豹'的记叙,是为目前所知最早的记载。许慎著《说文》中,也有'貘,似熊而黄黑色,出蜀中'的记载。晋朝郭璞的《尔雅疏》中载有'似熊而头小脚庳，黑白驳文，毛浅有光泽。熊舐食铜铁及竹骨蛇虺，其骨节强直，中实少髓'。他指出貘体色黑白而能食竹的两大突出特点，截然有别于其他熊类，从而使貘的描叙达到正确无误的科学水平。在我国古籍中，郭璞为准确的记述大熊猫的第一人。（高耀亭，1973年）"（中国科学院中国动物志编辑委员会主编，高耀亭等编著：《中国动物志·兽纲》第8卷《食肉目》，科学出版社，1987年版，第111页。"高耀亭，1973年"，提示信息出处为：高耀亭1973年我国古籍中对大熊猫的记载。动物利用与防治4：31-33，第369页）

《汉语大字典》释"貘"字取两说，一为"兽名"，书证为《尔雅》及郭璞注、宋罗颐《尔雅翼》等说。二为"一种形似犀，但鼻端无角，较矮小的兽"。又写道："属哺乳类貘科动物。高约1.05～1.15米，长七八尺，重250公斤上下，尾短，几乎不见，鼻端向前突出很长，能自由伸缩。皮厚，毛少，身体中部灰白色，其余各部黑色。前肢四趾，后肢三趾，栖于密林多水处。善游泳，遇敌则逃入水中。食物以嫩芽、果实、树叶为主。可以养驯，肉可食，据云味美。产于马来、爪哇、南美等地。"（汉语大字典编辑委员会：《汉语大字典》缩印本，四川辞

书出版社、湖北辞书出版社1993年版,第1629页)

动物学家郭郛《尔雅注证》第十八章《释兽》写道,郭璞注所谓"貘","可能是貘属(Tapirus)一种,原产中国,现见于东南亚、中南美洲。奇蹄目,貘科。形似犀,较矮小,鼻与上唇延长,能伸缩,四肢短,前足四趾,后足三趾,栖于水泽地带,善游泳,主食嫩枝叶。郭注'皮辟湿'类似此兽特性。现在中国已无此兽踪迹"(郭郛注证:《尔雅注证——中国科学技术文化的历史记录》,同前引,第591页)。提出了另一种看法。

那么,"'貘'到底是何种动物",有"熊猫"说,亦有否定的意见。我们是赞同孙机的判断的:"我国古代所说的貘,就是现代仍然生存在亚洲的马来貘;而不是像有的学者所主张的:古代说的貘是指熊猫而言。"(孙机:《古文物中所见之貘》,《从历史中醒来:孙机谈中国古文物》,同前引,第37页)

文物资料中的"貘",是可以看作生态史的见证的。

对于中国古代气候变迁研究做出突出贡献的竺可桢,提示我们重视殷墟遗址出土马来貘化石的意义:"这个遗址在十九世纪末被发现,1918年以后开始系统发掘。这里有丰富的亚化石动物。杨钟健和德日进曾加以研究,其结果发表于前北京地质调查所报告之中。这里除了如同半坡遗址发现多量的水麕和竹鼠外,还有貘(Tapirus indicus Cuvier)、水牛和野猪。"(竺可桢:《中国近五千年来气候变迁的初步研究》,《考古学报》1972年第1期)同号文、徐繁的论文也明确说到"发现于河内安阳殷墟遗址的马来貘遗骸"(同号文、徐繁:《中国第四纪貘类的来源与系统演化问题》,《第八届中国古脊椎动物学学术年会论文集》,海洋出版社,2001年版,第138页)。罗小华据此以为"楚简中的'貘'""指的就是马来貘"。他指出:"时间上,不仅在殷墟遗址中有马来貘的化石出土,而且在西周至汉代文物中又保留有马来貘的形象。空间上,马来貘能在中国古代的河南、山东一带生存。"(罗小华:《楚简中的"貘"》,《中国典籍与文化》

曹操高陵出土陶貘(M2:34,河南省文物考古研究所编著:《曹操高陵》,中国社会科学出版社,2016年版,彩版七七-4)

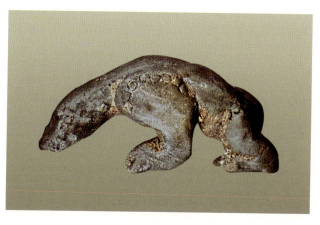

2019年第2期）这一说法，根据新绛和宝鸡出土的物证，可以推知"貘"的生存空间除"河南、山东"之外，应当也包括陕西、山西。河南的例证，还有曹操高陵出土陶貘。河南安阳的纬度，较绛县还要高一些。

从《中国动物志·兽纲》"四、大熊猫科（AILUROPODIDAE）"所谓"据考证大熊猫古名为貘"到郭郛《尔雅注证》第十八章《释兽》郭璞注所谓"貘"，"可能是貘属（Tapirus）一种，原产中国，现见于东南亚、中南美洲"，显然体现了动物学史的科学进步。关于"貘"的认识的提升，是以考古文物工作的收获作为重要条件的。

动物考古学理论有这样的支点，虽然"多数生物群落都没有明确的生存空间界限"，然而，"一旦压力加大，特别是气候变化，动物个体或其种群和群落就会调整分布格局，从本质上讲，通过它们的分布格局择优选择栖息地"。"外在的环境因素（如气候）、内在因素（如生长和繁殖）影响着栖息地选择的改变"。"动物种群的栖息地或生境选择分布是生态学的基本概念。理解栖息地选择对解释人类的经济模式也至关重要"。（［美］瑞兹（Reitz, E.J.）、维恩（Wing, E.S.）著，中国社会科学院考古研究所译：《动物考古学》第二版，科学出版社，2013年版，第260页，第72页）动物考古学的实践，与这种理念是相合的。

以这样的思路理解山西绛县横水西周倗国墓地出土青铜器"貘尊"等文物的意义，可以获得有关上古生态史的新发现。当时在黄河中游地区生产与生活的人们，正是在"貘"所适应的比较温暖湿润的生态环境中，创建并发展了中国早期文明的。

## 十六 陶寺遗址

陶寺遗址在襄汾县。

襄汾县位于临汾市南部中段,汾河中下游,地势东西高而中间低。东有塔儿山,属太行山脉;西靠吕梁山麓,中间汾河由北而南纵贯其中。

今襄汾县为1954年由襄陵县与汾城县合并而成。

——[行知提示]——

从太阴寺沿曲绛线、院裴线和霍侯一级公路北行70余千米,到达襄汾县陶寺乡陶寺村,陶寺遗址位于该村。

陶寺遗址远眺塔儿山

中国社会科学院考古研究所山西队 供图

## ◇ 陶寺遗址简介

陶寺遗址,是中国黄河中游地区以龙山文化为主的遗址,2021年10月,该遗址入选为"百年百大考古发现"。

在陶寺类型居住址中发现很多小型房址,周围有道路、水井、陶窑和较密集的灰坑。房址分地面、半地穴式和窑洞三种,以后两种居多。半地穴式房基平面多作圆角方形,少数呈圆形。长、宽一般在2～3米。室内地面涂草拌泥,经压实或焙烧,多数再涂一层白灰面,并用白灰涂墙裙,可见当时白灰已得到广泛应用。居住面中央有柱洞和灶坑。墙面上往往有或大或小的壁龛。有的还在室内一侧设置灶台,灶台后部有连通室外的烟道。窑洞式房址四壁向上弧形内收形成穹隆顶,高约2米,平面形制、结构等多与半地穴式房址相仿。水井为圆形,深13米以上,近底部有用圆木搭垒起来的护壁木构。陶窑为"横穴式",窑室直径在0.7～1米,有多股平行火道或叶脉状火道。灰坑有筒形、袋形、锅底形等几种。此外,还发现夯土碎块和刻画几何纹的白灰墙皮。

2013年,考古工作者持续对遗址约6500平方米夯土高台区疑似宫城城墙进行了发掘。到2017年年中,已基本廓清了宫城城墙堆积、结构、年代、发展演变等问题。陶寺宫城位于陶寺遗址东北部,呈长方形,东西长约470米,南北宽约270米,面积近13万平方米。方向大体北偏西45度,与陶寺大城方向基本一致。城垣北墙、东墙、南墙、西墙地上部分已不存在,地下基础部分揭示清楚,南墙西段及西南拐角被大南沟冲蚀破坏。

陶寺居民的部落公共墓地,在居住地的东南,面积3万平方米以上。它的使用时间,大致同居住地相

陶寺遗址房址地面的三棱锥形压印　　陶寺遗址白灰地面　李国庆 摄影

始终,发现墓葬1000余座,都是长方形土坑竖穴墓,除很少的二次葬、屈肢葬和个别俯身葬外,一般是成人的仰身直肢单人葬,头向东南,排列整齐。不同的氏族葬区在墓葬规模和坑位密度等方面,存在着差别。

在发掘过程中,考古队员发现了规模空前的城址、与之相匹配的王墓、世界最早的观象台、气势恢宏的宫殿、独立的仓储区、官方管理下的手工业区等。根据发掘的成果来看,陶寺社会贫富分化悬殊,少数贵族大量聚敛财富,形成特权阶层,说明陶寺遗址人群已走到了邦国时代的边缘和方国时代,是中华文明起源的主要根系之一,也有认为陶寺遗址是尧舜时期的核心都城所在。

2002年春季开始,陶寺遗址的聚落考古研究被纳入中华文明探源工程之中。考古发现表明,龙山文化时代陶寺先民过着长期定居的农业生活,掌握了较高的建筑和凿井技术,有发达的农业和畜牧业。饲养的家畜有猪、狗、牛、羊等,以猪为最多,盛行用整猪或猪下颌骨随葬便是例证。制陶、制石、制骨等传统手工业已从农业中分离出来,还产生了木工,彩绘髹饰,玉、石器镶嵌和冶金等新的手工门类。生产的多样化和专业化,使社会产品空前丰富。

近年来在对于陶寺遗址的发掘中,结合了磁力仪和探地雷达物探、环境考古、动物考古、植物考古(孢粉、浮选、选种）、人骨分析、DNA 分析、天文学等多项科技考古手段，包括碳十四测年技术在内的年代学探讨，进一步判断陶寺文化的绝对年代为公元前 2300 年至前 1900 年之间。同类遗址在晋西南汾河下游和浍

陶寺遗址出土彩绘折腹盆

中国社会科学院考古研究所山西队 供图

陶寺遗址出土蟠龙纹陶盘

中国社会科学院考古研究所山西队 供图

陶寺遗址出土铜齿轮形器

陶寺遗址观象台

河流域已发现 70 余处。陶寺遗址对复原中国新石器时代晚期的社会性质、国家产生的历史及探索夏文化,都具有重要的学术价值。

桂子访陶寺遗址,填《忆王孙》一阕:

溯源华夏帝尧城,

木鼓陶埙奏乐声。

釜灶缸盆器具呈,

史前情,

峦下平川千古明。

● 高从宜

# 1 "义":陶寺遐想

2021年5月,我们沿黄考察深入到晋中腹地襄汾县大名鼎鼎的陶寺遗址。陶寺遗址位于山西省襄汾县陶寺村南,是黄河中游龙山文化的重要遗址。经过研究、包括碳十四测年技术在内的年代学探讨,判断陶寺文化的绝对年代为公元前2300年至前1900年之间。有许多专家学者提出,陶寺遗址可能就是帝尧都城所在,是最早的"中国";也有学者根据陶器上的"文命"二字,认为陶寺可能是大禹之城。游览时,我们有缘得到了考古专家高江涛的陪同和讲解。高先生的现场讲解既高度专业又生动丰富。我获益颇多,内心非常感谢他。

陶寺发掘工地的地理面貌,和40多年前我在秦岭山下平整土地的劳动场景非常肖似。20多年前在德国现代化农场打工的时候,就想过我们在少年时代平整土地等艰苦劳动的"义"(合理性和必要性)的问题。望着陶寺发掘工地,我的心情和遐想也主要围绕着上古历史中"义"的问题。

《史记》诸传世文献中,最早的"中国"就是夏朝。

夏朝的奠基人和开创者即大禹。大禹是华夏文明的分野性人物：大禹之前，是贤能者为王的众议举荐制；大禹死后，变为父传子（弟）的家族专权制。大禹之前的众议举荐制，被儒家美誉为"三代禅让"：尧禅让给了舜，舜禅让给了禹。禹本来要禅让给伯益："帝禹东巡狩，至于会稽而崩。以天下授益。"（《史记·夏本纪》）众所周知，结果却是夏启夺了政权，父传子（弟）的家族专权制的夏朝正式开启，中国三千多年的专权制度开始了，直到清朝灭亡。

夏启夺了政权之后，国家政局大变，"故诸侯皆去益而朝启"。这"故诸侯"中，只有"有扈氏不服，

陶寺遗址出土朱书扁壶　中国社会科学院考古研究所山西队　供图

启罚之,大战于甘。将战,作《甘誓》。"(《史记·夏本纪》)对有扈氏的灭亡,《淮南子·齐俗训》评价道:"昔有扈氏为义而亡,知义而不知宜也。"仔细阅读,就不禁佩服经典作家的高明反讽与修辞技巧:"义者,循理而行宜也……义者,宜也。"这"义者,宜也"四字,就不啻让《淮南子》在"义"(价值信理)和"宜"(行动把握)两大方面完全站在了有扈氏这边,站在了"为义"的一边;是价值陈述,也是行动礼赞。那么,在"故诸侯皆去益而朝启"的历史时刻,那孤

陶寺遗址出土多孔玉钺

中国社会科学院考古研究所山西队 供图

独求败的"为义"诸侯国——有扈氏为何方神圣呢？

传统上，这本来不是问题，从《史记》"三家注"到《汉书·地理志》《水经注》《说文解字》和《尚书》注皆表明：它位于汉代右扶风的鄠县。

可是，当代学者刘起釪先生在《有扈与甘地点及夏族居地与夏文化之起源》（简称刘文）一文却认为：有扈氏与甘地点位于陕西鄠县是"完全错误的"，其"地点即郑州以北黄河北岸的原武一带"。刘文的大前提是"夏侯氏的活动区域当在较西的山西即晋南一带"。其小前提是夏侯氏的活动方向只能"是逐渐向东发展的"。看过《尚书·禹贡》《史记·夏本纪》的读者，应该都记得大禹治水等活动的足迹既到过甘肃渭河，也到过江汉流域，并且他最后驾崩于浙江会稽山。大小前提皆错！刘文不必讨论了。倒是刘文的潜意识和偏见非常牢固，如"当在较西的山西即晋南一带"这句话，为什么是"较西的山西"呢？立场和结论分明早就有了。可是，如果夏启《甘誓》中"有扈氏威侮五行，怠弃三正，天用剿绝其命"，是客观真实的，那么，有扈氏代表的就是不义和恶人：把一个历史上的不义和恶人之国移地换形到了"晋南一带"的东边又能落什么好呢？刘文写得很精心满意，就是一字不谈"义"。相比之下，古人却把"义"看得非常优先、非常重要！《说文解字》"義"条，就列了两个完全对立的看法：许慎的"义"是"从羊，从我"，墨翟却是"从弗，从羊"。不消说，墨翟与《淮南子》的立场一致：拒绝做羊的有扈氏乃是"义"的一方。

就事实层面讲，古今对尧、舜、禹禅让制都有分歧和争议。《竹书纪年》等文献的记载早已有言在先；单从陶寺文化发掘的一些结果看（例如插入女阴的牛角），这里无疑发生过激烈、残暴的战争。无论陶寺文明的最后归属是尧都、禹城还是舜宫，既首先需要考古事实说话，还得面对"义"的问题。就政治价值说，没有人否认尧、舜、禹禅让制的理想与美好。这种理想与美好的政治价值源自"天意神明"，契合"世道人心"，被凝结成一个"义"字：我是"天意"的温顺之羊，是"神明"的驯服之羊。"美"和"善"皆与"羊"有关，与"义"有关。

**陶寺遗址出土新石器时代玉神面**

问题在于，做一个"天意"的温顺之羊和"神明"的驯服之羊，这与其说是广大臣民的伦理姿态和选择，毋宁首先就是一个君王的职志和使命：天子！因之，判断拒绝做羊的有扈氏是否属于"义"，发表《甘誓》的夏启就是直接的对比一方。关于尧、舜、禹，《尚书》和《史记》都记载了他们大量的政治业绩和辛勤的劳作活动，大禹治水就是突出的一例。可是夏启呢？除了《甘誓》一文，《尚书》和《史记》没有他的任何文字记载。夏禹推举的继承人伯益，同样有许多业绩与辛勤劳作的记载。有扈氏抗议和挑战的必然性和合理性可以略见一斑了。

四千年前华夏民族崛兴之际，尧、舜、禹皆留下了辛勤劳作的文明身影。陶寺遗址可能就是他们劳作的纪念碑和金字塔。在游览陶寺遗址的过程中，亲切熟悉的发掘现场既让人想到三代圣王与辛勤劳动的密切文明关系，也让我多次想起40多年前的劳动情景：秦岭山下平整土地的不远处，就是传说中《甘誓》大战的甘水两岸，属于秦岭七十二峪。10年前我在《神秀终南——秦岭北麓72峪撷胜》一书介绍过它，过去的户县（今陕西鄠邑）还有甘亭镇和三过村：是大禹治水三过家门而不入的寓意村名。汉语成语有"飞扬跋扈"，有扈氏当然是失败了。尽管如此，我仍然认同《淮南子》的说法："昔有扈氏为义而亡"，是"知义"的文明英雄。至于他在伦理行动时机把握上是"宜也"还是"不宜也",我虽然已有自己的答案,还是希望陶寺考古发掘工作能够提供更多的物证来说话。

李百勤

## 2 陶器、玉器、青铜器
## ——晋南晋西文化遗存的演进

我国大约在1万年前进入新石器时代。磨制石器的同时人们开始了陶器的烧制,这是新石器时代的共同特征。新石器时代的早期遗存目前发现甚少,约在7000年前,人类进入新石器时代中期,划分新石器时代分期的主要根据是陶器组合、形制、质地和装饰手法。山西省翼城县枣园遗址和垣曲县东关遗址出土的陶器有钵、盆、壶、罐,它与河北磁山、河南裴李岗、陕西北首岭发现的陶器,共同证明了仰韶文化是黄河中游自生自长的新石器时代中期文化。

距今6000年到4500年黄河流域新石器时代中期,这种文化遍布于山西省的多个市、县、区,数以千计的遗址分布在各条河流的一、二级阶地。这个时期人类定居在大大小小的聚落,居住在半地穴的房子内,地穴多数是圆形的,深1米左右,穴底有一根立柱直达屋顶。穴边排满椽子,向上搭构在中柱上,椽子上铺着厚厚的草秸,使雨水顺着草秸流下,这是人们避风挡雨的房屋。在聚落上,人们饲养猪、羊、鸡、犬等禽畜，人们使用的生产工具是用石器磨制而成的斧、铲、犁等。生活用具除石磨盘、石磨棒、石臼外，主要是各种陶器。在红胎的陶钵、陶盆、陶壶上绘制黑色的动物纹、三角纹、圆点弧线纹、网格纹等。瘦高的尖底瓶是汲水器，周身则施满划纹，许多陶罐和陶釜上则施上绳纹、鋬和附加堆纹。

著名的夏县西阴遗址，是中国考古学奠基人李济先生1926年主持的田间考古工地，这是中国人第一次独立主持的考古发掘，可谓是中国考古学的第一个里程碑。这里发掘出土的陶器是性质单一的仰韶文化典型器物，还发现了半个人工切割的蚕茧。2020年夏县师村仰韶文化遗址发现四枚石雕蚕蛹，说明6000年前养蚕缫丝已走进中国人的生产与生活之中，我们找到了中国丝绸的源头。万荣县荆村仰韶文化遗址上，考古学家卫聚贤先生发掘出已经炭化的高粱颗粒。这里还出土了一枚陶制的埙，这是中国人制造的最早乐器。

距今约4500年至4300年黄河流域进入考古学文化的庙底沟二期文化时期。这个时期黄河流域是北温带农耕文明，其北边有草原文明，南边有水乡文明，东边有海岱文明，西边有陇西文明。庙底沟二期文化时期，明显与南边水乡文明有深度交流。芮城县清凉寺史前墓地出土大量的玉器，包括玉璧、玉琮、玉钺和玉刃。在选材、器类、器形方面，受到南方良渚文化深度影响。这个时期，礼器都是用玉制作的，有人把这个时期称为中国的玉器时代。从年代上看，这是一个承前启后的时代，从空间上看，晋南是一个过渡的地域。庙底沟二期的制玉文化传播到稍后分布更加广阔的龙山文化圈。

龙山文化是黄河流域新石器时代后期的一种考古学文化，其分布范围涵盖了中国北方的大部分区域。其最大的特点是原始的部落向古国过渡，这些古国的标志是一座座城堡的建立。

汾河流域最大的城址是襄汾县陶寺遗址，遗址面积达300万平方米，四周或围以城墙，或隔以壕沟，中部有高大的宫殿区，四面设有高大的城阙。特别是这里发现了观象台。农耕文明最大的需求是历法，国王"授民以时"是最重要的职责，只有在历法确立之后，臣民们才能知道播种与收获的时节。陶寺遗址的观象台是为制定历法建造的。通过历法人们可以分出一年四季，而且能分出二十四节气的维度，这是当时最高的文明成果。涑水河流域最大的龙山文化遗址是绛县周家庄遗址，中心区域也是300万平方米，周匝围以堑壕，壕宽8米，深6米，具有和城墙同样的防御功能。晋西北的保德县地处黄河东岸，在高高的崩梁上修筑了数十座龙山文化时期的城堡，这些城堡都是用石块

陶寺遗址出土玉圭

中国社会科学院考古研究所山西队 供图

砌成的，其修筑方法与黄河右岸的石峁城一样，这些城堡群应是同一部族或同一古国的城堡。

无论晋南的土城，还是晋西北的石砌城堡，在修筑过程中，都具备隆重的祭祀仪式，祭祀神灵的贡品除牺牲外就是玉刀、玉璋、玉璧和玉琮。这些玉器传承了庙底沟二期文化玉器制作的理念和技艺。这个时期城堡林立，标志着古国的存在，使人不难联想到文献记载的炎帝、黄帝、唐尧、虞舜和夏禹的历史。许多历史学家把陕北和晋西北的龙山文化城堡与黄帝联系起来，把襄汾陶寺龙山文化古城址与唐尧联系起来，把绛县周家庄龙山文化古城址与虞舜联系起来。襄汾陶寺与绛县周家庄遗址最后都被二里头文化的人群所使用，学术界大多数人认为二里头文化的时代已经进入了夏文化的纪年范围。

二里头文化因这种性质的文化最早发现于河南偃师县二里头村而得名，在晋南地区较大的二里头文化遗址是夏县的东下冯遗址。二里头遗址与东下冯遗址文化面貌既有时代的相似性，也有地域的差异性，现在较多的说法是二里头文化东下冯类型。自 1975 年起，经过考古发掘，东下冯遗址的地层可以划分为 6 个时期，它的下层有龙山文化埋藏，上层有商代文化遗存，如何与历史文献的记载相联系，目前还在讨论中。东下冯遗址的二里头文化地层中出土了青铜铸造的小刀和小铃铛。这些小物件具有划时代的意义。

历史学家在讨论古代文明社会的标志时，曾列出四个条件，即政权的建立、城堡与宫殿的修建、冶金技术的出现、文字的开始使用。龙山文化时期，距今4300年到4100年已经有王权和城堡。二里头文化又出现金属器物，标志着青铜时代已经到来。近年来考古学家在闻喜县玉坡村千金耙山岭上发现二里头文化时期、商代早期和西周时期的采矿遗址。这些采矿坑道多数是中条山上的明坑。《史记》记载黄帝采首山

**陶寺遗址出土铜铃**

中国社会科学院考古研究所山西队 供图

之铜，铸鼎荆山下。中条山就是首山，在历史上，中条山不同时期、不同地段有不同的名称。千斤耙采铜遗址是目前中国发现最早的采矿遗址。无独有偶，在距中条山五公里之遥的绛县西吴壁村，发现了二里头文化时期、商代和周代的冶炼遗址，这里有炼炉、木炭、矿石和炼渣，这也是中国最早的冶炼遗址，考古实践证明，中国的青铜时代是从晋南起始的。

到了殷商时期，青铜器更是出现于山西西南的大片地域，东有浮山县，西有石楼县，南有平陆、垣曲、闻喜、绛县，北有灵石县，都出过精美的青铜器，其技术与艺术水准，在当时黄河流域已独树一帜。

从晋西、晋南人类活动遗址中，发现的大量陶器、玉器到青铜器的不断迭代发展，非常形象、直观印证了黄河左岸的晋地，已经走出新石器时代，迈入了更为先进的青铜文明。

## 十七
## 万荣东岳庙、万荣稷王庙、后土祠

万荣东岳庙、万荣稷王庙和后土祠在万荣县。

万荣县西隔黄河与陕西省韩城市相望,境内孤峰、稷王两山遥望,黄河、汾河两河交汇。

万荣县系1954年由万泉县与荣河县合并而来。

唐武德三年(620)割稷山、安邑、猗氏、汾阴、龙门5县部分村庄置万泉县。

汉置汾阴县。唐开元十年(722)修后土祠出土宝鼎,遂改汾阴为定鼎县。宋大中祥符四年(1011),改名荣河。

—[行知提示]—

从陶寺遗址沿京昆高速、呼北高速东南行118千米,到达位于万荣县城内西大街的万荣东岳庙,在万荣东岳庙东北约9千米的万荣县南张乡太赵村北有万荣稷王庙。从万荣稷王庙沿万临线或菏宝高速西行约40千米,到达万荣县荣河镇庙前村,后土祠位于该村黄河之滨。

后土祠秋风楼　李国庆　摄影

# ◇ 万荣东岳庙、万荣稷王庙、后土祠简介

## ● 万荣东岳庙

万荣东岳庙，亦称岱庙、泰山庙，位于万荣县城内西大街。1988年被公布为全国重点文物保护单位。

万荣东岳庙创建年代不详，元至元二十八年（1291）至元大德元年（1297）重建，明正德十五年（1520）、万历四十五年（1617）、清乾隆十一年（1746）、咸丰年间屡次修葺。现存建筑占地面积15800平方米，坐北朝南，沿中轴线由南向北依次为山门、飞云楼、午门、献殿、香亭、正殿、阎王殿，存有元、明、清历代修庙碑9通。

飞云楼高23.19米。平面呈方形，三层四滴水，十字歇山式楼顶。二三层皆有勾栏，每面各出抱厦，平面呈十字形。

飞云楼楼体主要荷载由贯穿楼身三层的4根高15.45米通柱支撑，四柱间分层设额枋、间枋、地板枋、穿插枋等多层枋材相连贯，形成庞大的正方形筒式框

**万荣东岳庙飞云楼** 李国庆 摄影

架,作为整个楼阁的骨干。各层飞檐起翘,檐下由不同形制的345组斗拱及全楼大小82条琉璃屋脊和檐头的32个翼角组成。楼身外观玲珑精巧,富有变化。

东岳大帝殿为东岳庙正殿,阔深各五间,平面近方形,重檐歇山顶,斗拱四铺作,上檐单昂,下檐出单抄。前檐石柱收刹较大,殿内梁架多为圆材略加锛砍后制成,元代遗构。

东岳庙总体布局宽舒有序,建筑布局尚存早期建筑中楼塔设置于中轴线前端的规制。其中飞云楼富丽多变、巍巍壮丽之势冠于全庙,飞云楼在建造技术、结构力学与造型艺术方面独具特色，体现了中国古代建筑技艺的高超水平。

桂子作《忆江南·万荣东岳庙》曰：

云飞渡，

泰庙立风中。

汨汨川溪吟折柳，

巍巍山岳送归鸿。

迟暮忆春红。

## ●万荣稷王庙

万荣稷王庙位于万荣县南张乡太赵村北隅。相传上古时后稷始教民稼穑于此，因名稷神山，俗称稷王山，并为纪念后稷而建庙。2001年被公布为全国重点文物保护单位。

万荣稷王庙始创年代失考，其庙内的其他建筑毁于抗日战争时期。现仅存中轴线上的正殿、戏台，虽经重修，仍保留了金元两代的建筑特征。

正殿是稷王庙的主殿，坐北朝南，建于一长方形台基上，台基长23.6米、宽5.85米、高0.4米。大殿面阔五间，进深六椽，建筑面积252平方米。单檐庑殿顶，殿顶筒板瓦覆盖，无通长梁栿，当地称"无梁殿"。

戏台由南北两部分建筑组成,其平面呈"凸"字形。南边建筑面阔五间,进深一间,单檐硬山顶;北边建筑面阔三间,进深一间,单檐歇山顶。南北两部分的建筑在平面、梁架、屋顶方面有机地结合成了一个整体。

万荣稷王庙殿内后壁上镶有元至元年间创修舞台碑碣一通,为研究稷王庙的历史沿革和当地戏曲表演形式提供了宝贵资料。

桂子作《捣练子·稷王庙》曰:

教稼穑,

谷丰登。

百兽相和上五陵。

**万荣稷王庙正殿** 石春兰 摄影

野岸耕耘凝七色,

惠民后稷世传名。

## ●后土祠

后土是中国民间广泛信仰的神祇,总司土地之神。后土祠位于万荣县荣河镇庙前村黄河岸边,是中华神州大地上最古老的祭祀后土(地母)的祠庙。1996年被公布为全国重点文物保护单位。

据祠中保存完好的《历朝立庙致祠实迹碑记》和《蒲州府志》记载,"轩辕氏祀地祇扫地为坛于脽(shuí)上,二帝八员有司,三王方泽岁举"。到汉代,进而形成制度,每三年皇帝都要来这里举行一次大祀。从汉代至宋代,历朝皇帝先后24次在万荣汾阴祭祀后土。明清时皇帝祭祀后土的仪式,迁徙于北京天坛。

后土祠的原址在汾阴脽上,汾阴脽是一条背汾带河的长形土丘高地,长四五里,广二里多,高十余丈。汉武帝所立的后土祠就在这里,汉代的几位皇帝和唐玄宗、宋真宗率领文武百官都是在这里顶礼膜拜。

明代隆庆年间(1567~1572),黄河干流向东摆动,汾阴脽被黄河侵蚀,汾阴脽上的后土祠受到洪流的威胁,随时有被淹没的危险。到明万历末年,后土祠只得往东移建。清顺治十二年(1655),黄河水决,后土祠内的建筑大部分被黄河冲毁,只留下秋风楼和门殿。

康熙元年(1662),黄河再决,连秋风楼也一同淹没于黄河中。康熙二年,后土祠移地重建于今庙前村北。同治六年(1867),后土祠再次被黄河冲毁。同治九年,后土祠再次移建于庙前村北的高崖上,一直留存至今,已有150多年的历史。

后土祠正门　书盦 摄影

现存的后土祠，东西宽 105 米，南北长 240 米，占地面积 25286 平方米。祠内现存建筑有山门、舞台、献殿、正殿、东西五虎殿、秋风楼等。

祠内的舞台由三座舞台前后连缀布列，形成"品"字形格局，为全国独例，至为珍贵。

祠内保存的宋代碑刻《汾阴二圣配飨铭》，是由宋真宗亲自撰写并书丹的碑刻，中国古代由皇帝书丹的碑刻并不多见，因而此碑是中国古代名碑之一。

秋风楼位于正殿之后，凭河而立，崇峻壮丽。楼身分三层，砖木结构，十字歇山顶，高 32.6 米，下部筑以高大的台阶，东西贯通，其上各雕横额一方，东曰"瞻鲁"，西曰"望秦"。正面门额嵌有"汉武帝得鼎"和"宋真宗祈祠"石刻图。三层藏有元至元八年（1271）镌刻汉武帝《秋风辞》碑。

桂子拜谒，有《长相思·后土祠》曰：

叶满枝，

籽满枝。

根祖源头拜谒时，

千年后土祠。

忆秋辞，

咏秋辞。

绕柱环梁心共知，

赏春楼下池。

● 王子今

# 1 秋风楼感怀

临河汾交汇之处的秋风楼，是后人为纪念汉武帝著名歌诗《秋风辞》而修筑的。

毛泽东诗词名作《沁园春·雪》有"惜秦皇汉武，略输文采"文句。汉武帝英雄一生，最终得"武"字谥号，自然是因为在战略策划和军事指挥方面功业显赫，正如清代学者赵翼的评价："帝之雄才大略，正在武功。"（《廿二史札记》卷二"汉书武帝纪赞不言武功"条）然而，班固在《汉书》卷六《武帝纪》最后的赞语中，却全面宣扬他在文治方面的突出成就。班固写道："汉承百王之弊，高祖拨乱反正，文景务在养民，至于稽古礼文之事，犹多阙焉。孝武初立，卓然罢黜百家，表章六经。遂畴咨海内，举其俊茂，与之立功。兴太学，修郊祀，改正朔，定历数，协音律，作诗乐，建封禅，礼百神，绍周后，号令文章，焕焉可述。后嗣得遵洪业，而有三代之风。如武帝之雄材大略，不改文景之恭俭以济斯民，虽《诗》《书》所称何有加焉！"他说，西汉王朝承接前世落后残破的历史遗存，汉高祖刘邦拨乱反正，汉文帝和汉景帝推行与民休息的政策，致力于社会经济的恢复，然而完全顾不上投入太多精力从事文化建设。汉武帝刚刚即位，就罢黜诸子百家杂说，推奖《易》《诗》《书》《春秋》《礼》《乐》等儒学经典。大力聚集海内人才，举用俊杰之士，和他们一同建立伟大功业。兴办太学，改定正朔，修正历法，调和音律，创作诗乐，施行封禅，礼拜百神，使先王的文化绪统有以承继，其号令文章，焕然而多彩。后世子孙遵行这一方向，有三代之风。如汉武帝这般雄材大略，如果不变更汉文帝、汉景帝谦恭简朴的作风，一心为民众谋求利益，那么，以《诗》《书》中的赞词和颂歌来表彰他，也并不过分啊！

班固高度称赞汉武帝的"雄才大略"，但是批评他没有继承"文景之恭俭"的风格。对于汉武帝的武功，除了"举其俊茂，与之立功"句中的"立功"二字可以理解为一种隐约的暗示以外，似乎不愿评价。按照赵翼的说法，"是专赞武帝之文事，而武功则不置一词"（《廿二史札记》卷二"汉书武帝纪赞不言武功"条）。

我们看到，汉武帝不仅在文化建设方面有特别显著的功绩，他本人的文学作品，历代也多有学者加以赞扬。汉武帝的"文采"，在历代帝王群中其实并不"略输"其他人物。

赵翼《廿二史札记》卷四有"汉帝多自作诏"一条，其中说到"汉诏最可观，至今犹诵述"。汉代文辞"可

秋风楼上《秋风辞》木屏　书盒 摄影

观",古今"诵述"的诏书中,有的是"天子自作"。他举的第一个实例,就是汉武帝。这或许也是班固所说"号令文章,焕焉可述"的重要表现之一。《文选》中列有多种文体的作品,其中"诏"一类只收录了两篇,作者都是汉武帝。此外,汉武帝晚年"深陈既往之悔",沉痛检讨自己政治过失的著名的《轮台诏》,显然也是绝不可能由别人代笔的。

淮南王刘安是汉武帝叔父辈的长者,为人酷爱读书奏琴,有特别的艺术专好。他不喜欢到野外游猎以及竞赛犬马之类的贵族游戏,并且组织宾客方术之士数千人,著书《淮南鸿烈传》。这部后世称作《淮南子》的名著,可以与《史记》并列,称作汉武帝时代文化

十七　万荣东岳庙、万荣稷王庙、后土祠 ｜ 379

成就的两座高峰。当时汉武帝醉心于文学艺术，对于刘安的博学好文多艺，从内心予以尊重。汉武帝每次回复他的上书，以及致信刘安的时候，都召司马相如等文士帮助润色草稿，吸收他们的意见，修改定稿之后方才慎重发出。起初刘安入朝，献上《淮南鸿烈传》的内篇，汉武帝予以珍藏，又请他为《离骚》做注解。刘安又向汉武帝献上《颂德》和《长安都国颂》。据《汉书》卷三〇《艺文志》著录，刘安的赋作多达82篇。每次宴会，汉武帝和刘安谈论各种学术作品以及赋颂的创作和欣赏，经常到晚上才能结束。许多人都只知道汉武帝和刘安是激烈角逐最高政治权力的对手，却不了解他们也曾经是有共同爱好的文学之交。

汉武帝对司马相如赋作的倾心欣赏，见于《史记》卷一一七《司马相如列传》的记载："蜀人杨得意为狗监，侍上。上读《子虚赋》而善之，曰：'朕独不得与此人同时哉！'得意曰：'臣邑人司马相如自言为此赋。'上惊，乃召问相如。相如曰：'有是。然此乃诸侯之事，未足观也。请为天子游猎赋，赋成奏之。'上许，令尚书给笔札。相如以'子虚'，虚言也，为楚称；'乌有先生'者，乌有此事也，为齐难；'无是公'者，无是人也，明天子之义。故空藉此三人为辞，以推天子诸侯之苑囿。其卒章归之于节俭，因以风谏。奏之天子，天子大说。"汉武帝"读《子虚赋》而善之，曰：'朕独不得与此人同时哉！'"与秦始皇读韩非论著情节相似。《史记》卷六三《老子韩非列传》有这样的记载："人或传其书至秦。秦王见《孤愤》《五蠹》之书，曰：'嗟乎，寡人得见此人与之游，死不恨矣！'李斯曰：'此韩非之所著书也。'秦因急攻韩。韩王始不用非，及急，乃遣非使秦。秦王悦之。"

《汉书》卷三〇《艺文志》关于赋作的记录中，有"上所自造赋二篇"。唐代学者颜师古以为这里所标示的"上"，就是汉武帝。宋代学者王应麟《汉艺文志考证》卷八道：汉武帝的作品，"《外戚传》有《伤悼李夫人赋》，《文选》有《秋风辞》，《沟洫志》有《瓠子之歌》二章"。清代学者沈钦韩指出，《艺文志》所说汉武帝自己创作的两篇赋，就是《伤李夫人赋》和《秋风辞》。应当注意到，东汉时期成书的《汉书》著录汉武帝所作赋，面对的已经是前代作品，和清代人说乾隆帝诗作不同，不必怀疑记录者心存谀美之心。《隋书》卷三五《经籍志四》著录"《汉武帝集》一卷"，《旧唐书》卷四七《经籍志下》和《新唐书》卷六〇《艺文志四》著录"《汉武帝集》二卷"，更是历经了六七百年时代检验仍然得以保留的文化遗存，当然有值得肯定的价值。

自先秦至于历代诸多帝王，只有汉武帝一人享有这样的光荣。

《文选》卷四五收录了署名"汉武帝"的作品《秋风辞》:"上行幸河东,祠后土。顾视帝京,忻然中流,与群臣饮燕。上欢甚,乃自作《秋风辞》曰:秋风起兮白云飞,草木黄落兮雁南归。兰有秀兮菊有芳,携佳人兮不能忘。泛楼船兮济汾河,横中流兮扬素波。箫鼓鸣兮发棹歌,欢乐极兮哀情多。少壮几时兮奈老何!"其中"携佳人兮不能忘",往往又写作"怀佳人兮不能忘"。

"欢乐极兮哀情多""少壮几时兮奈老何"等句,富有深意。《秋风辞》字句之中楚风饱满,因此有人说"汉武帝《秋风辞》足迹骚人"(《渔洋诗话》卷下),也有人批评:"汉武帝《秋风词》尽蹈袭楚辞,未甚敷畅。"(《诗人玉屑》卷一三)然而其艺术感染力之强,是明白无疑的。唐代诗人李贺《金铜仙人辞汉歌》说:"魏明帝青龙元年八月,诏宫官牵车,西取汉孝武捧露盘仙人,欲立置前殿。宫官既拆盘,仙人临载,乃潸然泪下。唐诸王孙李长吉遂作《金铜仙人辞汉歌》。"诗的第一句即"茂陵刘郎秋风客"。"秋风客"成为汉武帝的代号,正是因为《秋风辞》的缘故。苏轼《过莱州雪后望三山》诗"茂陵秋风客,劝尔麋一杯;帝乡不可期,楚些招归来"句,《安期生》诗"茂陵秋风客,望祀犹蚁蠡;海上如瓜枣,可闻不可逢"句,也是同样的例证。清人王士禛《池北偶谈》

卷一一"飞廉馆瓦"条说到元人王恽就一用汉飞廉馆瓦当制作的砚台写诗,也称汉武帝为"秋风客":"元王文定恽《秋涧集》有《飞廉馆瓦砚歌》,略云'刘郎杳杳秋风客,神乌冥飞忆初格。豹章爵首尾蟠蛇,建章千门风冽冽'云云。"汉武帝得"秋风客"文名,当然是由于《秋风辞》的文学成功。

元代学者刘诜《桂隐文集》卷二《夏道存诗序》写道:"诗之为体",从《诗经》之后,自李陵、苏武《送别河梁》至无名氏《十九首》、曹魏六朝、唐代韦庄和柳宗元为一家,称为"古体"。自汉《柏梁》《秋风辞》逐渐演进到唐代李白和杜甫为一家,称为"歌行"。又说,"古体非笔力遒劲高峭不能,歌行非才情浩荡雄杰不能"。这种说法,肯定了汉武帝诗作表现的"才情浩荡雄杰",也指出了这些作品作为"歌行"一体之起源的地位。又有人说"至汉武帝赋《柏梁》诗而七言之体具"(元稹:《唐故工部员外郎杜君墓系铭》),"七言起于汉武《柏梁》诗"(吴皋:《吾吾类稿·原叙》),从另一个方面指出了汉武帝开创一种新诗体,引领文学创作新风的功绩。

汉武帝除《秋风辞》外,还有其他精彩的赋作。《汉书》卷九七上《外戚传上·孝武李夫人》记载,汉武帝思念李夫人,有方士以方术招其神魂,汉武帝只能遥望,更加相思悲感,于是吟叹著名的诗句:"是邪,非邪?立而望之,偏何姗姗其来迟!"鲁迅《汉文学史纲要》就这一作品曾经有所评价:"随事兴咏,节促意长,殆即所谓新声变曲者也。"宋代学者叶适《习学记言》卷二三《前汉书列传》则将这篇"汉武伤李夫人诗词"和李延年《佳人》歌以及司马相如辞赋等归入一类,提出比较严厉的批评,并且以"孔子曰'吾未见好德如好色者也'"相指责。此中所见对待真实情感的不同态度,其实体现了不同历史阶段时代精神的强烈反差。至于被收入《全汉赋》的唯一一篇汉武帝名下的真正的赋作《李夫人赋》,其中"饰新宫以延贮兮,泯不归乎故乡;惨郁郁其芜秽兮,隐处幽而

**秋风楼上《秋风辞》石碣** 书盒 摄影

怀伤"等句，以及篇末"去彼昭昭，就冥冥兮；既下新宫，不复故庭兮；呜乎哀哉，想魂灵兮"的感叹，感情的真切和文辞的质朴，都是值得赞赏的。

丰富的历史文化信息告知我们，汉武帝可以说是一位中国古代历史上少见的富有"文采"的帝王。班固文化评价"卓然""焕焉"云云，是基本符合历史实际的。而毛泽东词作中所说汉武"略输文采"，则是和"今朝"的"风流人物"相比照，立场全新，视角别异，评价追求奇特，也是因为作者站立在新时代的文化高地上。

汉武帝此次"行幸河东"，是一次非常重要的出巡。《晋书》卷二五《舆服志》说："世宗挺英雄之略，总文景之资，扬霓拂翳，皮轩记鼓，横汾河而祠后土，登甘泉而祭昊天，奉常献仪，谓之大驾，车千乘而骑万匹。"以为"横汾河而祠后土"是这位"雄才大略"的帝王"英雄"政绩的标志性纪念。班固在《汉书》卷六《武帝纪》最后的赞语中称颂汉武帝"雄材大略"，《汉纪》卷六《孝武皇帝纪》写作"雄才大略"，《文选》卷一〇潘安仁《西征赋》李善注引班固《汉书》赞曰也作"雄才大略"，《后汉书》卷七九上《儒林传上·孔僖》李贤注也引作"雄才大略"。

《后汉书》卷六〇上《马融传》载录《广成颂》关于水上航行的文句："方余皇，连舼舟，张云帆，施蜿蟬,靡飓风,陵迅流,发棹歌,纵水讴,淫鱼出,蓍蔡浮,湘灵下,汉女游。"其中"发棹歌",沿袭汉武帝《秋风辞》文句。李贤注:"武帝《秋风辞》曰:'箫鼓鸣兮发棹歌。'"《秋风辞》还写道:"泛楼船兮济汾河,横中流兮扬素波。"其文句显现的生态史信息,今人面对枯瘦的汾水已经难以理解。竺可桢先生发表于1972年的著作《中国近五千年来气候变迁的初步研究》,修正了"秦汉时代黄河流域气候与今相似"的观点。他指出,"在战国时期,气候比现在温暖得多""到了秦朝和前汉(前221~23)气候继续温和""司马迁时亚热带植物的北界比现时推向北方""到东汉时代即公元之初,我国天气有趋于寒冷的趋势,有四次冬天严寒,晚春国都洛阳还降霜降雪,冻死不少穷苦人民。"(《竺可桢文集》,科学出版社,1979年版,第495页)我们现在看,不仅"汾河"不能"泛楼船",黄河干流的水文状态也难以承负大型舟航。汉武帝时代气候条件较现今温暖湿润。东汉以来气候转而干冷(王子今:《秦汉时期气候变迁的历史学考察》,《历史研究》1995年第2期)。黄河和汾河水势的历史变化,原因比较复杂。除了气候变迁的因素而外,经济的发展以及人为的负面作用,也是水资源形势恶化的重要原因。

高从宜

## 2 瞻鲁望秦 河汾万荣

万荣县位于汾河与黄河交汇处的黄河东岸,地处华北、西北、中原三大地域连接处的山西省西南部,运城市西北部。万荣县西濒黄河与陕西省合阳县、韩城市相望,南屏孤峰山与临猗县、盐湖区相连,东峙稷王山与闻喜县相接,北有峨嵋台地与河津市相邻。

河流是文明的发祥地,河流相遇的三角洲更是文明发祥的胜地。黄河与汾河相遇的三角洲,正是万荣县地理的突出特征与形象概括。万荣县历史名胜众多,最有名的当推后土祠。

后土祠建在万荣县西黄河岸边的庙前村,1996年被国务院确定为全国重点文物保护单位,占地面积25000多平方米,是最古老的祭祀后土女娲氏的祠庙。

"后土"一词在先秦和秦汉典籍中有许多记载。《左传·熹公十五年》"君覆后土而戴皇天",与《楚辞·九辩》"皇天淫溢而秋霖兮,后土何时而得漧",其所指均是与皇天(上帝、天帝、天)对偶语境中的后土(地祇、社神、地)概念。差别是,《左传》中的"君覆后土而戴皇天"表达的是天地之间以及天地和人（君）之间的和谐吉祥；《楚辞》的"皇天淫溢而秋霖兮，后土何时而得漮"恰好相反，表达的是天地之间的冲突和紧张：这显然源于人自身的危机境况。《左传》式的"后土皇天"对举，衍生出后世诸天地、阴阳和父母的对偶语用和概念，如后土地母（雅）、圣母（雅）和后土老母（俗）、娘娘（俗）等。女娲与后土娘娘的兼融，成为稳定而普遍的女神圣母形象——万荣后土祠就是专门祭祀后土女娲氏的场所。

同时，在天地、阴阳对举之后，后土地母又在五行学说中获得了相佐黄帝的中央位置："中央土也，其帝黄帝，其佐后土，执绳而治四方"，"中央之极……黄帝、后土之所司者，万二千里"（《淮南子·时则》）。《礼记·月令》也称："中央土，其帝黄帝、其神后土。"

万荣后土祠也就在专门祭祀后土女娲氏的基础上，成了后土女娲氏祭祀的中心庙宇和中央圣殿。汉武帝在此创制后土祠的缘由，大致就出于后土作为地母与圣母的双重形象。

《史记·孝武本纪》载："其明年冬，天子郊雍。议曰：今上帝朕亲郊，而后土毋祀，则礼不答也。有司与太史公、祠官宽舒等议：天地牲角茧栗。今陛下亲祀后土，后土宜于泽中圜丘为五坛，坛一黄犊太牢具，已祠尽瘗（yì），而从祠衣上黄。于是天子遂东，始立后土祠汾阴脽上，如宽舒等议。上亲望拜，如上

后土祠供奉的后土娘娘　书盒 摄影

帝礼。"

据后土祠原馆长柴化安《话说后土祠》介绍，汉武帝选择汾阴祭祀地神还有三个因素：一是与黄河母亲河形象的文化人类学观念有关，二是与后土祠地理地貌的女性生殖崇拜有关，三是与汾阴得鼎永生的黄帝情结和信仰有关。汉武帝既是祭祀后土祠制度的创立者，又是帝王中祭祀后土的次数最多者，并以"武帝"的赫赫大名在后土祠写下了《秋风辞》的文辞：

> 秋风起兮白云飞，草木黄落兮雁南归。
> 兰有秀兮菊有芳，怀佳人兮不能忘。
> 泛楼船兮济汾河，横中流兮扬素波。
> 箫鼓鸣兮发棹歌，欢乐极兮哀情多。
> 少壮几时兮奈老何！

中国上古的祭祀礼仪，据《尚书·尧典》"肆类于上帝，禋于六宗，望于山川，遍于群神"看，最高的神明首先属于上帝，其次便是"六宗"。"六宗"者，即春、夏、秋、冬与天地六种祭拜对象的合称。春、夏、秋、冬的四季神与东、南、西、北的四方神具有对应关联。秋季神对应着西方神，即少皞金天王。少皞金天王是西岳华山的主神，距离汾阴后土祠仅一河之隔。汉武帝创立西岳庙，同时又创立了后土祠。这是四季神与四方神对应关联性的理念信仰所决定下的意识形态和国家礼仪。据记载，汉武帝祭祀后土祠、撰写《秋风辞》时约五十岁。人到五十宛若四季之秋天，大半已过，暮年时至。汉武帝多次来到后土祠，大概有挽留时光、古杨重茂的寓意和希望。

《秋风辞》中，五十岁的汉武帝一方面叹息"欢乐极兮哀情多。少壮几时兮奈老何"，一方面"怀佳人兮不能忘。泛楼船兮济汾河"。《秋风辞》的中心和关键就在"怀佳人兮不能忘"一句。"佳人"者谁？历代研究者有指认李夫人者、赵夫人者，还有推测某位神秘邂逅的佳丽者。其实，"泛楼船兮济汾河"就已经把这位佳人推到了我们面前：她就是后土祠的主神——后土娘娘或后土圣母。称之为后土娘娘，源于秦汉流行的阴阳男女双修长生，汉画像砖上的女娲伏羲交尾图像有太多物证，此即"怀佳人兮不能忘"的缘起背景。称之为后土圣母，源于女娲是天上女神，是返老还童的灵源母亲。"汉代人才将伏羲、女娲双蛇交尾的形象刻画在送魂的旌幡和墓壁上，为的是指引亡灵重返创世时刻，获得再生。"（吕微《楚地帛书、敦煌残卷与佛教伪经中的伏羲女娲故事》）用《老子》的话讲，即所谓"吾独异于人，而贵食于母"。汉武帝《秋风辞》中的内容：一是欢乐极兮中的"怀佳人"，一是少壮不再"哀情多"之际向后土圣母的乞怜和祷告：希望奇迹出现，希望重返春天。而后者，正是撰写《秋风辞》之时汉武帝的心病和心情，是《秋风辞》

秋风楼 "瞻鲁" 题额　书盒 摄影

的重心和中心。

由于汉武帝撰写《秋风辞》，秋风楼也就成了后土祠的主要建筑与地标。秋风楼位于后土祠的大殿之后，凭河而立，崇峻壮丽。楼身分三层，砖木结构，十字歇山顶，高数十米，下部筑以高大的台阶，东西贯通。其上各雕横额一方，东曰"瞻鲁"，西曰"望秦"。

"瞻鲁""望秦"式的祭天拜地起源很早，几乎与华夏民族同在。《尚书·尧典》有"四岳"的专名与专职，有"岁二月，东巡守，至于岱宗"和"八月西巡守，至于西岳"的明确记录。这是文献中最早的"瞻鲁""望秦"。源于此，民国时期傅斯年有《夷夏东西说》的名作。2020年，考古学家李新伟有《东西对峙，何处中原》的喟叹。《尚书·尧典》中仅有"东南西北"的"四岳"，那么中岳呢？《尚书·尧典》时代还没有出现"中岳"概念。"中岳"的概念大概要迟到战国邹衍五行说流行才出现。如果说《尚书·尧典》时代有"中岳"概念的话，那么实际的"中岳"也只能位于天上。

其一，《尚书·尧典》祭祀"四岳"的"巡守"路线是"东、南、西、北"。尧舜"东南西北"的"巡守"路线，源自天文上北斗"东南西北"的天象。"天垂象，圣人则之"是华夏文明发祥的基本原则和思想语法。

秋风楼"瞻鲁"题额

秋风楼"望秦"题额

其二,《尚书·尧典》中有大量"乃命羲和,钦若昊天,历象日月星辰,敬授民时"的文字内容,是"天垂象,圣人则之"思想语法的明证和敞开。中国天文学有历史悠久、流传广泛的"青龙"(东)、"朱雀"

（南）、"白虎"（西）、"玄武"（北）的"四象说"，从一个侧面诠释了《尚书·尧典》的"四岳"概念。

其三，被视作"尧都"的陶寺考古发掘，已经确认了天文台遗址。这是《尚书·尧典》"乃命羲和，钦若昊天，历象日月星辰，敬授民时"的实物证据与支撑。"乃命羲和，钦若昊天"的文明发祥意义，已经引起愈来愈多的关注。

其四，"青龙"（东）、"朱雀"（南）、"白虎"（西）、"玄武"（北）的"四象"，其围绕的中心即北斗星和北极星，也叫中宫紫薇垣。《尚书纬》指出："北斗居天之中，当昆仑之上。"《尚书·尧典》时代的"中岳"，其天文分野对应下的地点，正是北斗星和北极星闪烁下的"昆仑"，也叫"神州"。《尚书·尧典》时代的"中岳"位于天上，即《山海经》渲染、铺陈的"昆仑"。

其五，《诗话》曾说："唐虞四岳，至周始有五岳。"大约周平王东迁之后，开始出现了中岳概念。据巫鸿《五岳的冲突》研究："五岳一词首先出现于《周礼·大宗伯》，但作者没有指出五岳的山名。《礼记·王制》也提及'五岳'一词，但王制的撰写年代在西汉时期。"作者还指出："'五岳'系统的出现——不仅仅是出现'五岳'这一术语，而是指名道姓有五座山脉的名称——是在《尔雅》中被首先提及的。"《尔雅》的写作年代，《五岳的冲突》明确定于战国时期。不过，在《尔雅》的五岳系统中，嵩山仍然没有出现；占据中岳位置的，是后来定格为西岳的华山。大概就是在华山被定格为中岳这一历史时期，选择汾阴万荣祭祀后土的历史活动开始出现了。（1）在中岳华山祭祀天帝，而在华山不远处的汾阴万荣选择地点祭祀地神，这是皇天后土的对应性原理。（2）五岳是伴随战国时期邹衍五行观念出现的。在邹衍五行观念中，"土"为中。不仅后土祠秋风楼上的镂刻是东曰"瞻鲁"、西曰"望秦"，万荣县城的东城门书写的也是"仰泰岱"，西城门书写的则是"望豳岐"。"仰泰岱"即"瞻鲁"。"豳岐"即周朝发祥的陕西宝鸡一带，对应着《尔雅》五岳系统中的西岳华山。"望豳岐"的意思就是"望秦"。它们可能暗示了一个久被湮没的文明传统：这里可能才是《尚书·尧典》时代的"中岳"处所吧。

几天来与我们一同考察运城文化遗产的李百勤先生（原运城市文物旅游局副局长）就是万荣人。他既有丰厚的考古专业学识，又有"解甲归田"的亲切感情。最后一天的中午，李先生特意安排了一个恳谈会。在后土祠会议室，一幅"瞻鲁望秦"的书法作品再次让我们体味到源远流长、意味深沉的"秦晋之好"。"秦晋之好"不仅是历史长河中一段特有交往的忠实记录，更是黄河晋陕峡谷所孕育的文明美谈。后土祠与西岳庙仅一河之隔，后土祠东边不远处建有东岳庙。"中岳"的寓意是深沉和明显的。在"地法天"的古代，"中岳"源于"中天"，"中天"对应着"地中"。"地中"是祭拜地母的地方，是《老子》所言的"玄牝之门"，历史选择了汾阴万荣的后土祠。"天子源于天皇地母"，黄帝来此给玄母扫地，汉武帝来此拜母就非常自然了。

而在天文分野理论的视界中，黄河对应着银河。银河既联通着牛郎和织女，又联通着南极和北极。万荣县距离后土祠不远有高禖庙，是牛郎和织女幸福爱情的发祥地。南极和北极联通着的则是人的生死奥秘和解答，考古学已经发现了头顶南斗星（南极）、脚

万荣东岳庙岱岳殿  书盦 摄影

踩北斗星（北极）的女巫图像。黄河东岸后土祠的历史文化，既关涉天文层面银河星移的夜未央，又指涉地理视野黄河流淌的水中央。黄河风陵渡口的女娲庙，《史记》中叫作封陵，原本是水中央沙洲上的封陵。屈原《河伯》写道，"紫贝阙兮珠宫,灵何为兮水中"（紫贝城阙的珍珠宝殿，河神为何住在水中央）。希腊神话中，美神阿芙洛狄忒同样也诞生于"紫贝城阙""珍珠宝殿"的水中央。《诗经·蒹葭》原是秦风中平民追求爱侣而不及的《秋风辞》，叹曰："所谓伊人，在水一方。溯游从之，宛在水中央。"除了"水中央"，诗中还有"宛在水中坻"（水中滩）和"宛在水中沚"（水中洲）的一唱三叹和无尽惆怅。这与汉武帝写给后土圣母的《秋风辞》有着几乎相同的秋思、秋愁，是神理相同的秋神哀歌。《庄子·秋水篇》就用河伯"望洋兴叹"的故事直接表达这一生命有限、留恋无限的惆怅与无奈了。

中条山山脚的地理位置，让后土祠在"水中央"的指涉外，最直观地标示着它的"地中央"身份。南北方向上，后土祠处于中条山西指的"水中央"。秋风楼上的东曰"瞻鲁"西曰"望秦"，则强化着后土祠在东西方向上的地中央身份。后土祠的地标意义就是：它突显着华夏历史文化上"地母居中"的信仰和神理。山西运城市的文化旅游宣传册上突出地写着"古中国"或"最早中国"。秋风楼上的东曰"瞻鲁"、西曰"望秦",还有万荣县城楼上写的东"仰泰岱",西"望豳岐",正是"古中国""最早中国"的文明记忆与精神缅怀吧,是孔子之儒(东)与老子之道(西)的思想互补、今世和来生的中和诉求吧。后土祠周围高禖庙、东岳庙的建筑格局也暗示了它吧!

## 3 后土祠出土的青铜器

后土祠所在的地方,原来叫"汾脽"。据《说文解字》,脽的意思,就是现在的通行字"臀"。用在地名,指的是一个隆起的地方。《水经注》卷六"汾水"如此描述:"(汾)水南有长阜,背汾带河,阜长四五里,广二里余,高十丈,汾水历其阴,西入河。《汉书》谓之汾阴脽。"我们能够想象,所谓汾脽,就是在汾河入黄处的一道土岗,因其在两条河流交汇处,而引人注目。

《水经注》在描述了地貌之后,接着记载了关于此处的人文历史:"汾阴男子公孙祥望气,宝物之精上见,祥言之于武帝,武帝于水获宝鼎焉。迁于甘泉宫,改其年曰元鼎,即此处。"就是说,这个地方在汉武帝时出过青铜宝鼎,因此而有元鼎的年号。

《汉书·武帝纪》元鼎元年(前116)有记载,"得鼎汾水上"。应劭曰:"得宝鼎故,因是改元。"

《汉书·郊祀志》记载,在元鼎四年(前113)六月,后土祠旁又出土宝鼎,"其夏六月,汾阴巫锦为民祠魏脽后土营旁,见地如钩状,掊视得鼎。鼎大异于众鼎，文镂无款识"。此处又有"魏脽"的名称，是因为其地战国属魏。此鼎"文镂无款识"，即纹饰华美，却没有铭文，这大致是春秋末到战国初年这个阶段青铜器的特点。特别用了"魏脽"的地名，似乎暗示此鼎为魏国之器。因为没有铭文，不好做出明确的判断。

唐代在此处也出土过宝鼎，还因此将县名改为宝鼎县。《旧唐书·地理志》载："宝鼎，汉汾阴县。……开元十一年，玄宗祀后土，获宝鼎，因改为宝鼎。"

一次改年号，一次改县名，后土祠出土青铜器在历史上打下的印记很深刻。

清代同治年间，这里又出一批青铜器。光绪《山西通志·金石记》载："同治庚午（九年，1870）荣河（今万荣）后土祠侧河岸圮所出。凡古钟十二，并为县人寻上舍銮泰得之。其一有铭，重百二十斤。"

此处所谓有铭文的一件铜器，后为潘祖荫所收藏，著录在他的《攀古楼彝器款识》中，注明是"同治庚午四月山西荣河县后土祠旁河岸圮出"，名为"齐镈"。后来有很多著录、研究，又命"齐侯镈"，现在通行的名称是"鰰镈"。该器现藏国家博物馆，体型很大，高 67 厘米，重 65 千克，和《山西通志》所记重量差不多。据吴镇烽《商周青铜器铭文暨图像集成》，铭文共 175 字，姑且以通行文字录出：

唯王五月初吉丁亥，齐辟鲍叔之孙，齐仲之

子輪，作子仲姜宝镈，用祈侯氏永命，万年令保其身，用享用孝于皇祖圣叔、皇妣圣姜，于皇祖有成惠叔、皇妣有成惠姜、皇考齐仲、皇母，用祈寿老毋死，保吾兄弟，用求考命、弥生，肃肃义政，保吾子姓。鲍书有成劳于齐邦，侯氏赐之邑二百又九十又九邑，与鄩之民人都鄙。侯氏从告之曰：世万至于台孙子，勿或渝改。鲍子輪曰：余弥心畏忌，余四事是以，余为大攻厄、太史、大徒、太宰，是以可使，子子孙孙，永保用享。

这是一件春秋中期的齐国重器，器主是齐国宗室，而出土于晋国之地。

同时出土的其他几件铜钟，则有信息混乱之感。同治年间就收得其中若干件铜钟的潘祖荫，在《攀古楼彝器款识》中著录四件，命名为"邵钟"，说"此钟咸丰间河岸出土"。

后来吴大澂的《愙斋集古录》著录"邵钟"七件，说"是钟出山西荣河县后土祠旁河岸中。同治初年，圯出古器甚伙，长安贾人雷姓获钟大小十二器，皆同文。英兰坡中丞荣购得其十，后归潘伯寅师九器，大澂得其一"。潘祖荫字伯寅，他的《攀古楼彝器款识》是同治十一年刊刻，可知这批铜器在二三年间就倒手数次了。从铜器出土到出版公开信息，却是十分快捷。

当时转手倒卖，传言纷繁，信息不确，这是可以

《攀古楼彝器款识》书影

理解的。综合各家所言，"邵钟"和"䚘镈"就是同时出土的。不过《山西通志》记载总共 12 件，吴大澂说"邵钟"就是 12 件，连"䚘镈"就是 13 件了。这 12 件"钟"，现在分别收藏于三处，上海博物馆收藏 10 件，台北故宫博物院 1 件，大英博物馆 1 件。这些都著录于吴镇烽《商周青铜器铭文暨图像集成》中，从大到小依次编为 1 至 12 号，名为"邵黛钟（吕㷙钟）"，最大的高 43 厘米，重 9 千克；最小的高 24 厘米，重 2.59 千克。这一列编钟，每件都有铭文，内容相同，今以通行文字录出：

> 唯王正月初吉丁亥，吕㷙曰：余毕公之孙，
> 吕伯之子，余颉冈事君，余狩乩武，作为余钟，

玄镠镱铝，大钟八肆，其篷四堵，矫矫其宠。既伸畅虞，大钟既悬，玉镱鼍鼓。余不敢为骄，我以享孝，乐我先祖，以祈眉寿。世世子孙，永以为宝。

王国维《观堂集林》中有《邵钟跋》，说铭文中之邵，即吕字，指的是晋国魏氏。在史籍中，晋大夫魏锜称吕锜，其子魏相也称吕相，又称吕宣子，就是最好的证明。《史记·魏世家》载魏氏出于毕公，铭文中自称是"毕公之孙"，也是明证。王国维又特别指出出土地点与铭文内容的联系："此器出荣河者，盖春秋时魏氏采地实奄有河东之半，自河北（原注：春秋前魏国故地）以北、永安以南、安邑以西，西讫于河，皆魏地也。……今荣河为汉之汾阴县地，介永安与河北之间，魏氏之器出土此，固其所也。"王国维说的河北是汉代县名，治所在今芮城县古魏城，现在是国家级文物保护单位，那里是魏氏最早的封地；永安也是汉代县名，即今霍州；汉代安邑县治所在是今夏县禹王城，也是一处国家级文物保护单位。用今天的地理区划来说，大致相当于临汾市、运城市辖区沿南同蒲铁路一线西至黄河，都是魏氏的地盘。魏氏之器出在魏氏地盘，最是合情合理了。

1958年，这里又出过青铜器。这年3月，黄河上行船的船工看到30米高的河岸断崖上有青铜器露出，他们拣出铜鼎、罍、鬲等 20 余件，山西省文物管理委员会得知后，即派工作人员前往抢救、保护。当年 12 月，杨富斗先生就在《文物参考资料》上发表了《山西万荣县庙前村的战国墓》，报道这次发现铜器的场地，是一座战国时期的长方形土坑竖穴木椁墓，主要收获是铜鼎 9、铜钟 9、铜尊 1、铜罍 2、铜鉴 2、铜匜 1、铜簋 2、石磬 10。青铜器全都没有铭文，而且器壁极薄，大都被坍塌的椁顶砸毁，破碎不堪，完整的仅有 6 件铜钟。

1961 年，又在附近贾家崖的黄河断崖上发现数十件青铜器，能够辨认出器形的有 50 余件，有鼎、鬲、簠、锜、鉴、甬钟等，由于保存状况不好，这批铜器直到三十多年后，才择要介绍在 1994 年出版的《三晋考古》第 1 辑中，附于《万荣县东周墓葬发掘收获》的末尾，仅描述 5 件器物，一壶、一豆、一缶、一戈、一钟，其余则一笔带过。

然而在这批铜器里，有两件当时即受到重视，张颔先生在 1962 年的《文物》第 4、5 期合刊上发表《山西万荣出土错金鸟书戈铭文考释》，对其重点进行了研究。这两件错金鸟书戈一模一样，铭文为"王子于之用戈"。张先生除考释文字之外，重点说了两个问题：一个是说"王子于"就是吴王僚，吴王僚又名州于，古书记载有名字中省略一字的例子，没称王之前是王子,此器肯定制作于那个时间段,所以"王子于之用戈"正是吴王僚还没上位时候的自用兵器,错金鸟篆,非常华美,也符合其身份;另一个是说吴国与晋国关系密切,吴器在晋地出土颇多,印证史书上记载的交往,说明春秋时期南北两地的交流已经很顺畅、很频繁。

张颔先生的考证成果得到了老辈学者容庚先生的肯定,在1964年发表重新修订的《鸟书考》中采纳了张说。为此,张颔先生于1982年预备为容庚先生庆祝九十寿诞时,特意创作了一首古风长诗,诗名《僚戈之歌》:

> 魏脽之土滨黄河,立如削壁高嵯峨,
> 揭来二千五百岁,朝朝暮暮黄水波。
> 戊戌深冬日南至,古冢掊出双铜戈,

山西万荣出土错金鸟书戈

斑痕点点凝寒水，刃锋不钝发硎磨。
奇篆鸟书黄金错，仓颉史籀难遮罗。
但见鸿鹄振羽翼，似闻鹫鹫鸣枝柯。
我幸有会释奇字，王僚之名无差讹。
吴晋邦交融水乳，直是葭莩杂茑萝，
乘车之盟兵车会，往来星使相驰梭，
馆娃宫圮延陵散，挟持宗物迁滹沱。
三晋水土沉埋广，吉金所获吴偏多，
夫差御鉴阖闾剑，皆出代郡黄山阿，
于今更有僚戈见，足征史载不偏颇。
东莞巨公名当世，钟鼎甲骨精摩挲，
淋漓大笔鸟书考，巨细弗使龃漏过，
在于僚戈当不弃，置诸吴器第一科。
回首浩劫十年乱，风雨南北同漩涡，
时逢嘉安国运转，仁寿得以养天和，
欣闻容翁庆九秩，数千里外踏长歌。

前辈学者风流蕴藉，令人神往。

1961年收缴了断崖上发现的青铜器之后，山西省文物管理委员会再次派人做考古调查勘探，发现睸上是很大一处墓地，总面积约25万平方米，当年发掘了三座墓，第二年在临近黄河处发掘了34座，其中有三座在发掘过程中被黄河冲毁。前已提及的《万荣县东周墓葬发掘收获》，主要是报道这次发掘的成果。

虽然收获也不少，各种铜器有230件，但是都没有铭文，并无"镈""钟"那样的重器，也不如"王子于用戈"亦即"僚戈"那样华美而有故事，因而默默无闻。

风闻20世纪80年代后土祠附近还出过青铜器，然而盗掘贩卖，其事隐秘，扑朔迷离，难得实据。

汾阴脽因有后土祠而知名，但用考古学的眼光看，祭祀后土之前却是古人中意的墓葬区。出土重要器物的墓葬，一定是高等级墓葬。墓葬区后来变身为朝廷举办祭祀大典的特定场所，所谓沧海桑田，也不过如此吧。

## 十八
## 李家大院

李家大院在万荣县高村镇阎景村。

― [行知提示] ―

　　从位于黄河左岸边的万荣县后土祠,沿菏宝高速、呼北高速东南行约36千米,到达万荣县高村镇阎景村,李家大院即在该村。

李家大院内典型中式对称格局的院落

李国庆 摄影

## ◇ 李家大院简介

　　李家大院位于万荣县高村镇闫景村，始建于清道光年间。整个建筑布局为一组竖井式聚财型四合院，以二进、三进院落为主，是一处反映晋南民居风格的典型建筑群，同时又吸纳了徽式建筑风格。现存院落

李家大院堡门（外侧）

11组，房屋190间，以及祠堂、花园、作坊、马房等。景区占地面积近1000亩，建筑面积10万多平方米。万荣县李家大院与祁县乔家大院、灵石县王家大院并称为"晋商三蒂莲"，素有"乔家看名，王家看院，李家看善"之说。

李氏家族的先祖迁居闫景村后，农耕持家之余，开始兼营小手工，织卖土布，走街串巷。经过几代人辛勤努力，家底日益殷实，打下了从商的基础，并日益扩大经商事业，逐渐发展为晋西南地区的巨商大贾。到了清末又投资兴办并经营山西的近代工业实业。可谓由农转商，由商入工，从而成长为中国近代的爱国民族资本家。李家三代10位当家人百年行善，急公好义，富能济世，为晋商留下了宝贵的精神财富。

李家大院中的建筑，运用了大量精致的木雕、砖雕、石雕、铁艺饰品等艺术，内容主题有民间传统的多子多福、五福临门、松鹤延年、耕读传家、富贵平安等吉祥含义，将晋南地域风俗文化、艺术审美、思想伦理等渗透到建筑当中。因西院院主李道行（李子用）曾留学英国，并娶英国女子麦克蒂伦为妻，同时也吸纳了西方文化，使李家大院融入了西方建筑文化元素。部分院落借鉴了欧洲"哥特式"建筑风格，与晋南特色的中式木雕、砖雕、石雕、门楼、匾额巧妙合璧；部分建筑还采用了类似日式"推拉门"的式样，与院内南方徽派建筑典型的"马头墙"辉映成趣。李家大院的建筑堪称南北特色兼备,中外风格融合,与寻常北方古民居相比,在建筑风格与气质上,确有不同之处。

李家大院的文化特色不仅仅表现在建筑上,更主要是表现在李氏家族的"善行义举"上。李家把"以仁制利""怀义去利"作为经商理念,乐善好施,广做善事,行善助人,代代相继,终以慈善名扬天下,给李氏家族带来了百年社会美誉。

"一经楼"(局部) 石春兰 摄影

万荣县李家大院内院门壁　李国庆　摄影

张占民

# 1 晋南民居建筑的活化石
## ——访万荣李家大院

山西古建筑称冠全国，而地处晋南万荣县的李家大院尤称一绝。万荣县于 1954 年由万泉县和荣河县合并而成。本次参加"沿黄考察"有机会走进李家大院，不仅感受到李家大院各类建筑的神奇魅力，也深刻接受了一次"善"文化的精神洗礼。李家大院始建于清代道光元年（1821），成于民国二十四年（1935），它是晋南民居建筑活化石，是李家百年商业帝国崛起的写照，是一处镌刻在砖石土木上的史书。值得社会学、建筑学、民俗艺术等不同领域专家学人研读探索，其艺术与历史文化价值不言而喻。

李家大院的建筑有何亮点呢？

### 一、门楼匾额，典雅崇文

北门为正门，门楼呈"品"字形结构，堡门居中靠前，两边各有一仿古楼台，主次分明。北门堡门高 15.9 米，宽 22.8 米，面宽七间，进深五间，为一层重檐挂耳式歇山建筑。堡门共分 3 层，底部为 2 层砖墙，设3个圆拱门,上有2层木建筑,门前有一对大石狮。正门中间拱门门额砖刻"广善门",二楼匾额书"李家大院",三楼重檐下匾额书"慈善世家"。门洞两边悬挂对联一副,上联:"一部沧桑身后留画梁几许依山独秀";下联:"百年风雨门前有善亩万千与我同耕"。门楼背面拱门刻有"北寿门"三字,二楼重檐下颜题"修德为善"字,三楼重檐下匾额书"惟善为宝"字(山西省晋商文化基金会编:《晋南李氏家族发家行善史》,三晋出版社,2019年版)。门楼题词及对联内容无不彰显李家人的精神追求与境界。

## 二、南北融合,别具一格

进入大门是一条近百米长的"善道",善道两旁竖立有晋南历代拴马桩180余根,以及晋南历代精美的石雕马槽、柱础、夹门石、供桌等建筑构件,是研究晋南石雕艺术的绝好资料。善道尽头迎面竖立一字形砖雕影壁,影壁雕刻"麒麟踏八宝""鹤鹿同春""松鹤延年"等浮雕图案。影壁后是一座清代早期风格的功德堂,穿过其后便是李家大院的主体建筑群。原有院落20组,另有花园别墅等,现存院落11组,房屋290间。李家大院建筑群为竖井式聚财型四合院,有二进院、三进院、四进院不同规格,院落结构均为前窄后宽的"棺材型"。当地风俗、风水认为前窄后宽可聚财,"棺材"也与官、财谐音,寓意子孙升官发财。南方"徽式"建筑的典型代表马头墙,在院落中被广泛应用,既可防火防盗,也为呆板的墙体增添了一份动态美感。院落下水道、石槽散水、暗道、柴门、厕所一应俱全,尤其门上防盗机关不可思议,例如"同德堂"大门暗藏6道机关,进门先打开铁链扣上的明锁,暗锁开启用曲别针大小的钥匙塞进门上部梅花状小孔里,左回右拨弹出葫芦形铁片,再用另一把钥匙

"自明堂"院落

从铁片孔内打开门的铁栓,方可开门,关门同样有3道机关。

## 三、中西合璧,独领风骚

李家大院最大特点是吸收了西洋建筑风格。如"同富堂"院落大门借鉴了欧洲"哥特式"高、直、尖建筑风格。"自明堂"更是一座中西合璧式建筑。

"自明堂"院落建成于民国十七年(1928),院落凭崖而建,由砖砌窑洞、三省台及一排挑梁式阁楼组成。阁楼设计精巧,有前廊功能,又节省材料,此楼上下两层,一楼居住,二楼藏书。整体建筑为砖木石混合结构,面阔12间,进深3椽,双坡硬山式,前带挑廊,檐下无斗拱。门窗皆为尖形和拱形,采光通风俱佳,并吸收了日式推拉门技术,形成与传统四合院迥然不同的风格,让人耳目一新。上院西侧建有门楼,门楼外形轮廓也具有欧洲"哥特式"建筑风格,线条轻快,造型挺秀,反映了宅院中西合璧的建筑理念。融西洋风格、传统建筑于一体正是李家大院独有之特色。

## 四、木石砖雕,堪称一绝

李家大院的木雕大部分是在梁头、斗拱、额枋与正心桁之间的垫板部位,以镂空高浮雕为主。图案富

院内门厅上有装饰精美的木雕、砖雕、石雕

于变化,造型手法各异。层次丰富质感强,数量众多不雷同。其中有麒麟送子、二龙庆寿、海马朝阳、鹿鹤同春、仙人骑鹤、犀牛望月、锦鸡牡丹等多种主题内容。木雕通过人物、动物组成特定情节的整幅图案,引用典故、神话传说、民间故事表达了商人发家致富、光宗耀祖的思想,也反映了儒道互补的价值追求及泛神崇拜。

柱础石雕以浅雕为主，偶尔杂以镂空、高浮，每组图案自成一体，或人物故事或吉祥图案或花鸟山水，无不生动活泼，刀法娴熟，线条明快，俊秀潇洒。其中私塾院北房前檐的柱础石最具代表性，其底层刻兽头兽足，二层雕行龙灵芝，三层雕5只蝙蝠，四层雕仰覆莲花，上层鼓形部分阳刻不同形体"寿"字，鼓面作仿铁处理。南房有海马朝阳、犀牛望月、二龙庆寿等图案，寓意主人对香火旺盛、富贵平安、人丁兴旺的祈盼和向往。

砖雕作品如房脊的鸱吻、吉兽和雕花护脊，造型优美，线条娴熟，刀法细腻，堪称精品。廊壁砖雕既有传统的"龟背图""吉祥图"以及佛道故事，又有花卉鸟兽和干鲜果品等极具地方特色的内容。最具特色的月亮门楼砖雕，如仿木斗拱、梁枋、檐椽砖雕精妙绝伦，北面12幅砖雕瑞兽图案，南面12幅花草和乐器。古院砖雕图案由福、寿、喜、禄、祯、祥团花组成。"龟背图"四周刻有万字拐，寓意"万字不到头""万寿无疆"，龟背和铜钱组合的纹饰寓意寿长而财旺。房屋借鉴苏州式样彩绘技法，雕梁画栋增强了艺术感染力。

## 五、仁善为本，唯善永存

有人总结"乔家看名，王家看院，李家看善"，

**百善影壁、内院门楼**

此言不虚。大善无言,大爱无疆,李家人用行动诠释了什么是从善如流。服务商业、造福民众是李家坚守的理念。

李家大院巷道西端有一罕见的百善影壁,中间一砖雕大"善"字,周围正、草、隶、篆365个砖雕"善"字。它无声地告诫李家子孙天天行善、唯善是举。

清光绪三年(1877),万泉县大旱,人相食,李家第13代传人李文阶等,出资在万泉县放赈舍饭,救人无数。光绪二十年(1894),一场暴雨山洪暴发,冲垮闫景村房屋、淹没粮食无数，村里无衣无食者不下百人，李氏家族第14代李敬修、李敬伦同侄子李道升，组织家人为村民舍饭施衣，并出资帮助村民重建家园。光绪二十六年（1900）又遇干旱，万泉县百姓死者过半，李敬修出粮百斛救济村民，出银500两赈济故族薛店村贫民。当天灾、瘟疫、人祸降临之际，李家人身担其重，扶危济困，施德惠民，救治生命。李敬修还曾为万泉书院的修缮捐资500两白银，并出资修建了本村第一所房舍整齐的学校，还每年出银30两补充学校经费。他也曾为陕西省三原县建造朱文公（朱熹）祠捐银500两。民国初年李家筹资建成村里第一口水井，接着又捐银400两修建3个水池，解决村民吃水用水难题。1928年山西再遇大旱，李道行兄弟等人，先后出资21000块银元，赈济河东17县灾区，并在薛店村家庙、闫景村祖师庙、运城盐池神庙3处设粥场舍饭救人。其后晋南瘟疫流行，李家购防疫药品"十滴水"挨户发放，确保村民安然无恙。1930年阎锡山动员全省富户资助兴建公路，李道行带头组织族人捐钱，建成猗氏至万泉县第一条公路。抗日战争时期，国民政府为阻止日军西犯，以水代兵，下令在河南省郑州花园口，炸开黄河堤坝，河南、山东、安徽、江苏几十个县被淹，死者近百万，逃难者不计其数。李道行购粮500石，印成三斗、五斗粮票，盖上印章，同儿子一起沿街发放，救民于危难之中。

此外李家人在抗疫、护村保民及救助贫民等方面出资行善举不胜数，当地民众送李家"大善人"美称，清朝及民国省县政府先后颁发牌匾以示褒扬奖彰。

### 六、文化圣殿，唯善为魂

李家大院大大小小的建筑充满了文化信息，从第一眼看到的"广善门""慈善世家""修德为善"题词，到门楼两边对联无不突出一个"善"字。还有功德堂对联"守东平王格言不外为善二字，遵司马公遗训只在积德一端"及数以百计的楹联等也围绕着一个"善"字。摘录几条于此欣赏：

> 善可修身耕可富，勤能补拙俭能廉。
> 岂因果报方行善，不为功名好读书。
> 金玉其心芝兰其室，仁义为友道德为师。
> 国无灾情民可安也，人有善愿天必佑之。
> 心术不可得罪于天地，言行要留好样给儿孙。
> 千百年人家只为行善，第一等好事重在读书。
> 处富却知贫是谓真达者，赈饥而负债堪称大善人。
> 同是肚皮饱者应怜饥者苦，一样面目富时当济困时人。
> 谁不爱钱有钱看往何处用，我也想富得富当

同困人匀。

是我子孙勿怨万金施殆尽,传家仁善足能百代享盈余。

天道酬勤求勤思俭传家远,人心向善乐善好施继世长。

此外,"善为本""惟善宅""惟善是福""唯善是宝"等匾牌,还有历朝各级政府赠送的"急公好义""乐善好义""博施济众""乐善好施"等匾牌,无不彰显李家植根的善文化传统。

李家大院还有祠堂、会馆、私塾等大型建筑及别

院内的李氏宗祠　石春兰　摄影

墅、湖泊园林式花园,融南北建筑于一体,吸纳西洋建筑风格,建成一组体量宏阔、布局合理、设计巧妙、装饰考究、功能俱全、独具创新的建筑群。它代表了晋南民居建筑的最高艺术成就,是李家白手起家,艰苦创业,商业帝国崛起的缩影,也是研究晋商发展及善文化的活字典。

中国传统文化源于农耕文明,虽然战国至秦汉涌现了范蠡、吕不韦、巴寡妇清、司马相如夫妇等一流商人与实业家,但在传统社会对商业文明的偏见中,孟子竟然视"商人贱丈夫"。自秦开始历代统治者以法限制打击商人,民间流行"无商不奸"的诸多观念。但另一方面,千年之前,史学之父、思想家司马迁却曾对商业文明给予了肯定与赞许。

其实按经济学原理,生产与交换是推动社会发展的两大因子,如果一味地"重农抑商",就走不出小农经济的圈子。纵观历史,大凡经济繁荣、社会进步时期,都少不了商人的贡献。春秋战国如此,宋代如此,民国时期照样涌现出一批集商业实业于一体的民族资本家。李氏家族等商业帝国的崛起,不仅促进了经济发展、社会进步,也为我们提供了一种角度了解以善为核心的商业文明典范。

中国哲学之父老子首创"上善若水"理念,《道德经》的核心两个字,"善"与"无"。老庄主张善待万物、能忍则忍、能让则让，无为而治，不与民争利。儒学的核心字眼是"仁""义""仁者爱人"，也就是孟子倡导的五心："恻隐之心，人皆有之；羞恶之心，人皆有之；恭敬之心，人皆有之；是非之心，人皆有之。""无辞让之心，非人也"。商业是社会繁荣的标志，商人是货畅其流的中坚力量，在不同的制度背景下秉持何种文化理念，将塑造出与之相应的文明形态。千百年来，"善"深深地根植于民众心中。

·晋陕峡谷黄河左岸·

## 十九 黄河大梯子崖、樊村玄帝庙

　　黄河大梯子崖在河津市下化乡。玄帝庙在河津市樊村镇。

　　河津市,为县级市,由运城市代管。位于运城市西北隅,西靠黄河。

　　秦置皮氏县,为河津设县之始。北魏太平真君七年(446),改皮氏县为龙门县,宋宣和二年(1120),改龙门县为河津县,因境内有黄河津渡口而得名。1994年1月12日,改县为市。

[行知提示]

　　从万荣县李家大院沿苏北线、京昆线西北行约55千米,到达河津市下化乡半坡村黄河左岸,黄河大梯子崖即位于此处。从黄河大梯子崖往南,穿鸽子庵隧道约4千米,到达禹门口黄河大桥东岸,再东行约9千米至樊村镇,玄帝庙即位于该镇。

倚梯城大禹庙　杨博 摄影

## ◇ 黄河大梯子崖、樊村玄帝庙简介

### ● 黄河大梯子崖

黄河大梯子崖位于河津市下化乡半坡村,处于黄河晋陕峡谷南端龙门出口段,有"天下黄河第一挂壁天梯"之称。当地有这样的民间传说,大禹治水经此,欲凿石浚河,遭到恶龙阻拦。大禹发愤而修建挂壁天梯,最终直通天庭得玉帝令,使恶龙受到了惩处。之后大禹凿开石门,疏通河道,治水之功得以实现。这里也是神话故事"鱼跃龙门"的发生地,故称"龙门口"或"禹门口"。

实际上,所谓的"挂壁天梯",是在黄河东岸的悬崖边,依地势人工开凿的"之"字形古代军事栈道。崖梯有365级石台阶,共160余米,垂直高度约90米。从高空俯视,大梯子崖的整体形态,宛如一条悬挂在绝壁上的"天梯",险峻异常。

在"绝壁百余丈"的黄河大梯子崖上,有一座倚梯城古遗址。据地方文献说,倚梯城为北魏时期屯兵之所,高居险峻,扼守黄河龙门通道,唯有从依崖所

大梯子崖石梯　杜香芹　摄影

凿之石梯方能上下，因以为名。倚梯城遗址北侧有大片的花海梯田。从山腰通向崖顶，还有一处桃花谷，谷内瀑布飘洒，溪流潺潺，初春时节这里桃花嫣然竞芳，林木丰茂，居高临下的山石地貌别有洞天。

黄河大梯子崖景区周围，至今还有禹洞、禹庙、大禹足印。禹洞，相传大禹凿龙门时常休憩于此，洞深莫测。禹庙，据唐代地理文献《元和郡县图志》记载，在倚梯城上。从汉代开始，人们在禹门东岩建了大夏禹王庙，被誉为天下"七祠八庙"之首，历代不少帝王将相、文人骚客，纷纷前来龙门，瞻仰大禹功绩，饱览黄河龙门处河山之壮美。如汉昭、宣、成帝，

晨雾中的"挂壁天梯"　杜枝俊 摄影

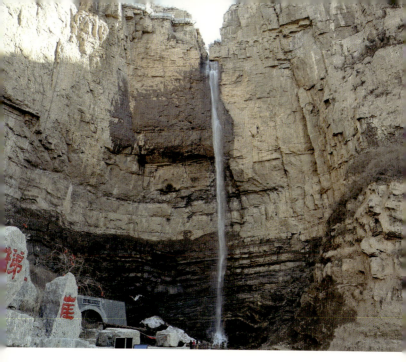

黄河大梯子崖上的挂壁瀑布

前秦苻坚,北魏太武帝、孝文帝,唐太宗李世民,元太宗窝阔台等均幸龙门。北魏太和二十一年(497)夏四月,孝文帝西巡至倚梯城,以太牢之礼祭祀大禹,并立石铭碑纪念。元世祖忽必烈时重修大禹庙成,命大臣阿脱合代祀。

河津市现在依然有多处禹庙以及民间崇奉大禹的信仰,可见大禹文化影响之深远。

## ●樊村玄帝庙

位于河津市樊村镇的玄帝庙,俗称琉璃庙,是奉祀玄帝(也称真武大帝)的道教寺庙。它是由明代樊村任氏家族发扬义民精神,捐地创基、集资兴建而成。庙内建筑保留有明确的明代纪年题记,创基于明隆庆四年(1570),明万历三十二年(1604)竣工,历时34年,后几经修葺,民国以降相继设立学堂、粮库,现占地面积2000余平方米。2013年被确定为全国重点文物保护单位。

玄帝庙总体布局完整,三进院落,从南至北现有山门(前殿)、玉皇阁(香亭)、玄武殿(正殿)、圣公圣母祠(后殿)四大建筑。前殿梁脊上书有明万历二十三年(1595)的题记铭文,香亭、正殿梁脊上板书有万历三十二年(1604)的重修题记。玄武殿是正殿,殿前有月台,殿外四周为回廊柱18根。殿内正北为真武大帝坐像,左为金童周公,右为玉女桃花,上有暖阁盖顶。

玄帝庙内主要建筑屋面均以琉璃覆顶,所用片瓦、板瓦、龙头、脊兽,以蓝色和绿色琉璃为主,雕饰造型独特,图案内容丰富,而且釉面光滑、色彩绚丽,堪称河津灰陶琉璃艺术博物馆。具有较高的建筑艺术、历史文化、工艺科学等价值,对了解明清时期我国琉

樊村玄帝庙山门（前殿）　李国庆 摄影

璃烧制技艺具有重要的意义。

玄帝庙所在的樊村现为樊村镇治，总面积5.74平方千米，位于河津市北坡腹地。樊村从隋唐时期起就形成小集镇，宋代逐步繁荣，至明清鼎盛时，店铺林立，集市繁华。民国初年，在3条大街两旁，店铺坊馆达70余家、小商小贩400多个，有5个大炭园、3家大饭店、15家粮店，以及"光禄盛""庆成源""贵兴银炉"等票号、染房、作坊，繁荣昌盛，号称"平地三尺金"。现在也是河津北坡村镇民间的经济、文化中心，被誉为河津的"旱码头""铁码头"，

**樊村玄帝庙玄武殿(正殿)** 李国庆 摄影

与永济卿头镇、稷山翟店镇并称"晋南三大商业重镇"。明清以来,也是晋陕黄河峡谷周边两省八县货物集散市场,可谓晋商文化的典型代表。

王子今

# 1 吴起论"在德不在险"

《史记》卷六五《孙子吴起列传》记载了吴起被魏文侯任用为将,得以战胜秦人的故事:"……吴起于是闻魏文侯贤,欲事之。文侯问李克曰:'吴起何如人哉?'李克曰:'起,贪而好色,然用兵司马穰苴不能过也。'于是魏文侯以为将,击秦,拔五城。"司马迁又写道:"(魏)文侯以吴起善用兵,廉平,尽能得士心,乃以为西河守,以拒秦、韩。"

后来,魏文侯去世,吴起服务于其子魏武侯。他和魏武侯有一次著名的政治理论辩说。司马迁有如下文字记述:

> 武侯浮西河而下,中流,顾而谓吴起曰:"美哉乎山河之固,此魏国之宝也!"起对曰:"在德不在险。昔三苗氏左洞庭,右彭蠡,德义不修,禹灭之。夏桀之居,左河济,右泰华,伊阙在其南,羊肠在其北,修政不仁,汤放之。殷纣之国,左孟门,右太行,常山在其北,大河经其南,修政不德,武王杀之。由此观之,在德不在险。若君不修德,舟中之人尽为敌国也。"

魏武侯"浮西河而下",正在"中流"时,对吴起感叹"山河之固",吴起则强调"德"对于执政者的意义。他的说法得到魏武侯的赞同,"武侯曰:'善'"。

　　这是非常著名的政论。魏武侯自恃魏国"山河之固",以为国家安定之"宝"。吴起则说,国运是否隆昌,执政者重"德"是第一位的,即地理条件之"险"其实不足为恃。他举出政治史上虽据有地理之"险"而由于人文表现方面的"德""仁"缺失,终于走向灭亡的例证,三苗氏"德义不修,禹灭之",夏桀"修政不仁,汤放之",殷纣"修

河津龙门(禹门口)一带黄河岸　石春兰 摄影

政不德，武王杀之"。他以为，这是带有规律性的政治史现象，"由此观之，在德不在险"。于是严正警告魏武侯：如果"不修德"，那么现在同舟的亲近者，都可能成为你的"敌国"——也就是决心"灭""放""杀"你的政治对手。

"在德不在险"作为高度推崇"德"，而视"山河"地形条件为次要的政论，影响非常久远。南朝宋裴骃所撰《史记集解》，其中引西汉学者扬雄的名著《法言》说："美哉言乎！使（吴）起之用兵每若斯，则（姜）太公何以加诸！"说如果吴起每次用兵都坚持这样的原则，其功业是可以相当于西周的开国功臣姜尚的。

应当注意到，吴起所论"三苗氏""夏桀""殷纣"三个"德义不修""修政不仁""修政不德"以致败亡的典型事例，后两例都是占据着黄河之"险"的。"夏桀之居，左河济，右泰华……""殷纣之国，左孟门，右太行，常山在其北，大河经其南……"但是，以"大河"为屏障的所谓"山河之固"，却没有能够有效卫护夏王朝和商王朝国家的安全。

吴起曾经在鲁国、魏国经历行政军事实践，后来主持楚国变法取得了显著的成果。吴起成就了改革胜利，也有兵学论著存世，但是他的人生经历中有"杀妻以求将"的道德污点，引致后世有"残忍薄行"的批判。尽管吴起本人"德"的缺失，如前引李克语"（吴）

黄河东岸上的梯子崖栈道　杜香芹 摄影

起贪而好色",然而"(魏)文侯以吴起善用兵,廉平,尽能得士心",当时吴起对于在魏国的成功,除"治百官,亲万民,实府库"外,亦曾自称"将三军,使士卒乐死,敌国不敢谋","守西河而秦兵不敢东乡,韩、赵宾从"。

对于《史记》卷六五《孙子吴起列传》有关吴起"贪"与"廉"道德评价的明显矛盾,司马贞《史记索隐》引述了王劭的说法:"此李克言吴起贪。下文云'魏文侯知起廉,尽能得士心',又公叔之仆称起'为人节廉',岂前贪而后廉,何言之相反也?"司马贞说:"今按:李克言(吴)起贪者,起本家累千金,破产求仕,非实贪也;盖言贪者,是贪荣名耳,故母死不赴,杀妻将鲁是也。或者起未委质于魏,犹有贪迹,及其见用,则尽廉能,亦何异乎陈平之为人也。"对吴起个人德才,尚有不同的分析(王子今:《"吴起杀妻"论》,《南京师范大学学报(社会科学版)》2013年第4期),但是他提出的"在德不在险"的治国理念,却是清醒开明的政治认识。也就是说,在个人道德表现上的"贪",似乎是可以转变为国家政治思考方面的"廉"的。

与"在德不在险"相类同,《史记》中还有其他"在德不在……"的说法,见于《史记》卷四十《楚世家》:"八年,伐陆浑戎,遂至洛,观兵于周郊。周定王使王孙满劳楚王。楚王问鼎小大轻重,对曰:'在德不在鼎。'"这也是先秦政治史和先秦外交史中的经典性语言,同样强调了"德"的重要性。

这一说法的出现,年代早于吴起"在德不在险"之语。值得注意的是,故事的空间背景,也在黄河中游地方。吴起"在德不在险"政论发表的具体条件,是魏武侯与亲近之臣"浮西河而下,中流"时。

这大概是在黄河的哪个河段呢?

我们分析,既可以"浮西河",利用河上航运条件,又可以感觉到"山河之固",看到东岸巍峨的高山。推想吴起和魏武侯对谈的区域空间定位,可能在黄河龙门以下河段。《水经注》卷四《河水》以为在距司马迁墓不远的地方:"(河水)又东南迳华池南,池方三百六十步,在夏阳城西北四里许。故《司马迁碑文》云:高门华池,在兹夏阳。今高门东去华池三里。溪水又东南迳夏阳县故城南。服虔曰:夏阳,虢邑也,在大阳东三十里。又历高阳宫北,有东南迳司马子长墓北,墓前有庙,庙前有碑。"

相关纪念性建筑,是晋怀帝永嘉年间(307～312)营造的。郦道元写道:"永嘉四年,汉阳太守殷济瞻仰遗文,大其功德,遂建石室,立碑树桓。《太史公自叙》曰:迁生于龙门。是其坟墟所在矣。"所谓《太史公自叙》,就是《史记》卷一百三十《太史公自序》。永嘉四年,即公元310年。郦道元接着写道:"溪水东南流入河。昔魏文侯与吴起浮河而下,美山河之固,即于此也。"这位权威历史地理学者确信魏文侯和吴起的对话,就发生在浮行黄河龙门以下这段河道的航程中。

吴起受到信用,"魏文侯以为将,击秦,拔五城"。"(魏)文侯以吴起善用兵,廉平,尽能得士心,乃以为西河守,以拒秦、韩"。或说致使"秦兵不敢东乡",即不敢东向进犯。看来,吴起对于今天山陕之间之"山川之固",是注意予以充分利用的。

从吴起任"河西守""治河西"(《吕氏春秋·慎小》),可知当时魏军曾经成功控制了"西河"某些地方。其大略形势,从陕西境内魏长城的遗存可以得知。

王子今

## 2 韩信"以木罂缶渡军"

楚汉战争期间,战争形势曾经对刘邦非常不利。刘邦约集诸侯军合击项羽,攻克彭城(在今江苏徐州)。项羽反击,大败诸侯联军。因刘邦军先盛而后衰,先胜而后败,一度被迫归附刘邦的司马欣、董翳"降楚",齐、赵等若干友军"与楚和",魏王豹"绝河关反汉"。刘邦指派韩信击魏。韩信避开魏军部署于临晋(在今陕西大荔朝邑一带)的主力,自夏阳(在今陕西韩城)渡军,突袭安邑(在今山西夏县),取得控制河东的胜利,继而平定赵、代。这一成功进取,恢复了可以与项羽抗争的战略态势。

韩信的军事拓进,从夏阳渡军"袭安邑",虏魏王豹,对于刘邦重新取得与项羽抗争的条件,意义十分重要。韩信避开魏王豹专意设防的"河关",自夏阳偷渡,在黄河津渡史上有重要意义。韩信"渡军"使用"木罂缶",在军事交通技术开发史册上也书写了特殊的一页。韩信从夏阳"渡军"事,增益了其名将形象的光辉,所具有的军事史与交通史的意义,也值得学者关注。韩信从夏阳"渡军",

西汉初期汉军俑武弁形象　咸阳杨家湾西汉墓出土

体现了超常的军事智慧,也成就了军事交通史册上闪光的历史记忆。

《史记》卷七《项羽本纪》写道:"汉王之败彭城,诸侯皆复与楚而背汉。汉军荥阳,筑甬道属之河,以取敖仓粟。汉之三年,项王数侵夺汉甬道,汉王食乏,恐,请和,割荥阳以西为汉。"《史记》卷九二《淮阴侯列传》记载了转机的出现,在于韩信的突进:"汉之败却彭城,塞王欣、翟王翳亡汉降楚,齐、赵亦反汉与楚和。六月,魏王豹谒归视亲疾,至国,即绝河关反汉,与楚约和。汉王使郦生说豹,不下。其八月,以信为左丞相,击魏。"刘邦在彭城败后,天下政治格局发生了重大变化,即所谓"诸侯皆复与楚而背汉","反汉与楚和"。与其结盟共同进攻项羽的诸侯纷纷"背汉"而服从"楚"的控制。楚汉在荥阳相拒，汉军居于劣势。魏王豹"反汉"，刘邦派郦食其说服魏王改变政治态度而未遂，于是指示韩信"击魏"。韩信受命"击魏"，进攻"反汉，与楚约和"的魏王豹。"以信为左丞相"情节值得注意。《史记》卷五四《曹丞相世家》："高祖二年，拜为假左丞相，入屯兵关中。月余，魏王豹反，以假左丞相别与韩信东攻魏将军孙遬军东张，大破之。因攻安邑，得魏将王襄。击魏王于曲阳，追至武垣，生得魏王豹。取平阳，得魏王母妻子，尽定魏地，凡五十二城。赐食邑平阳。"在关于曹参的军功记录中说到他参与"击魏"之前为"假左丞相"。

魏王豹在"蒲坂""临晋"设防。关于魏王豹所谓"绝河关"，司马贞《索隐》解释说，"谓今蒲津关"。

在刘、项双方在黄河荥阳段激烈争夺之际，韩信在黄河秦晋之间河段发起军事突袭，取得控制魏地，继而"北击赵、代"的胜利，扭转了汉军的战略危局。韩信集结船队佯动，做出强攻临晋的姿态，真实的战略动向是在"夏阳""渡军"。"魏王盛兵蒲坂，塞临晋，信乃益为疑兵，陈船欲度临晋，而伏兵从夏阳以木罂缻渡军，袭安邑。魏王豹惊，引兵迎信，信遂虏豹，定魏为河东郡。汉王遣张耳与信俱，引兵东，北击赵、代。后九月，破代兵，禽夏说阏与。信之下魏破代，汉辄使人收其精兵，诣荥阳以距楚。"韩信渡河采用了特殊的方式。

刘邦在荥阳对抗项羽失利，被迫转移至韩信军中，利用其"下魏破代"的军事优势，夺回军权，又得翻身，再次与项羽军相持。

韩信对魏作战取胜，是彭城大败之后，刘邦军首次得到重要捷报。

面对韩信军的攻击，"魏王盛兵蒲坂，塞临晋"。魏王豹集结部队，加强河防，关于魏王"塞临晋"，司马贞《索隐》："临晋，县名，在河东之东岸，对旧关也。"

所谓"信乃益为疑兵，陈船欲度临晋，而伏兵从夏阳以木罂缻渡军，袭安邑"，体现了韩信优异的军事才能。佯动似"欲度临晋"，然而"伏兵从夏阳以木罂缻渡军"，成功突袭魏国的都城以及魏王豹的指挥中心"安邑"。"夏阳"在今陕西韩城南。"安邑"在今山西夏县。

韩信军的"夏阳"之"渡"，成为楚汉战局的重要转折点。

韩信"伏兵从夏阳以木罂缻渡军"，"渡"河的方式体现出创意，最终克敌制胜，这种巧妙的"渡"河形式有重要的意义。

所谓"以木罂缻渡军",按照服虔的解释,是"以木押缚罂缻以渡"。韦昭说:"以木为器如罂缻,以渡军。无船,且尚密也。"就是说,韩信此举,原因在于汉军"无船",而保密也是出发点之一。张守节《正义》说:"按:韩信诈陈列船腒于临晋,欲渡河,即此从夏阳木押罂缻渡军,袭安邑。临晋,同州东朝邑界。夏阳在同州北渭城界。"战事后续情形,如司马贞《索隐》所说:"按:刘氏云'夏阳旧无船,豹不备之,而防临晋耳。今安邑被袭,故豹遂降也'。"韩信渡河突袭成功,迫使魏王豹投降。

秦晋隔黄河有频繁反复的军事冲突和外交往来。《史记》卷五《秦本纪》记载:"(秦惠文王)六年,魏纳阴晋,阴晋更名宁秦。七年,公子卬与魏战,虏其将龙贾,斩首八万。八年,魏纳河西地。九年,渡河,取汾阴、皮氏。与魏王会应。围焦,降之。"所谓"渡河,取汾阴……",可知近"汾阴"有便利"渡河"之处。张守节《正义》:"渡河东取之。《括地志》云:'汾阴故城俗名殷汤城,在蒲州汾阴县北也。皮氏在绛州龙门县西一里八十步,即古皮氏城也。'"这是秦军自"汾阴"渡河东进的军事史实例。

汾阴的黄河津渡,通过史籍记载大致可知:汾阴津,在今陕西韩城南,东为汾阴,西为夏阳。汉武帝在汾阴置后土祠，于是繁盛一时。宣、元、成诸帝，纷纷亲幸巡祭，大约都由汾阴津东渡，即匡衡、张谭奏言所谓"汾阴则渡大川，有风波舟楫之危"。

汉军仪仗武弁彩陶俑　　咸阳杨家湾西汉墓出土

刘秀令邓禹定关中，"遂渡汾阴河，入夏阳"。文物资料则有陕西韩城汉扶荔宫遗址曾采集到的汉代建筑遗物"舩室"瓦当。陈直《汉书新证》写道："舩为船字异文，当为收藏行船工具之所，疑为辑濯附属之室。"船室建置，可能与汾阴津有关。

所谓"信乃益为疑兵，陈船欲度临晋"，裴骃《集解》解释"疑兵"："《汉书音义》曰：益张旂旗，以疑敌者。"《汉书音义》的理解，可能联想到《史记》另两处有关"疑兵"的记载都说到"旗帜"。《史记》卷八《高祖本纪》："又与秦军战于蓝田南，益张疑兵旗帜……"《史记》卷五五《留侯世家》："益为张旗帜诸山上，为疑兵。"对于所谓"陈船"，司马贞《索隐》："刘氏云：'陈船，地名，在旧关之西，今之朝邑是也。'案：京兆有船司空县，不名'陈船'。陈船者，陈列船艘欲渡河也。"显然，"陈列船艘欲渡河"的解说是正确的。

制造"欲度临晋"的假象迷惑魏王豹，"伏兵从夏阳以木罂缻渡军，袭安邑"，战胜魏军，是韩信用兵神妙之处。有军事学论著写道："韩信明修栈道，暗度陈仓，与'陈船欲度临晋，而伏兵从夏阳以木罂缻渡军'，此欲东而形以西，故敌不知所守也。"（佚名撰：《草庐经略》卷六《形人》）

韩信破魏，作战过程如前引《史记》之说："魏王盛兵蒲坂，塞临晋，信乃益为疑兵，陈船欲度临晋，而伏兵从夏阳以木罂缻渡军，袭安邑。魏王豹惊，引兵迎信，信遂虏豹，定魏为河东郡。"这里说到魏王豹在"蒲坂""临晋"以"盛兵"防守，而韩信以"疑兵"迷惑对方，以"陈船"方式制造"欲度临晋"的假象。实际则"伏兵""渡军"发起奇袭，最终获胜。以魏王豹的"盛兵"联系韩信的"疑兵""伏兵"，可以察知被萧何称为"国士无双"（《史记》卷九二《淮阴侯列传》）的韩信军事谋略的高明。有史论评价："其破赵以背水阵，击齐以木罂渡军，功烈卓伟。"（沈懋孝撰：《长水先生文钞·长水先生水云诸编》"韩淮阴"条）所说"击齐"是"击魏"之误，而"以木罂渡军"在"背水阵"之前，是"功烈卓伟"第一例。又有史论言："高帝拜为大将，以一面捐之，惟所便宜。故信得以奇自出，而木罂渡军、背水囊沙，种种皆古今未有之奇，故能夺秦鹿于群雄，角逐之中而与之汉。"（佚名撰：《韬略世法存·新编历科程墨武论》卷一）所谓"种种皆古今未有之奇"中，"木罂渡军"列为第一。

关于《史记》卷九二《淮阴侯列传》"以木罂缻渡军"的具体形式，裴骃《集解》引徐广曰："缻，一作'缶'。"又引服虔曰："以木押缚罂缻以渡。"韦昭曰："以木为器如罂缻，以渡军。无船，且尚密也。"理解有所不同。服虔说，以木结构"缚罂甀"。韦昭说，"以木为器如罂甀"。张守节《正义》写道："按：韩信诈陈列船艘于临晋，欲渡河，即此从夏阳木押罂甀渡军，袭安邑。临晋，同州东朝邑界。夏阳在同州北渭城界。"司马贞《索隐》："刘氏云'夏阳旧无船，豹不备之，而防临晋耳。'"《汉书》卷三四《韩信传》说："信乃益为疑兵，陈船欲度临晋，而伏兵从夏阳以木罂缶度军，袭安邑。"颜师古注："服虔曰：'以木柙缚罂缶以度也。'韦昭曰：'以木为器，如罂缶也。'师古曰：'服说是也。罂缶谓瓶之大腹小口者也，音一政反。临晋在今同州朝邑县界。夏阳在韩城县界。'"颜师古的表态，赞同服虔的说法，"以木押缚罂甀以渡"或"以木柙缚罂缶以度也"。

因为我们看到的战国秦汉"罂甀""罂缶"多为陶质，然而是否有如韦昭所说"以木为器，如罂缶也"的可能呢？

《墨子·备城门》说到城防军用器具时言"瓦木罂"曰："用瓦木罂，容十升以上者，五十步而十，盛水，且用之。五十二者十步而二。"孙诒让《墨子间诂》："《方言》云'自关而西，晋之旧都，河汾之间，其大者谓之甀；自关而东，赵魏之郊，谓之瓮，或谓之罂。罂其通语也'。罂、甀同。《史记·淮阴侯列传》'以木罂缻渡军',是罂或瓦或木,皆可以盛水也。诸篇说罂缶所容,并以斗计,此'升'疑亦'斗'之误。'且用之'三字无义,疑当作'瓦罂大'三字,其读当属下,以'盛水瓦罂大五斗以上者'十字为一句。'瓦'与'且','大'与'之',形并相近。'罂'上从賏,与用亦略相类。"岑仲勉则读作:"用瓦木罂盛水,且用之,容十斗以上者五十步为十,五斗者十步为二。"(岑仲勉:《墨子城守各篇简注》)可知当时军事防务通用"瓦木罂",也就是说,"罂""或瓦或木"的情形是存在的。但是通常"罂"多为陶质,"瓦罂"使用是普遍的情形。

大概"瓦罂""瓦木罂"用于军事,即使军中数量有限,韩信军在民间征用也相对比较方便。如宋人魏了翁《古今考》卷一六"木罂缻渡军"条所说,"盖仓卒为筏犹难,取民家水器,拆其屋柱栋梁,可立具也"。

《太平御览》卷七五八引《史记》:"韩信击魏,从夏阳以木罂渡军袭安邑。"服虔曰:"以木押缚罂缶以为渡。"引《史记》文只说"木罂"。《水经注》卷四《河水》:"溪水又东南迳夏阳县故城北,故少梁也。秦惠文王十一年,更从今名矣。王莽之冀亭也。其水东南流注于河。昔韩信之袭魏王豹也,以木罂自此渡。"也只说"木罂"。但是，推想以木材制作的"木罂"容量应该有限，通常使用"容十升以上者"的可能性也并不大。

《太平御览》卷三〇六引《太白阴经》写道："木罂，以木缚瓮为筏。瓮受二石，力胜一人，瓮间阔五寸，底以绳勾联。编枪于其上。形长而方，前置拨头，后置梢，左右置棹。"按照这样的说明，可知称"木罂"者，只是"以木缚瓮为筏"。"瓮"很可能是陶瓮。这样的"筏"，以"前置拨头，后置梢，左右置棹"计，至少应当承载四名士兵。而"瓮受二石，力胜一人"，浮力要满足需求，则应"以木缚"四个以上的"瓮"。前引《汉书》卷三四《韩信传》颜师古注解释"罂

木罂渡河情景雕塑　陕西合阳木罂古渡

缶"语："罂缶谓瓶之大腹小口者也。"后人多承此说，如宋人钱端礼《诸史提要》卷二释"罂缶"："瓶之大腹小口也。"宋人史炤《资治通鉴释文》卷二释"罂缶"："谓瓶之大腹小口者。"但是"大腹小口"之"瓶"排水量有限，所产生的浮力，当然是不如体量较大的"瓮"的。

宋人魏了翁《古今考》卷一六"木罂瓴渡军"条写道："予尝阅《经武要略》画木罂渡军状，上以木旁午交加，其下用今瓮押缚于木下。上加以板，士卒用棹而渡。""临晋陈船欲渡，今同州朝邑县界。伏兵渡夏阳，在韩城县界。韩信初见汉王议论甚正大，至其用兵，智诈而已。"所言"缚瓮"为筏，"用棹"渡河之方式，比较具体，也比较合理，也许大致符合当时真实情境。元人陆文圭《己卯题吴江长桥二首》其一有"木罂夜半飞渡军，缚筏驱丁命如蚁"诗句（陆文圭撰：《墙东类稿》卷一六），说到这种"渡军"方式对士兵生命安全形成的风险。但是如前引"夏阳旧无船，豹不备之"之说，如此实现突袭，可以出其不意。韩信最终果然取得了成功。

魏了翁这里所说的"智诈"，当然是贬义语。宋代学者曾敏行《独醒杂志》则以为"以木缚瓮为筏""渡军"是"助汉王成业"的创制，同时把风筝等军事通信方式的发明权也归于韩信。其书卷一

"今之风筝即古之纸鸢"条写道:"今之风争,古之纸鸢也,创始于韩淮阴。方是时,陈豨反于代,高祖自将征之。淮阴与豨约从中应,作纸鸢以为期,谋败身戮。而纸鸢之制今为儿戏。使木罂渡军、沙囊壅水,皆如纸鸢之无成,则何以助汉王成业也?"原注:"'争'当作'筝',盖以竹篾弦其上,风吹之鸣如筝也。""风争"就是现今通常所说的"风筝"。所谓"木罂渡军",与"沙囊壅水"、"纸鸢"约"期"同样,被归为著名军事家韩信在战争史上的智慧表现。"沙囊壅水",见于《史记》卷九二《淮阴侯列传》的记载。龙且军击韩信军,"与信夹潍水陈。韩信乃夜令人为万余囊,满盛沙,壅水上流,引军半渡,击龙且,佯不胜,还走。龙且果喜曰:'固知信怯也。'遂追信渡水。信使人决壅囊,水大至。龙且军大半不得渡,即急击,杀龙且。龙且水东军散走,齐王广亡去。信遂追北至城阳,皆虏楚卒"。

"木罂"渡水的交通方式,后世文献中仍然可看到有沿用之例。清人彭孙贻《三涉水及郯城》(见《茗斋集》卷一四)写到曾经经历以"泛木罂"方式浮渡洪区的情形:

旧游郯子郊,扬尘赭平陆。渺然今无涯,沟塍咸巨渎。

初浮马没颈,萍藻萦行簏。先渡怀同游,

两骖夹马腹。

擎足翘水端,掠波翼双幅。我靴已坠波,何惜波中逐。

扶辔资没人,裸跣闵僮仆。再渡及马头,寒卫惧沉伏。

居人泛木罂,如甑亦如斛。曲身猨栖厓,拳跪蟹登槷。

四人戴以肩,浮泳借洄洑。疑鼎出泗水,似瓮入廷狱。

顾笑还自怜,仆马尚僵缩。三渡始一杭,饥鼯获升木。

余晖带城隅,残雨洗驺服。劳形赖浊醪,毛髓泽膏沐。

诗句描述以"木罂"通过洪区的情形,诗人以"拳跪蟹登槷","饥鼯获升木"自嘲。而对于"木罂""如甑亦如斛"形制,描述是非常生动形象的。

司马迁《史记》记录的韩信夏阳"以木罂缶渡军"事迹,在军事交通技术开发史册上保留了珍贵的历史记忆。韩信所表现出的智慧,使得"以木罂缶渡军"这一军事史料与交通史料显得异常生动鲜活。而我们对古代黄河济渡与黄河航运的形式,也因此获得了比较真实比较具体的认知。

## 二十 戎子酒庄

戎子酒庄在乡宁县昌宁镇。

乡宁县位于临汾市西部,黄河中游,吕梁山南端。

汉晋之间,属河东郡北屈县境地。北魏延兴四年(474)置昌宁县。五代后唐同光元年(923)因避庄宗祖讳,改昌宁县为乡宁县。

―[行知提示]―

从樊村玄帝庙沿苏北线北行约50千米,到达乡宁县昌宁镇东廒村,戎子酒庄即位于该村。

戎子酒庄观光区　李国庆 摄影

## ◇ 戎子酒庄简介

戎子，一般特指大戎子狐姬，她是春秋五霸之一晋文公的生母，本是狄戎部族大狐氏首领狐突的女儿。大狐势力活动于今乡宁以北，当时与晋国北疆毗邻。晋武公时，公子诡诸，即后来的晋献公，娶了狐突两女大戎子、小戎子，达成了二者的和亲通好。大戎子生晋文公重耳，小戎子生晋惠公夷吾，戎子之兄狐毛、狐偃（子犯）后来也成为晋国名臣。乡宁县自古以来

戎子酒庄大门入口标牌

就有戎子姐妹酿造葡萄美酒的传说。

葛藟是藤蔓类植物,即野葡萄,其汁酸甜爽口,成熟采摘,积储于器,久而发酵,此即葛藟酒,古称"缇齐",可谓是最早的中国式"葡萄酒"。乡宁一带多为山坡,葛藟曾广为分布,相传戎子姐妹总结了方法,形成了酿制工艺。后来,晋文公派军修建酒窖,广酿缇齐,进贡天子、款待诸侯或宴请臣僚卿士。

今乡宁戎子酒庄,因此渊源而得名。酒庄坐落于乡宁县昌宁镇东廒村的北塬,晋文公祠原址即在今戎子酒庄西北500米处台地上。此处曾是春秋时期晋鄂侯避居地、狄戎部落首领狐突的游牧地、晋文公流亡的活动地。该区域地处黄河中游,吕梁山南端,位于北纬35度至36度之间、平均海拔1100米的黄土高原上,属温带大陆性季风气候区,昼夜温差大于15摄氏度。全年日照时数在2500小时左右,年均气温9.9摄氏度,降水量570毫米,年均无霜期为212天。四季分明,瓤质黏土,光照充足,可谓中国最适宜葡萄种植及酿酒区之一。

戎子酒庄创立于2007年,葡萄酒产品主要有干红、干白、桃红等类别,建成了5800余亩优质酿酒葡萄基地,精心选择了霞多丽、品丽珠、赤霞珠等10多种世界著名酿酒葡萄品种培育,并组建了葡萄生产合作社,将戎子酒庄建设与乡宁县富民工程相结合,帮扶带动

戎子酒庄文化观光区内的仿古建筑　石春兰　摄影

当地村民参与葡萄酒庄建设。

戎子酒庄是由仿宋建筑群落构成的特色鲜明的酒庄文化观光风景区，酒庄还有戎子酒庄博物馆、戎子生态公园、文化广场、戎和楼、戎子书院等文化观光配套建设，以及葡萄种植精品采撷园。可谓是融葡萄种植、葡萄酒生产、农业生态观光、葡萄酒文化于一体的活态文化旅游区。戎子酒庄被国际葡萄酒界评为"最具中华民族特色的酒庄"。

桂子过乡宁县参观酒庄，酌戎子葡萄佳酿，乘酒

填词赞之曰:

采桑子·戎子酿酒

乡宁秋日风光好,

鄂邑残红。

曲水南风。

佳酿缇齐今古同。

葡萄美酒余香远,

翠苑朱宫。

紫气屏中。

畅饮千杯坛未空。

麟趾城池秦汉月,

山云暧瑈日初暄。

王子今

# 1 访"戎子"说"葛藟"

参加西北大学出版社组织的沿黄考察第3次行程,自山西临汾北上乡宁县,承好友酒业专家介绍,参观了生产经营达到很高水准的戎子酒庄。这是一家制作高等级葡萄酒的具有世界影响的企业。

关于"戎子"名号,戎子酒庄的陈列介绍解释为晋文公重耳的母族称谓。《左传·庄公二十八年》记载:"晋献公娶于贾,无子。烝于齐姜,生秦穆夫人及太子申生。又娶二女于戎,大戎狐姬生重耳,小戎子生夷吾。晋伐骊戎,骊戎男女以骊姬。归生奚齐。其娣生卓子。"而后,"骊姬嬖,欲立其子"。与骊姬勾结的外嬖言,"曲沃,君之宗也。蒲与二屈,君之疆也。不可以无主。宗邑无主则民不威,疆场无主则启戎心。戎之生心,民慢其政,国之患也"。他们建议,"若使大子主曲沃,而重耳、夷吾主蒲与屈,则可以威民而惧戎,且旌君伐"。晋侯于是"使大子居曲沃,重耳居蒲城,夷吾居屈。群公子皆鄙,唯二姬之子在绛"。《史记》卷三九《晋世家》写道:"重耳母,翟之狐氏女也。夷吾母,重耳母女弟也。""蒲"与"屈"

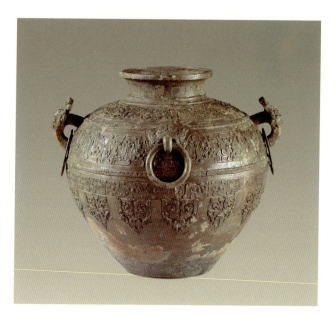

春秋晋国夔凤纹罍（酒器）　太原市金胜村赵卿墓出土

所在，据裴骃《史记集解》："韦昭曰：'蒲，今蒲阪；屈，北屈。皆在河东。'杜预曰：'蒲，今平阳蒲子县是也。'"按照谭其骧主编《中国历史地图集》标定的位置，"蒲"在今山西隰县北，"屈"在今山西吉县北。当时所谓"疆场无主则启戎心"的"戎"，应当活动于黄河左岸较为广阔的山地。

"母族"的说法，秦汉时期已经使用。《后汉书》卷八六《西南夷列传·冉駹》："贵妇人，党母族。"《史记》卷五《秦本纪》："秦之先，帝颛顼之苗裔孙曰女脩。女脩织，玄鸟陨卵，女脩吞之，生子大业。"司马贞《索隐》的解释，使用了"母族"一语："女脩，颛顼之裔女，吞鳦子而生大业。其父不著。而秦、赵以母族而祖颛顼，非生人之义也。"《史记》卷五《秦本纪》记载："（秦文公）二十年，法初有三族之罪。"什么是"三族"呢？裴骃《集解》引张晏说："父母、兄弟、妻子也。"如淳的说法，则是"父族、母族、妻族也"。《汉书》卷一下《高帝纪下》颜师古注及《后汉书》卷三《章帝纪》、《后汉书》卷四八《杨终传》、《后汉书》卷七四上《袁绍传》、《后汉书》卷七八《宦者传》李贤注，也都采用了如淳的解说。《汉书》卷一八《外戚恩泽侯表》记载，"扶柳侯吕平"因为是"皇太后姊长姁"的儿子，所以封侯。颜师古注："平既吕氏所生，不当姓吕，盖史家唯记母族也。"以为"吕平"母亲是"吕氏"，本来"不当姓吕"，史家只保留了"母族"的信息，因此称"吕平"。这一情形，和秦人先祖"大业""其父不著"类同。

戎子酒庄的酒史陈列介绍"戎子"酿酒的文化史和技术史信息，有栽植"葛藟"的内容，"她们用石片在地上挖了个坑，把装满葛藟的皮囊埋进坑里，用石板盖好……"同时陈列了"采摘葛藟"的图文资料。"葛藟"酿酒的技术，据说"戎"人发明，传递到了汉地。还介绍说"后来，大小戎子下嫁晋献公，把合

《晋文公复国图》（局部）中的春秋女子形象

南宋李唐绘（传）

蓲造酒的技术带到晋国"。"合蓲"可能是"葛蓲"。"下嫁"的说法，其实也不很合适。但是，葡萄酒制作技术从"戎"地"带到"汉地，却是符合汉代以后的历史记忆的。

《史记》保留了葡萄酒由"戎"地传入汉地的酒史记录。张骞出使西域，回到长安，向汉武帝报告西行见闻，包括沿途考察西域国家的地理、人文、物产等多方面的信息。据《史记》卷一二三《大宛列传》记载："（张）骞身所至者大宛、大月氏、大夏、康居，而传闻其旁大国五六，具为天子言之。"张骞的西域考察报告分两个层次，第一是"身所至者"诸国，第二是"传闻其旁大国"。首先是亲身考察，其次是得自"传闻"。关于"大宛"国情，张骞报告："大宛在匈奴西南，在汉正西，去汉可万里。其俗土著，耕田，田稻麦。有蒲陶酒。多善马，马汗血，其先天马子也。有城郭屋室。其属邑大小七十余城，众可数十万。其兵弓矛骑射。"大宛的地理形势，"其北则康居，西则大月氏，西南则大夏，东北则乌孙，东则扜穼、于寘。于寘之西，则水皆西流，注西海；其东水东流，注盐泽。盐泽潜行地下，其南则河源出焉。多玉石，河注中国。而楼兰、姑师邑有城郭，临盐泽。盐泽去长安可五千里。匈奴右方居盐泽以东，至陇西长城，南接羌，鬲汉道焉"。张骞关于大宛自然条件、经济生活、军事实力及外交关系的报告，在陈述其生产方式之后，明确说到其国"有蒲陶酒"。这是中国历史文献关于"蒲陶酒"的最早的记载。

汉武帝对于大宛国最为关注，甚至不惜派遣数以十万计的大军远征以夺取的对象，是"多善马，马汗血，其先天马子也"。我们看到，在司马迁笔下，大宛"有蒲陶酒"的记载，竟然在"多善马"之前。可知太史公对于这一资源信息和民俗信息的高度重视。

关于安息的介绍，《史记》卷一二三《大宛列传》写道："安息在大月氏西可数千里。其俗土著，耕田，田稻麦,蒲陶酒。"司马迁又说到安息国情的其他方面:"城邑如大宛。其属小大数百城,地方数千里,最为大国。临妫水,有市,民商贾用车及船,行旁国或数千里。以银为钱,钱如其王面,王死辄更钱,效王面焉。画革旁行以为书记。其西则条枝,北有奄蔡、黎轩。"《史记》记述大宛国情所谓"有蒲陶酒",是"(张)骞身所至者"的直接体会。关于安息的"蒲陶酒",则应当来自"传闻"。

安息国有稳定的货币体系。"以银为钱,钱如其王面,王死辄更钱",与中国传统货币制度不同。所谓"有市"之说,反映商品经济已经比较成熟。而所谓"民商贾用车及船,行旁国或数千里",体现商运的发达程度。"蒲陶酒"在社会经济生活中的意义,应当是重要的,可能仅次于"稻麦"农产收获。"商贾""行旁国或数千里"的交通条件,无疑可以保障"蒲陶酒"的远销。

据《史记》卷一二三《大宛列传》记载,"蒲陶酒"是西域多个地方的特产。而当地民俗饮食消费传统,"嗜酒"是显著标志。司马迁写道:"宛左右以蒲陶为酒,富人藏酒至万余石,久者数十岁不败。俗嗜酒,……"这里所谓"宛左右",《汉书》卷九六上《西域传上》"大宛国"条写作"大宛左右"。据《史记》卷一二三《大宛列传》,大宛民间礼俗有"嗜酒"

传统。所谓"富人藏酒至万余石，久者数十岁不败"，说明"蒲陶酒"储藏技术已经比较成熟，也体现"蒲陶酒"的社会经济价值相当重要。

"蒲陶"，是西域地方普遍栽培的主要因可以酿酒而具有重要经济意义的藤本植物。《汉书》卷九六上《西域传上》"难兜国"条和"罽宾国"条都记载，当地"种五谷、蒲陶诸果"。《晋书》卷九七《四夷传》"康居国"条也写道，其国"地和暖，饶桐柳蒲陶"。"以蒲陶为酒"，很可能是当地民人"种""蒲陶"；"饶""蒲陶"的主要经营目的。

"蒲陶酒"应当是中原上层社会非常喜爱的饮品。《后汉书》卷七八《宦者传·张让》记录了官场腐败的一起典型案例。中常侍张让"交通货赂，威形喧赫"。扶风人孟佗"资产饶赡"，与张让奴"朋结"，愿求一拜。"时宾客求谒让者，车恒数百千两，佗时诣让，后至，不得进，监奴乃率诸仓头迎拜于路，遂共舆车入门"。于是，"宾客咸惊，谓佗善于让，皆争以珍玩赂之。佗分以遗让，让大喜，遂以佗为凉州刺史"。李贤注引《三辅决录注》的记述涉及"蒲陶酒"："（孟佗）以蒲陶酒一斗遗让，让即拜佗为凉州刺史。"可知当时洛阳地方上层社会对"蒲陶酒"的特殊看重。这一故事，又见于《三国志》卷三《魏书·明帝纪》裴松之注引《三辅决录注》的记述："……（孟）他

戎子酒庄葡萄种植园区

又以蒲桃酒一斛遗让,即拜凉州刺史。""孟他"即"孟佗"。"蒲桃酒"就是"蒲陶酒"。"蒲陶酒一斗"和"蒲桃酒一斛"的差异,或许因传闻失真。估计"一斗"数量过少,"一斛"可能比较接近历史真实。《晋书》卷四三《山遐传》中也可以看到对这一典型的政治腐恶现象的批评:"自东京丧乱,吏曹湮灭,西园有三公之钱,蒲陶有一州之任,贪饕方驾,寺署斯满。"以"蒲陶酒一斗"贿赂当权宦官,竟然可以换得"凉州刺史"官位,即所谓"一州之任"。

喜爱"蒲桃酒""蒲陶酒"的胡风影响汉人的史例,有《晋书》卷一二二《吕光载记》:"胡人奢侈,厚于养生,家有蒲桃酒,或至千斛,经十年不败,士卒沦没酒藏者相继矣。"

在丝绸之路物种引入史中,"蒲陶"是众所周知的引种对象。司马迁在《史记》卷一二三《大宛列传》中记录了汉王朝移植西域经济作物的情形:"宛左右以蒲陶为酒,富人藏酒至万余石,久者数十岁不败。俗嗜酒,马嗜苜蓿。汉使取其实来,于是天子始种苜蓿、蒲陶肥饶地。"丝路交通的繁荣,使得这两种经济作物的栽植形成了更大的规模。"及天马多,外国使来众,则离宫别观旁尽种蒲陶、苜蓿极望。"司马迁所谓"天子始种苜蓿、蒲陶肥饶地",是丝绸之路正式开通后,物种引入的著名记录。

《史记》卷一一七《司马相如列传》载录司马相如歌颂极端"巨丽"的"天子之上林"的赋作,可以看到这样的文句:"于是乎卢橘夏孰,黄甘橙楱,枇杷橪柿,樗柰厚朴,梬枣杨梅,樱桃蒲陶,隐夫郁棣,榙荔枝,罗乎后宫,列乎北园。"可知中原所未见物种之中,上林苑中栽植了"蒲陶"。关于"蒲陶",裴骃《史记集解》引录郭璞的解释:"蒲陶似燕薁,可作酒也。"大概宫苑中"蒲陶"的栽培,主要目的应当是用以"作酒"。大概长安宫苑管理者已经能够学习"宛左右"地方的酿酒技术,"以蒲陶为酒"了。

西汉长安上林苑有"蒲陶宫"。《汉书》卷九四下《匈奴传下》记载:"元寿二年,单于来朝,上以太岁厌胜所在，舍之上林蒲陶宫。告之以加敬于单于，单于知之。"匈奴单于"来朝"，汉哀帝出于"以太岁厌胜所在"的考虑，安排停宿于"上林蒲陶宫"。《资治通鉴》卷三五"汉哀帝元寿二年"记述此事。关于"太岁厌胜所在"，胡三省注："是年太岁在申。"关于"蒲陶宫"，胡三省注："蒲陶本出大宛，武帝伐大宛，采蒲陶种植之离宫。宫由此得名。"我们这里不讨论"厌胜"的巫术意识背景以及"太岁在申"的神秘内涵，只是提示大家注意"蒲陶宫"的营造。"蒲陶宫"，可能是最初"采蒲陶种植之离宫"之所在，或者是栽植引进物种"蒲陶"比较集中的地方。

前引司马迁《史记》卷一二三《大宛列传》说，"（大宛）俗嗜酒，马嗜苜蓿。"汉家使节于是引入，"汉使取其实来，于是天子始种苜蓿、蒲陶肥饶地。及天马多，外国使来众，则离宫别观旁尽种蒲陶、苜蓿极望"。《史记》记载，一说"苜蓿、蒲陶"，一说"蒲陶、苜蓿"，次序有所不同。《汉书》卷九六上《西域传上》"大宛国"条则都写作"蒲陶、目宿"，"蒲陶"均列名于前。值得我们注意的，是河西汉简资料中，"苜蓿"都作"目宿"。"目宿"字样，可能体现了汉代文字书写习惯。

我们注意到，"蒲陶、苜蓿"是同时引入的富有经济意义的物种，但是河西汉简文字仅见"目宿"而

成熟时节的葡萄

不见"蒲陶"。有可能"蒲陶"移种,其空间范围主要集中在"离宫别观旁",即前引司马相如《上林赋》所谓"罗乎后宫,列乎北园"。

《汉书》卷九六下《西域传下》与《史记》卷一二三《大宛列传》有同样的记载,写作"益种蒲陶、目宿离宫馆旁,极望焉"。颜师古注:"今北道诸州旧安定、北地之境往往有目宿者,皆汉时所种也。"指出唐代丝绸之路沿线的苜蓿种植沿承了"汉时所种"的植被形势。

对于汉武帝时代的文化开放、国土开拓与经济开发，《汉书》卷九六下《西域传下》篇末的"赞曰"有这样的总结："遭值文、景玄默，养民五世，天下殷富，财力有余，士马强盛。"由于继承了文景时代的经济成就，所以能够有多方面的进取，"故能睹犀布、玳瑁则建珠崖七郡，感枸酱、竹杖则开牂柯、越嶲，闻天马、蒲陶则通大宛、安息。自是之后，明珠、文甲、通犀、翠羽之珍盈于后宫，蒲梢、龙文、鱼目、汗血之马充于黄门，巨象、师子、猛犬、大雀之群食于外囿。殊方异物，四面而至"。而宫苑生活因此开始具有了外来文明的色彩。"于是广开上林，穿昆明池，营千门万户之宫，立神明通天之台，兴造甲乙之帐，落以随珠和璧，天子负黼依，袭翠被，冯玉几，而处其中。设酒池肉林以飨四夷之客，作巴俞《都卢》、海中《砀极》、漫衍鱼龙、角抵之戏以观视之。"其中所谓"闻天马、蒲陶则通大宛、安息"，指出西域方向的进取致使直接的物种引入。应当注意到，汉武帝时代以积极态度促进汉文化的扩张，以致"殊方异物，四面而至"，意义绝不仅仅限于"天子"个人饮食消费品类样式的增益，物质生活享受等级的提升，而有更宏放的文化意义，更长久的历史影响。其中所说"蒲陶"引入与"设酒池肉林以飨四夷之客"的外交虚荣表现之所谓"酒池"的关系，也是可以引发读者的某种联

戎子酒庄的地下酒窖　石春兰　摄影

想的(王子今:《〈史记〉中的"丝路酒香"》,《月读》2021年第2期)。

戎子酒庄传递的"戎子"以"葛藟"酿制葡萄酒的故事,则提示我们从与"西域""蒲陶酒"不同的另一视角,观察中国酿酒技术史的渊源。

关于"葛藟",汉代文字学文献有所说明。《说文·草部》:"藟,草也。从草,畾声。《诗》曰:莫莫葛藟。一曰秬鬯。"许慎引用了《诗·大雅·旱麓》的诗句。段玉裁注:"陆玑云:藟一名巨荒,似燕,亦延蔓生。叶如艾,白色。其子赤,可食。酢而不美。幽州谓之椎藟。开宝《本草》及《图经》皆谓即千岁虆也。按凡藤者谓之藟,系之草则有藟字,系之木则有虆字,其实一也。戴先生《〈诗〉补注》说葛藟犹言葛藤。《尔雅》山櫐虎櫐,《山海经》卑一作毕,山多櫐,古本从木皆是也。然郑君《周南笺》云葛也,藟也,分为二物,与许合。葛与藟皆藤生,故《诗》多类举之。《左氏》亦云:葛藟犹能庇其木根。藤古只作縢,谓可用缄縢也。《山海经传》曰:櫐一名縢。"关于"秬鬯",段玉裁有这样的说明:"此字义别说也。秬鬯之酒。郁而后鬯。凡字从畾声者、皆有郁积之意。是以神名郁垒。《上林赋》云:隐辚郁。秬鬯得名藟者,义在乎是。其字从草者,酿芳草为之也。"在当时人的知识世界中,有些野生草本植物的果实,以其品味香美,是可

以加工酿酒的。这里所说的植物，有的是藤类。而"柜
邕得名蘲"的说法，暗示中原原有的野生葡萄作为酒
业原料，可能很早就已经得到初步开发。

考古工作者在新疆洋海古墓群发掘出土大约 1 米
长的古代葡萄藤遗存，可以看出明显经过人工剪枝。
经植物考古学方法检测，可知是 6 年生葡萄的枝条。
其年代判定为公元前 300 年（蒋洪恩、张永兵、李肖等：
《我国早期葡萄栽培的实物证据：吐鲁番洋海墓地出
土 2300 年的葡萄藤》，《首届干旱半干旱地区葡萄
产业可持续发展国际学术研讨会》；新疆吐鲁番学
研究院、新疆文物考古研究所：《新疆鄯善洋海墓
地发掘报告》，《考古学报》2011 年第 1 期）。这是
新疆地区早于张骞出使西域的非常重要的葡萄种植史
料。山西酒业经营者在回顾酒史的时候讲述了"戎子"
以"葛蘲"创制早期果酒的故事，其中重要情节联系
到"戎"族在交通史记忆中的活跃，都是很有意思的。
而内地黄河流域以中原野生葡萄作为酿酒原料，也很
可能确实有较早创始的历史。考古学者新近发现，仰
韶文化通常使用的陶制小口尖底瓶，是较早的酿酒器、
盛酒器（刘莉、李永强、侯建星：《渑池丁村遗址仰
韶文化的曲酒和谷芽酒》，《中原文物》2021 年第 5
期）。看来，对中国酒史初始期的探索，还有很多学
术课题需要解决。

内蒙古和林格尔土城子古城遗址出土文物有晋文化的元素。"1986年8月,在土城子古城东侧的墓葬区发现一把铸有铭文的青铜剑,篆书'耳铸公剑'四字,经学者考证认定为晋文公所用之剑。"就此进行介绍的考古学者注意到这样的历史事实,"(北狄)作为春秋时期中国北方强悍的民族""曾多次南下中原,与中原列国发生战争,当时是晋国北方的劲敌"。关于这件文物的研究成果,又注意到"耳"字的意义:"根据文献记载,晋献公二十二年(前655),晋文公重耳为躲避迫害,奔翟(狄)避难,在狄国生活十二年,晋文公重耳的母亲与妻子皆是狄人。"我们看到《史记》卷三九《晋世家》的记载:"狄,其母国也。""狄伐咎如,得二女,以长女妻重耳。"晋国上层争夺执政权,重耳避害"奔狄","居狄凡十二年而去"。研究者于是认为,"耳铸公剑"铭文青铜剑及其他相关文物的发现,可以证明重耳与"狄"的关系。而和林格尔地方,正是"春秋时期狄族的主要活动地域"(内蒙古自治区文物考古研究院、内蒙古师范大学、内蒙古博物院、盛乐博物馆、和林格尔县文物保护管理所编:《盛乐遗珍——内蒙古和林格尔土城子古城遗址出土文物精品》,文物出版社,2021年版,第5页)。

重耳出亡时,和他的狄族妻子还有一段意味深长的对话。《史记》卷三九《晋世家》写道,重耳对其

"耳铸公剑"青铜剑,在剑身近剑格处有阴刻篆体铭文"耳铸公剑"四字。

妻子说:"待我二十五年不来,乃嫁。"出身狄人的妻子笑着回答:二十五年之后,我坟上的柏树都长大了。不过,尽管如此,我会等着你的。

重耳临行与身份为狄女的妻子饱含温情的告别言辞,也是民族交融史上的一段佳话。

## 二十一 晋文公庙

晋文公庙,在乡宁县昌宁镇,戎子酒庄西北部。

**[行知提示]**

晋文公庙在戎子酒庄西北侧紧邻的坪塬村,步行北上约 500 米即可到达。

乡宁晋文公庙正门外观　李国庆 摄影

## ◇ 晋文公庙简介

晋文公庙位于乡宁县昌宁镇坪垣村南,当地民间又称"天神庙",创建年代在唐宋以前,为祭祀纪念春秋五霸之一的晋文公所建。清代乾隆年间所纂《乡宁县志》载,"天神庙,在城北二十里平原村之南,唐宋时已有之。元碑今考系宋碑,载为晋文公。地与蒲县接壤,文公曾居蒲,祀之不为无因。岁七月祭赛。"又记,"晋文公庙碑,宋开宝九年。今在平原村,碑文磨灭不全"。

2008年在原庙基址发现了2块绳纹砖,有典型的汉至唐时期特征;还出土了3枚瓦当,有人面、太阳纹兽面、龙纹的不同图案。有学者推断这座晋文公庙应是一座由皇帝批准后敕建的官方大庙。当地人传言清康熙年间的乡宁知县田文镜曾主持过这座庙的重修。总之,以上信息都说明了乡宁县立庙祭祀晋文公,已有上千年的历史传统。

晋文公重耳,为晋献公与大戎子所生。成年后因晋国内乱,受到迫害。重耳遂开始周游列国,经卫、齐、曹、宋、郑、楚,最后入秦拜访秦穆公,落泊

庙前铭有"晋文公传略"的影壁　李国庆　摄影

无依,饱尝艰辛,尽知民间情伪,增广了阅历见识。晋文公前后在外流亡19年,年近花甲之时,得以返国即位。晋文公主政期间,外尊周襄王平息王子带之乱,内任贤能图变,施惠于民。晋楚城濮之战中退避三舍而以诚取胜,诸侯宾服,之后会盟天下诸侯于践土,成霸主之业。晋文公成为有记载所知的中国历史上第一位被尊喻为"龙"的统治者。

晋文公庙正殿为单檐歇山顶式,进深五间。殿前建有献亭,为十字歇山顶式。台阶下中间有铁铸醮炉,偏右处立有石制承露。左右建有配殿两座,东西两座厢房对峙,各有分间,设有回廊。庙门与钟、鼓二楼相连。庙门前立有两根带斗木旗杆。2008年由乡宁县戎子酒庄投资重修扩建晋文公庙,重修后主体基本保留了原来的布局与风格。增修西献殿、东西厢房、前后院牌坊、钟楼鼓楼,上院与下院之造型,规制庄严肃穆,气势雄伟,堪称全国现存最大的晋文公祠庙。

庙内的砖雕照壁,龙形图案是根据出土瓦当制作　　李国庆 摄影

庙前立有一座高大的影壁,正面铭文为"晋文公传略",简述了晋文公一生主要事迹与功德;背面镶嵌有"践土会盟"的图案,两侧是一副当地学者撰写的百字长联:

上联:流亡十九载,铿锵世无双。越墙垣、避屈地、游列国,丰阅历识,洞察民情,得兴衰要诀,获成败真谛。卧薪尝胆、韬略养晦,终成晋国国君,民心向背由此始。龙腾虎跃何处看?堂堂古庙鉴紫辉。

下联:称霸百余年,成就晋世家。拥周王、图变革、选贤能,列地分农,诚信育民,经千辛万苦,沃旷野田畴。城濮决战,践土会盟,稳固中原基业,天下归心尽得焉!霸业雄风今何在?朗朗浩气贯乾坤。

每年农历七月二十五日(晋文公诞辰日),晋文公庙都要举行一年一度的乡宁县传统庙会。

孙家洲

# 1 重耳:千古绝唱的"流亡公子"及其霸业

2021年9月13日上午,我们沿黄考察一行,来到了山西临汾市乡宁县昌宁镇,先到"山西戎子酒庄"参观,随即前往相距不远的"晋文公庙"做实地考察。

这座庙宇位于鄂山"东寨圪垯"("圪垯",非常有当地方言特色的地名)附近。现存建筑群,虽说是当代在其旧址上复建而成,但是此地早有"晋文公庙",却是宋代以下的历代方志明确记载的;还有古碑存世,证明此地"晋文公庙"的历史悠久。特别是在庙宇复建的过程中,还有造型较为少见的"龙纹""人面纹""太阳纹"3个瓦当等重要遗物出土,更有力证明"复建"是在古代"晋文公庙"原址的基础上完成的。这就使得复建的"晋文公庙"的研究价值得到了提升。陪同我们前往考察的是在当地很有社会影响的企业家张文泉先生。他是山西永昌源集团董事长,还是山西戎子酒庄有限公司的董事长,有"晋商之星"之誉。张文泉先生还是复建晋文公庙的首倡者和主持者。他说起"晋文公庙"复建的过程,是充满着自豪与激情的。

在设计堪称恢宏的晋文公庙的现场,我听张文泉先生说到在原址地下出土的 3 个瓦当都被定级为国家一级文物,很感兴趣,询问能否看到原物,张先生告知 3 个瓦当都已被征调到省博物馆了。带着遗憾之情,我于次日发信给我们学院考古专业的老师马利清博士,请她相助查找是否有"乡宁县晋文公庙出土瓦当"的报道或者研究文章。马利清老师很快给我复信,告知从"知网"查找的结果,只有一篇文章:阎雅梅《晋文公庙出土瓦当诠释》,刊于《文物世界》2009 年第 5 期。马利清老师转发给我的这篇文章,是我打定主意撰写本文的基础。

在进入本文的写作中,为了寻找更多的相关资料,我又委托我们学院的教师刘文远博士从古代碑刻和包括地方志在内的传世文献两个方面,查找有关"山西晋文公庙"的资料。3 天之后,文远博士给我提供了大批的有效信息。我的这篇文章得以完成,并且在搜集资料方面比较完备,与马利清、刘文远两位博士在搜求资料方面给予我的无私帮助有直接的关系。在此,特向他们两位郑重道谢。

晋文公及其"霸业",在风云变幻的春秋时代历史舞台上是浓墨重彩的一出大戏。"春秋五霸"功业与威名彪炳史册,不管"五霸"的人选有多少不同的排列组合，齐桓公和晋文公都是名列前茅的当选者。所以，"齐桓晋文之事"，可以作为"春秋霸业"的代名词。而且，晋文公个人生平的"传奇"性，还要在齐桓公之上。在《左传》和《国语》两部记载春秋时代最为重要的典籍中，晋文公的记载都是很集中和

春秋（晋文公时期所制）晋公盘　山西博物院展藏

精彩的。《史记·晋世家》也有脉络清晰的记载。清代学者马骕《左传事纬》一书，以"晋骊姬之乱"和"晋文建霸"为题，分别叙述了晋文公早年身为公子遭遇内乱的背景，梳理了晋文公建立霸业的历史过程。其篇幅远超"齐桓霸业"之上甚多。当代著名历史学家童书业先生在《春秋左传研究》和《春秋史》两部经典名作中，都对晋文公及其霸业有专题论述。

在本文撰写过程中，我委托清华大学出土文献研究与保护中心贾连翔博士翻检《清华大学藏战国楚简》，寻找有关晋文公的记载。在第七辑的《系年》中，发现与晋文公有关的记载多达5项，分别见于第6、7、8章，标题为《子犯子余》和《晋文公入于晋》（感谢贾连翔博士所提供的无私帮助）。其内容与传世文献可以互相印证，也有传世文献所不见的某些细节。这些有关晋文公的新史料的出现，证明了他的历史传奇在战国时期的楚地，已经得到广泛传播了。

本文以"晋文公庙"为切入点，从以下两个方面探讨这段充满了传奇的历史。

## 一、避难流亡十九年，颠沛竟自成传奇

春秋前期的晋国，并非强国。晋献公即位之后，励精图治，整军经武，不论是内部集权以提高管理效率，还是对外拓地扩张，都有不俗的表现。晋国的迅

速崛起，无疑是在晋献公时期开始的。但是，到了晋献公的晚年，却因为宠爱年轻貌美的骊姬而引发内乱。

晋献公的后宫生活糜乱，直接造成了其晚年的政局动荡：晋献公先娶贾国之女为妻，没有生育子女。他竟然娶其庶母齐姜为妻，生育子女各一。其女后来嫁给秦穆公为夫人，成为"晋秦之好"的代表性人物之一；其子申生，后来被立为太子。晋献公再娶戎人之国的二女为姬妾。大戎狐姬诞育一子，即为公子重耳（后来的晋文公）。其妹小戎子也诞育一子，即为公子夷吾（后来的晋惠公）。晋国出兵征伐骊戎之国，骊戎战败，无奈献出其女骊姬二姐妹给晋献公。骊姬为晋献公生一子，即是公子奚齐。骊姬之妹生一子，即是公子卓子。太子申生和公子重耳、公子夷吾，早已成年，而且都很有贤德能干之名。如果晋献公不在晚年别生枝节，贸然废长立幼而导致内乱，晋国的兴旺局面是完全可以得到延续和发展的。令人扼腕叹息的是：骊姬为了使她的亲生之子继承国君之位，在晋献公面前百般进谗，诋毁太子申生。她先是设计让3位贤公子离开晋国的绛都，"使大子居曲沃（今山西闻喜县），重耳居蒲城（今山西隰县），夷吾居屈（今山西吉县）"，造成了"唯二姬之子在绛（晋国都城）"的局面。后来，由于骊姬的刻意陷害，加之晋献公偏听偏信，导致太子申生无法自辩而被迫自杀。骊姬随即把迫害的矛头转向了公子重耳和公子夷吾。这两位贤公子也只好逃离晋国，重耳逃奔狄国，夷吾逃向梁国，由此开始了各自的境外避难之路（参见《左传·庄公二十八年》和《左传·僖公四年》；并参见《国语》之《晋语一》和《晋语二》）。

晚年多乱政的晋献公病故之后，他生前最为倚重的两位股肱大臣荀息和里克选择了不同的政治道路：荀息以献公的"忠臣"自居，按照献公晚年的安排，先后拥立骊姬及其妹妹所生的两位公子奚齐、卓子为晋君；里克却以纠正献公晚年错误为己任，积极谋划迎接被迫逃亡的贤公子重耳回国为君。由于里克掌握了更多的政治资源和军事力量，又能借用大臣中同情公子重耳的舆情人心，两次动用非常手段，杀死了荀息所拥立的幼君，努力为迎接重耳归国为君创造前提条件。身陷其中的骊姬和荀息，面对如此失控局面，只能选择自杀了事。骊姬是这场内乱的始作俑者，落得身死名裂的下场，千古青史无人同情。但是，辅政大臣荀息辅助晋献公治国和对外拓地曾有重要贡献，如此智略之臣也在内乱之中不得善终，难免令人扼腕！只知道盲目"忠君"而不知道秉执公道、顺应人心的荀息，给后世政治家留下了惨痛的教训。晋献公逝世前后，发生在晋国内部的政治动乱，在历史上被称之为"骊姬之乱"。晋献公多年励精图治的努力毁于一旦，留下了内乱不止的残局，晋国重新陷入动荡和混乱之中。以上所述的历史过程，在《左传》和《国语》两部历史典籍中都有翔实的记载。此外，在历史小说《东周列国志》的第二十八回，以"里克两弑孤主"为题，对"骊姬之乱"的最后结局做了生动的描写。

一度掌控了国家实权的里克，本意要迎立逃亡在外的公子重耳返国为君，却不料形势发生了出乎意料的变化：公子重耳和他的随从诸贤，经过冷静的分析，认定晋国内部的政治纷争远未结束，现在返国为君并非上策，于是重耳婉言谢绝了里克的敦请。而黄河西岸的秦穆公，却对"安定晋国""扶立新君"表现出不同寻常的积极性。秦穆公当然是有说得出口的理由：他的夫人是申生的姐姐，在"骊姬之乱"结束之后，最有可能继承晋国君位的两位公子重耳和夷吾，都是他的"小舅子"。秦穆公以"姐夫"加邻国君主的双重身份，来干预晋国后继君主的人选，自有其理由。其实，还有一个秦穆公不方便说出的原因：秦穆公当时也有向东方发展、争当中原霸主的意愿。以地理形势而言，跨过黄河才能成就秦国图谋称霸的事业，而晋国恰好就是以黄河为界的东邻，是秦国东出的必经之地。控制晋国，或者在晋国扶植一个"感恩戴德"的新君，是秦穆公东向争霸的必要前提。如果这一战略意图能够在积德行善"助平晋乱"的旗号之下完成，对于秦穆公而言，当然是求之不得的好事。

秦穆公"助平晋乱"，既然带有"利己"的意图在内，他在选定新的晋君人选的时候，以秦国可以从中获利为出发点，就是可以理解了。在当时大环境之下，择立晋君，秦穆公的意见至关重要。他在避难流亡的公子重耳和公子夷吾之间，最初是看好重耳的。但是，在派出使者分别与两位公子探究回国为君之后如何回报秦君之时，重耳明确表达了流亡公子没有谈论回报的资本，而公子夷吾却"爽快"地表示：愿意割让"河外"之地（应该是指晋秦交界的南岸土地）给秦国，作为报恩的礼物。接到不同的答复，秦穆公改变初衷，决定辅助公子夷吾返回晋国为君。秦穆公出面联合齐国共同出兵，并且争取到周王室派出专使以为声援，以政治和军事的双重高压手段，护送公子夷吾回到晋国为君。这就是晋惠公结束流亡而返国为君的背景。而那位坚持原则不愿轻易地以国家土地为酬谢的公子重耳，则只能继续奔走在流亡之路上。当时，谁也不知他流亡之路的终点，究竟在何处。

晋惠公归国为君之后，表现出的是强势君主的态势。对内，他以残酷无情的手段，处死了位高权重的大臣里克。回顾当年晋献公逝世之后的历史，倘若没有里克的敢作敢为，骊姬所生的公子已经得到荀息的全力辅佐，这位晋国的新君，说不定还可以有不错的治国表现,那就意味着晋惠公没有机会返国为君。可是,晋惠公返国后,在"君臣相争"的大背景中,却没有大政治家的容人之量,他容不下有威望和号召力的里克存在。在里克受死之际,君臣之间有一场不加掩饰的对话,可以让读史者领略政治斗争的残酷无情:

> 将杀里克,公使谓之曰:"微子则不及此。虽然,子弑二君与一大夫,为子君者,不亦难乎?"对曰:"不有废也,君何以兴?欲加之罪,其无辞乎?臣闻命矣。"伏剑而死。(《左传·僖公十年》)

《晋文公复国图》(局部)之重耳游访列国国君
南宋李唐绘(传)

晋惠公不惜承担"恩将仇报"的恶名而将里克处死，自以为可以压制住国内的不同政治力量，但事后的形势发展却证明这只是一厢情愿。滥用诛杀国内重臣的手法，无法完全控制局面。里克虽死，但是对于无罪受诛的里克表示同情的晋国大臣不在少数。他们对晋惠公的这种统治手段，顿生反感。晋惠公收拾国内人心的初衷，并未实现。

在对外关系的处置上，晋惠公同样以"恩将仇报"的方式，来"回报"在帮助他返国为君过程中发挥过关键作用的秦穆公。在晋惠公刚刚回国为君的一个时段内，秦穆公还在竭力帮助这位晋国的新君。在著名的"泛舟之役"中，秦国大力调集和输送大批粮食给晋国，相助其度过饥荒年景，这当然是秦国对晋国的又一次施恩之举。但是，晋惠公君臣不思报答，却滋生了乘机侵逼秦国之意。秦穆公在盛怒之下，于公元前645年亲自率兵讨伐晋国，发生了春秋时期意义独特的"韩原之战"。此战的具体过程，本文从略。

在韩原之战中，晋惠公战败而被秦军俘虏。此时的秦穆公如果决意处死他，本来无人可以阻止。但是，秦穆公还是心有不忍，而将晋惠公押送回秦国。凯旋的秦军刚刚回到都城，就遇到了意外的一个场景：秦穆公的夫人，也就是晋惠公的同父异母姐姐，为了解救沦为俘虏的晋惠公，身登柴堆之上，以必死之心胁迫秦穆公释放晋惠公。秦穆公首先是顾及晋秦两国的关系,不愿意深层结仇,另外也要给舍命求情的夫人以面子,就放弃了杀死晋惠公的方案。不久之后,秦穆公决定礼送晋惠公回国。当然,这是要有条件的:一是晋国要献出河西之地给秦国;二是晋惠公把名为"圉"的太子送到秦国充作"质子",其实也就是人质。秦穆公为了表示自己的善意,把女儿嫁给太子圉为妻。此时的晋秦关系,虽然在表面上延续了婚姻之好,但是晋国显然处于被控制的劣势地位。晋惠公的二次返国为君,完全没有此前的荣耀,而是在秦人"开恩释放俘虏"的氛围中得以成行的,几近被"押送"归国。

晋惠公第二次返国为君,在晋国内外都带着被人耻笑的屈辱,导致他此后在内政外交方面都难以有所作为。身处如此不利环境,晋惠公的猜忌之心更为严重,他顾忌在外流亡的公子重耳的威望太高,担心晋国内部有人期待重耳回国为君,居然派出刺客前往重耳的避难之地意图将其杀害,这迫使重耳只好再度踏上逃亡的道路。此事一被公开,晋惠公在国内的人望更加跌落。公元前637年,晋惠公病重而亡。他在位14年,留给晋国的是"负资产"。回顾"骊姬之乱"的发生,当时的公子夷吾被迫逃亡,晋国内外对他给予同情的不在少数;他在秦穆公的护送之下,得以返国为君也不是出于偶然。但是,他在处理国内外的一系列问题时，都表现出心胸狭隘、恩将仇报的特点，特别是没有处理好与秦国的关系，导致一误再误，最终成为在历史上留下笑柄的庸主。晋惠公的悲剧，很值得认真总结。

在晋惠公病重之时，他派往秦国做"质子"的公子圉，为了争夺晋国的君位，不顾两国关系急需维持的大局，居然私自逃离秦国而返回了晋国。这无疑是晋惠公父子对秦穆公的又一次"负恩"之举。因为公子圉来秦国做"质子"，虽然是晋国在韩原之战惨败后不得不接受的布局，带有受胁迫的意味，但是，从秦穆公的安排来看，他是希望改写晋秦为敌的局面，维持晋秦两国的睦邻关系的。秦穆公做出了一个重要的决策：把自己的女儿嫁给公子圉。由此可见，秦穆公是希望在晋惠公逝世后，由秦国护送公子圉返回晋国为君。有一层"翁婿关系"的存在，晋秦之间延续婚姻关系而促成两国睦邻关系的重建，本来是顺理成章的事情。但是，秦穆公一番善意的安排，随着公子圉的私自逃出秦国，返回晋国即位为君（晋怀公），而被完全毁弃了！

为此，秦穆公痛下决心，从根本上调整对晋国的外交格局，抛开晋惠公—晋怀公体系，改为支持在外流亡的晋公子重耳。秦穆公先是礼请重耳入秦，不久就出动大军渡过黄河，以大兵压境的方式"护送"重耳返回晋国为君。晋惠公和晋怀公父子,在晋国本来就不得人心,重耳素来有"贤公子"的美誉,再加上有秦穆公的强势支持,晋怀公无法抵抗,只能逃离都城。重耳派人诛杀了晋怀公,在秦军的支持之下即位,他就是历史上赫赫有名的晋文公。

从遭遇"骊姬之乱"走上流亡的道路,到侥幸返国为君,晋文公重耳在国外流亡的时间长达19年。他这一段向晋君之位攀爬的道路,走的实在是太过艰难。在中国古老的君主政治史上,堪称独一无二的传奇。

重耳19年的流亡史,居住时间最长的地方是狄国。狄国的君王对重耳很优待,还把与其同族的季隗、叔隗两个女子赐给他。重耳娶季隗为妻,而将叔隗转赠给重要的随从之臣赵衰为妻(他久居狄国的这段经历,与本文关注的乡宁县昌宁镇的"晋文公庙",应该有直接关系)。重耳离开狄国之后,流离所到之地有卫国、齐国、曹国、宋国、郑国、楚国、秦国,最后才在秦穆公的大军"护送"之下而得以返晋为君。重耳流亡所经之国,有的君王对他以礼相待,也有的君王对他多有失礼,沿途之上,他还要躲避晋惠公派出的刺客加害……因此,说晋文公重耳的流亡之路备尝颠沛流离之苦,实非虚言。

晋文公有识人之明、用人之能,所以晋国的一批贤能之士对他忠心不二，即便是他在长期流亡过程中，无法预见他的流亡生涯何时结束，也无从预测他是否还有返国为君的可能性，依然有十多位杰出的人才紧紧跟随在他的身边。其中最有盛誉的是狐偃、赵衰、贾佗、先轸、魏犨五人，史称"五贤士"。他们在道德、谋略、政治和军事能力等不同领域，都是当时晋国最为杰出的人才。他们全程跟随流亡中的公子，真是不离不弃。他们既保证了重耳流亡之路的安全，也是后来襄助其成就霸业的关键人物。当然，追随在他身边的还有其他贤能之士，如狐偃的弟弟狐毛，再如后世

《晋文公复国图》（局部）之重耳复国即位

南宋李唐绘（传）

的"知名度"超过了"五贤士"的介子推。

晋文公登上君位,已经是63虚岁的老人家了。19年的流亡,既是阅历,更是锤炼。初登君位的晋文公,已经是老练的政治家。他励精图治,整军经武,把经历了多年内乱而中衰的晋国,迅速推向了复兴和崛起。内政清明,为晋文公对外争夺"霸主"地位,奠定了坚实的基础。

## 二、"尊王攘夷",成就霸业

春秋前期,中原的华夏民族与其他少数民族的矛盾和斗争,曾经很激烈,出现了"南夷与北狄交,中国不绝若线"(《春秋公羊传·僖公四年》)的危急局面。所谓的"南夷",是指南方的楚国。"北狄",是指散居北方的狄族。狄族的繁衍生存之地主要在今山西境内。北京大学李零教授最近的论文有如下论断:"山西自古多戎狄。戎狄与唐、虞、夏三族长期相处,早就是当地土著的一部分。"(李零:《山西考古断想》,《文物季刊》2022年第1期,第74页)所谓的"中国",是指分布于中原之地同属于"华夏"联合体的各个国家。在周王室"东迁"洛邑之后,其军事力量和政治影响力急剧衰退,周天子已经无力肩负起率领华夏诸国共同抵御"南夷"和"北狄"的侵逼的任务,"如果任由夷狄民族入主中原,那么不仅意味着在政治、军事上江山易主，更重要的是野蛮落后的夷狄文化将取代中原先进的礼仪文化，中原人民文化生活习俗也将面临重大改变，他们要像夷狄民族一样披发左衽……所以春秋时期的夷夏之争，不仅是不同政权的政治、军事之争，也不仅是地域、民族之争，更重要的是中华文化发展史上的一次文明与野蛮之争"（陈桐生：《"夷狄交侵"的危局与孔子盛赞的管仲》，《博览全书》2023年第1期）。这个论断，对于理解春秋时期华夏民族与夷狄诸族的残酷斗争，从文化的角度，提供了一个值得重视的理解标准。

在这样"夷狄交侵"的危局之下，"霸主"政治应运而起。首位霸主齐桓公的事业得以成功，很大的原因就在于他采纳管仲的建言，打出了"尊王攘夷"的旗帜，把中原华夏各国凝聚成团。在推尊王室、排斥夷狄的过程中，成功地确立了自己的霸主地位，成为号令华夏诸国的"盟主"。在齐桓公逝世后，齐国的霸业中衰。宋襄公有意接过"霸主"的位号，却被楚人玩弄于股掌之上……华夏诸国再次陷入"中原无霸主"的困境中。就在此时，流离境外19年的晋文公返国为君，他有意要继承齐桓公的事业，做中原新霸主。恰好，历史给了他施展抱负的机遇。

先说"尊王"之事。

晋文公元年（周襄王十六年，前636），周王室内部爆发了"王子带之乱",周襄王的弟弟王子带为了争夺天子之位,居然联合狄人围攻周的都城,周襄王逃往郑国避难,并向各国诸侯求救。晋文公闻知有点犹豫,因为他返国为君才几个月,内政尚未处理妥当,此时出兵征伐,感觉有点力难从心。黄河对岸的秦穆公本来就有东出争夺中原霸主地位之心,得知周室内乱,他就乘机起兵,直达秦晋边境,打出的旗号就是要扶持周天子重返都城。一道难题摆到了晋文公的面前:是把"勤王"的美誉和事业拱手让给自己的恩主秦穆公,还是安抚住(其实是阻挡)秦穆公,自己去承担这份责任,奠定称霸的基础?极有战略远见的赵衰进言:"求霸莫如入王尊周。周晋同姓,晋不先入王,后秦入之,毋以令于天下。方今尊王,晋之资也。"(《史记·晋世家》)

赵衰的话言简意赅:如果想要建立霸业,不能错过安顿周王返京、尊崇王室的最佳时机。而且周王室和晋国是同宗,如果晋国安顿周天子的动作慢了,落在秦国的后面,晋国就丧失了号令天下的资格。当今之时尊崇王室,就是晋国称霸的宝贵资质。晋文公心领神会,迅速出兵"勤王"。晋军所向披靡,解救了被围困的周襄王,并护送他返回都城,又追杀作乱的王子带,迅速平定了周王室的这场兄弟争位的内乱。周襄王把河内阳樊之地赐给晋国,这是答谢晋文公的重礼。晋文公此举在诸侯中树立了美誉，晋国的威望得到了提升。

再看"攘夷"之举。

晋文公的"攘夷"重头戏，是抵制楚国的北侵。其高潮就是著名的城濮之战。在晋文公返国为君前后，正是南方的楚国积极北上争霸的时期。楚成王是有抱负的政治家，在令尹子文、大将子玉的辅佐之下，国势蒸蒸日上，连年对北方用兵，原属于华夏集团成员的郑、陈、蔡、许等国都被迫依附于楚国，一度坚决抗楚的宋国也被楚国大军围困而岌岌可危。有志于争当霸主的晋文公，面对这种局面，必须担负起抗击强楚的使命。否则，他无从争霸，华夏各国的文化传统也难以保全。当时，楚强晋弱的格局很明显，两国交战，晋国本无胜算；而且，当年晋文公流亡到楚国时，楚成王对这位落难的晋公子隆礼相待，是"有恩"于晋文公的。但是，形格势禁，现在的晋楚两国却必须在战场上刀兵相见。不论是军事力量对比悬殊，还是私人关系上的道义压力，晋文公承受的压力之大，不难想见。不管承受多大的压力，与楚国决胜争霸的这场战争，晋文公都必须面对。

晋楚争霸的"城濮之战"，爆发于周襄王二十年（前632）。这是晋、楚两国在卫国城濮（山东鄄城西南）展开的一场大战，其结果直接影响了天下大局。此战的一个重要看点是：晋文公在两军对垒之时兑现了他当年流亡楚国时许下的诺言，如果两国不幸发生战争，他以"退避三舍"的方式报答楚成王的隆礼相待。就在两军正面相遇之时，晋文公传令晋军后退"三舍"，也就是自动后撤90里路。两国决战在即而自行后撤，就常规而言，是一种临战忌讳，这种明显的示弱之举，有可能影响军心，造成不良后果。但在城濮之战的具

春秋晋国蟠螭纹双耳盖壶　太原市金胜村赵卿墓出土

体环境之下，晋文公"退避三舍"之举，却有特殊的作用：树立了晋文公"守信"的形象，提升了他的政治道德定位；从"受辱"必定"知耻"的角度，刺激了晋军将士的激愤情绪，使之具有了"哀兵"的意识，强化了破敌雪耻的求战之心。这些因素都可以提升晋军阵营的战斗力。而且，晋军后撤，避开了楚军的锋芒，滋生了他们的骄横轻敌情绪。晋文公的"设局"果然奏效。楚军统帅子玉被晋军"胆怯避战"的假象所迷惑，面对强敌，却滋生了轻敌意识，他不顾楚成王的告诫，率军冒进，被晋军歼灭两翼。本来具有优势的楚军，尽失先机而大败。楚军统帅子玉怀恨自杀，承担了丧师败绩之责。

南方强楚北上争霸，曾经对中原华夏诸国造成极大的压力。早期的"中原霸主"的使命之一，就是联合诸国抵御楚人的攻势。第一位中原霸主齐桓公，其对于楚国的"攘夷"之功，主要是在"召陵之盟"中体现的。彼时，齐国和楚国两大阵营之间，并未真的展开大战，只是在互相展示军事势力之后，以"贵族式"的"文明"方式，楚人表示了有条件的妥协和退让，承认了齐桓公的霸主权威而已，楚军并未受到真正的打击。真正以一场战争，直接打败了强大的楚军，为中原华夏诸国带来了多年相对安全的环境，还是晋文公指挥的"城濮之战"。称赞这次战争是"一战定霸",并非过誉。从"力挫强楚"的意义上说来,晋文公的霸业超过了齐桓公。

当代史学名家童书业教授如此评价这场战争:"城濮之战是春秋前期的第一次大战,这次战争实在关系中原的全局。这时楚国的势力差不多已经蹂躏了整个的中原……要不是晋文公崛起北方,勉力支持大局,那么不到战国,周室和中原诸侯早已一扫而空了。城濮一战,楚军败绩,南夷的势力即退出了中原,北狄的势力也渐渐衰微下去,于是华夏国家和文化的生命才能维持,这不能不说是晋文公的大功!"(童书业:《春秋史》,上海古籍出版社,2003年版,第188~189页)这段高屋建瓴的评判,至今依然是我们认识城濮之战和晋文公霸业的经典之论。

晋文公从城濮凯旋,在践土(今河南广武附近)召集诸侯会盟。这次中原诸侯的会盟,有晋、齐、鲁、宋等九国参与,晋文公是这次会盟的主持人,周天子(襄王)以颁赐礼器和虎贲300人的方式,表示对晋文公的尊重,并且以"王命"正式册封晋文公为诸侯之长。至此,晋文公的霸业正式确立。

晋文公霸业得以确立的两个标志是:军事上的"城濮之战",政治上的"践土之盟"。既有国家的军事力量为其后盾,又有政治谋略的成功运作为其支撑。

周襄王二十五年(前627),功成名就的晋文公病逝。他在位时间不足 9 年。其子晋襄公善继父志，延续了晋国的霸业。此后的晋国在与楚国的竞争中，长期居于中原霸主的地位。当时的晋国，确实是华夏诸国的中流砥柱。

## 二十二
## 寿圣寺、千佛洞

寿圣寺,在乡宁县昌宁镇寺坡巷。千佛洞,在乡宁县昌宁镇营里村。

—[行知提示]—

从晋文公庙沿苏北线南行约10千米,至鄂西迎宾大道转向东行约4千米,到达乡宁县昌宁镇寺坡巷,寿圣寺即在此处。从寿圣寺沿文笔路、迎旭东街东北行约10千米,到达昌宁镇营里村,千佛洞即在此处。

乡宁县寿圣寺门外山景　李国庆　摄影

## ◇ 寿圣寺、千佛洞简介

### ● 寿圣寺

寿圣寺位于乡宁县昌宁镇东北部寺坡巷内。据考证，系宋仁宗皇祐年间（1049～1054），乡宁县城迁建同时在城郊所建，金、元、明、清均有修葺。北宋曾多次大规模为天下庙宇赐额，治平四年（1067）正月，新即位的神宗诏令，为无敕额有屋宇30间以上、且有佛像的寺庙，颁赐"寿圣"寺额，藉以为英宗追福。当时南北各处寺院取名寿圣者，一州或至十数所，"寿圣寺院"有遍及天下之势。疑乡宁寿圣寺之名亦与此有关。

寿圣寺坐北朝南，现存北大殿（大雄宝殿）、钟楼（山门）和东配房（厢房）等建筑，共2000余平方米。北大殿面阔三间，进深两间，呈单檐悬山顶，梁架结构古朴，柱头斗拱四铺作单昂，虽经元代改建重修过，依旧继承了宋代建筑原有结构。

据方志、石刻、钟铭题记等明确记载，元代皇庆元年（1312）以及明代成化年间（1465～1487）都

寿圣寺山门

钟楼里的金代铁钟　石春兰　摄影

重修过钟楼。钟楼现在兼作山门,重檐歇山顶,面阔、进深各三间。钟楼共两层,一层应为金代遗构,有明显的元代重修过的风格,二层则是明代重修的风格。钟楼一层四周带围廊,四柱通顶,上施井口枋。二层上面悬挂着数吨重的大铁钟,高 2 米,内径 1.7 米,为金代实物,大钟铭文清楚地记载着金"甲子泰和四年正月十八壬午日造"。

山门内侧有 4 根方形条石立柱,每根石柱上面都刻有文字,记述了立柱时的年代与日期,有金代泰和、明代成化、清代乾隆和民国等时期。乡宁寿圣寺作为晋西南地区为数罕见的集合宋、金、元、明风格为一体的建筑遗构,具有非常高的建筑、历史、艺术价值,被国务院列为全国重点文物保护单位。

## ● 千佛洞

千佛洞在乡宁县城东5千米的营里村半山悬岩上。原为能仁寺石窟,俗名佛洞庙,为北周、隋、唐佛窟。山上林木繁茂,在半山崖间有一处巨石像平台一样突出于外,长宽高各20米,体积8000余立方米,佛洞即开凿于巨石之腰。洞前有两进院落的寺宇,为

千佛洞石窟洞顶

明清建筑，规模不大，有山门、厢房、配殿、献殿等，巨石位居最后，千佛洞则成为寺后佛堂。

石窟高约 3 米，宽深各 4 米余，顶壁呈圆拱形。左、右、后三壁向里凿进，形成三壁三龛的样式。四壁原来满雕千尊佛像，现存可辨的 900 余尊。窟内空间不大，雕像非常集中，大的有一尺余，小的仅五六寸。刀法简练，姿态庄重，风格各不相同，造像手法具有北朝至隋唐风格。左壁第四层有题刻文字："承太平昌宁二县令"，正是北魏太武帝改原县名泰平为太平之后用字。综合洞窟形制、造像、供养人服饰、题记内容诸方面分析，石窟的开凿时代当为北朝晚期的北周。洞后局部有后代绘制的壁画，为佛教传说故事，窟内主像风化严重。千佛洞石窟的左壁供养人浮雕中人物服饰及牛车，为研究北周石窟造像，以及车舆、服饰、仪仗方面提供了珍贵的实物资料。窟前寺院内保存有清乾隆七年（1742）及民国年间石碑 2 通。千佛洞石窟已被列为全国重点文物保护单位。

# 二十三
## 坤柔圣母庙、挂甲山摩崖造像

坤柔圣母庙在吉县吉昌镇。挂甲山摩崖造像在吉县甘亭镇锦屏山。

吉县隶属临汾市,地处黄河中游东岸。南与乡宁县相连,西邻黄河与陕西省宜川县隔河相望,北与大宁县为邻。

吉县秦汉时属河东郡北屈县,北魏置定阳县,隋开皇十八年(598)改吉昌县,五代后唐改吉乡县,金置为吉州,民国元年(1912),改为吉县。

[行知提示]

从乡宁县千佛洞沿迎宾东大道、青兰高速西北行约35千米,到达吉县吉昌镇桥南村,坤柔圣母庙今址即在此处。从坤柔圣母庙往西转入青兰线,依此南行约1里,到达毗邻的甘亭镇滨河路的佛阁寺,挂甲山摩崖造像即在此处。

吉县挂甲山远眺  李国庆 摄影

# ◇ 坤柔圣母庙、挂甲山摩崖造像简介

## ●坤柔圣母庙

坤柔圣母庙,又称后土庙、娘娘庙,是供奉后土的神庙,祭祀土地的社坛,也是当地百姓祈求风调雨顺、五谷丰登、子孙满堂的信仰场所。圣母庙原址在吉县吉昌镇的谢悉村塬坡上,20世纪90年代,迁建于吉昌镇桥南村挂甲山的今址,圣母庙正殿坐落于1米高的台基上,山塬烘托,雄踞高阔,登之可俯瞰吉县胜景。

坤柔圣母庙始建于宋天圣元年(1023),元延祐七年(1320)重修,明隆庆四年(1570)局部重建。现仅存圣母殿,面阔三间,进深三椽,单檐歇山顶,建筑风格为元代遗构。建筑整体用材厚朴考究,结构精巧,前后檐及两山由爬梁承托荷载,中心由斗拱挑承着垂莲柱,结成疏朗的藻井,基本不用钉、铆等物来固定,结构之奇巧,为我国古代建筑中所少见。庙外台阶下还建钟鼓楼各一座,有一口铸于金代天眷元年(1138)的千斤铁钟。

坤柔圣母庙中的圣母殿　石春兰　摄影

在中国古代民间神话信仰里,后土为掌管土地的女性神,被称为皇天后土娘娘。传统农业社会,人们对土地与生产无比重视,将土地视作古帝神王般予以崇奉,在称谓"土"前尊以帝王之称"后"字,"土为群物主,故称后也"。民众将土地滋生万物的能力与女性的生殖能力相联系,给后土神又附加了掌管生育的职权,将后土塑造成女性的形象,即"地母",后来后土神的主要职能已经由主管土地变为主管生育送子。正因坤柔圣母庙里供的是后土娘娘,所以民间也俗称娘娘庙。

### ●挂甲山摩崖造像

挂甲山摩崖造像,位于吉县县城西南一里附近的锦屏山北脚下,摩崖背依锦屏山,面临清水河。据方志记载,唐初大将尉迟恭出征过此,曾在锦屏山挂甲,也有传说唐太宗与秦琼奔赴长安暂驻于此,曾挂甲山巅,故锦屏山又名挂甲山。

挂甲山摩崖造像的窟龛主要分布于挂甲山东侧台地上"佛阁寺"院内,寺院现今已毁弃,从石壁顶上凿有椽孔的痕迹可知,原有插廊一类的木构建筑,现今也已荡然无存。院内除了石雕造像,还有各类题刻、崖画。造像凿刻于坐南朝北的山崖下端,窟龛的范围

挂甲山东侧的"佛阁寺"山门　李国庆　摄影

不大,保存相对较好。造像的雕凿手法有高浮雕、浅浮雕和线雕。现存摩崖石刻佛像由西至东共分5区,每区2~3龛,多为火焰式或尖拱形。造像多为一佛二菩萨,佛座为覆莲瓣束腰须弥状,菩萨敬侍于两侧。此外,还有各类题刻以及一组崖画。特别值得一说的是其中一窟造型独特的菩萨雕像,左手抚于左膝之上,右手托腮,右膝盘于莲座上,头歪向右,若沉思状,形象传神,宛然如生。雕饰手法基本采用剔突、线雕相结合,与其他石窟中圆雕相比,此手法刻工精细,造型优美,别具一格。

据载，挂甲山摩崖石雕以北魏太和元年（477）最早镌刻，但今已经看不到北魏时期的题记。现存石刻像始凿于隋开皇二年（582），唐、宋、金时期多有补刻，如宋熙宁二年（1069）、金皇统五年（1145）、明正统九年（1444）等雕刻。现存摩崖石刻隋、唐风格尤甚，个别石龛为金代风格，宋代摩崖造像无实物保存，唯有石刻题记存留于此。

挂甲山摩崖造像为全国重点文物保护单位。桂子观吉县挂甲山造像，咏之曰：

捣练子·佛阁晴岚

披甲岭，

卧如龙。

历代摩崖造像丰。

千载时光存旧影，

尚留胜景在山中。

## 二十四
## 吉县黄河壶口、克难坡

黄河壶口,在吉县壶口镇。克难坡,在吉县壶口镇南村坡村。

—[行知提示]—

  自挂甲山摩崖造像沿青兰线西北行约34千米,到达吉县壶口镇"黄河壶口瀑布风景名胜区"游客服务中心。从"黄河壶口瀑布风景名胜区"游客服务中心,沿黄河河滨路北行约13千米,转东进入南村坡村,克难坡即在此处。

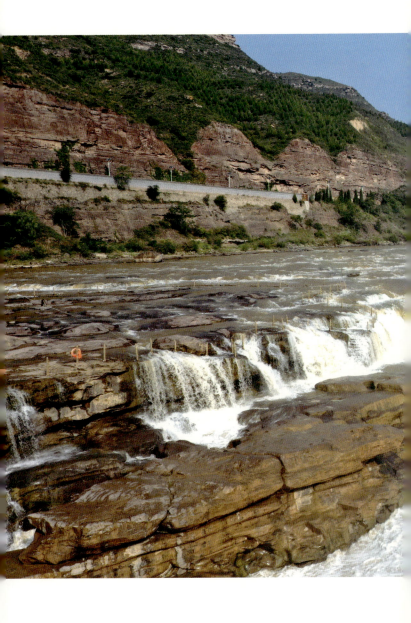

吉县一侧的黄河壶口景区　李国庆　摄影

## ◇ 吉县黄河壶口、克难坡简介

● 吉县黄河壶口

　　吉县黄河壶口，东距山西省吉县县城约 25 千米，西濒陕西省宜川县城 43 千米，此处有黄河中游流经

吉县观黄河壶口瀑布　李国庆　摄影

黄河壶口河道"十里龙槽"鸟瞰　李国庆　摄影

晋陕大峡谷时形成的一个天然瀑布,为两省共有的风景名胜区与人文胜地。

黄河流经晋陕峡谷到达此处,水流冲蚀,河床中间部分下切,河流由近500米宽急剧收束下泻,进入河床中部河槽之内。河槽宽仅30米左右,深约50米,沿河床而南下10余里,槽口河水呈半环形倾泻而下,形成瀑布,有如排山倒海,万马奔腾。惊涛怒浪,沸腾响震,恰似跌落进巨大无比的壶中,故名壶口瀑布。

壶口瀑布是黄河中唯一的"黄色大瀑布",也是中国第二大瀑布。自古以来就是黄河重要的自然名胜，同样是重要的历史人文景点。全面抗日战争爆发后，山西半壁沦陷，阎锡山于1938年撤退至吉县，在日军的追击下两次西渡黄河，重返山西后，将办公地点移驻壶口瀑布上游六七公里处的克难坡。1938年9月，著名诗人光未然带领抗敌演出队路过壶口，随即有感而发，写下了不朽的诗篇《黄河颂》。回到延安，冼星海为这首诗谱了曲，脍炙人口的经典歌曲《黄河大合唱》就此诞生了。

黄河壶口一年四季景色壮丽多姿：春夏季节壶口黄河水清之时，阳光直射，彩虹随波涛飞舞，景色奇丽；初秋时节壶口瀑布水量增大，水势浩荡，飞溅的水雾在河槽上下激荡，宛然生烟；到了冬季，整个水面全部冰冻，结出罕见的巨大冰瀑。黄河壶口的胜景之中主要有"旱地行船""壶底生烟""谷涧惊雷""彩虹飞渡"（晴天可见）"十里龙槽"等奇观。壶口瀑布于1988年被公布为国家重点风景名胜区，现为国家4A级景区、国家地质公园。

桂子游壶口瀑布，作词曰：

忆江南·壶口观瀑

黄河瀑，

千里掬朝霞。

涧底雷鸣龙戏浪，

空中彩虹雾飞花。

奔涌向天涯。

● 克难坡

　　克难坡,又名"南村坡",在吉县西北30公里处的壶口瀑布东岸。克难坡东连南村坡垣,西邻黄河左岸,南面是麻库掌深沟,北面为古贤沟土塬,东西长约500千米,南北宽250千米,是一个三面临沟河、一面通高原的葫芦状独立山梁。总体是由自西向东并列和从北到南倾斜的5条沟梁组成,各梁均有一块冲积平地,有依险居高、一夫当关万夫莫开之军事地理

山巅小城——克难城入口　巨岩 摄影

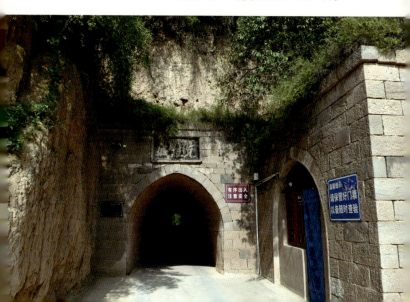

实干堂　李国庆 摄影

优势。抗日战争时期,阎锡山主持的第二战区长官司令部和山西省政府、民族革命同志会等首脑机关,于1940年至1945年曾在克难坡驻扎,修建"克难城",成了当时第二战区的军事指挥重镇和山西省的政治中心,一时有"小太原"之称。因阎锡山避讳"难存"之谐音,并意欲激励军民克靖国难、共济时艰,故将原名"南村坡"改为"克难坡"。

阎锡山在入住前的两年里,对克难坡进行了周密规划,修建了窑洞层叠、颇具规模、可容纳2万多人居住办公的石砌与土窑之堡垒——"克难城"。现存建筑有阎公馆、实干堂、进步室、批评室、克难室、竞赛室、检讨室、真理室、忠烈祠、望河亭,以及洪炉台、上城墙及200余孔窑洞。除土窑洞外,重要建筑均为石头干砌,建筑技巧堪称一绝。阎锡山曾有《克难坡感怀》一诗:"一角山城万里心,朝宗九曲孟门深。俯仰天地无终极,愿把洪炉铸古今。"

克难坡后山有一座石亭"望河亭",亭前石柱上有阎锡山亲书的对联:左联为"裘带偶登临,看黄流澎湃,直下龙门,走石扬波,淘不尽千古英雄人物";右联为"风云莽辽阔,正胡马纵横,欲窥壶口,抽刀断水,誓收复万里破碎山河";横批是"北天一柱"。

克难坡上远望黄河口　　李国庆 摄影

桂子登克难坡,临克难城,填词咏之:

天仙子·北天一柱

九曲黄河流晋地,

三秋壶口雷声起。

同心抗战挽危澜,

垂青史。

众将士,

克难家山千万里。

●赵瑞民

# 1 杨经略事迹

克难坡有一处杨经略祠,以前没有注意。这里面所供奉之神主杨贞是金代人,官至经略使,在抗击蒙古大军时殉难。笔者一直在山西工作生活,从事历史考古工作,却对此人一无所知,考察经过克难坡杨经略祠,不禁有了强烈的兴趣。

克难坡上的杨经略祠　李国庆 摄影

以前参与编写《山西历史人物》，不记得有这位人物。回来翻书，结果的确没有。再查史籍，《金史》无传，倒是在中华书局1983年点校本的金末刘祁所撰《归潜志》卷五有载："杨户部槇（一本作"祯"，即杨贞），字正夫，吉州人。少擢第，有能名，南渡为左司员外郎，颇与权要辨争，以罢。后为户部侍郎，又行部河中。北兵攻胡壁堡，将陷，正夫知不免，先使妻子赴黄河，已从之死。为人慷慨有气节，士大夫多称之，甚可怜。"

刘祁是金末山西当地人，他的这部《归潜志》在《四库提要》里评价甚高，但对杨贞的记载太简略，名字还有差异，杨经略最要紧的官职经略使都没有记载。刘祁写作该书，正处于战乱时期，金政权与蒙古和南宋两边作战，社会混乱，没有条件得到准确信息，有可能是得之传闻。

后在1999年编成出版的《全元文》中检索到一篇杨贞的传记，辑自明成化《山西通志》和晚清《山右石刻丛编》，收录文字以后者为主。这篇传记极为珍贵，有关杨贞生平事迹如何采访，撰写有何目的，都有交代，确实可信。此外的杨贞传记，或详或略，均出自此文，不备举。鉴于此，有必要将此篇杨贞传记全文转录。

《山右石刻丛编》卷三十八所收"吉州学乡贤杨贞行迹碣"，这是编者所拟的标题，不是碑碣的原标题，

清代编集的收录山西石刻资料的《山右石刻丛编》书影

但这个标题不是为了耸人听闻，而是提示了不少信息：一个是碑碣所在地是"吉州学"，在当年的学校里放置；另一个"乡贤"，是表示杨贞就是吉州当地人；还有一个是"碣"，提示刻石并非修治得规整完好的石碑。还标注了"碑高一尺四寸，广二尺四寸，五十行，行二十四字，字径五分，正书。今在吉州"。这些都是有用的信息。

碑碣原标题是"金河东南路招抚使隰吉便宜经略使杨公行迹"，以下是碑碣正文：

> 公讳贞，字正甫，吉州人。父讳椿，献州刺史。公幼住国学，擢明昌五年第，调汝州军判。沉毅有材略。章宗征淮南，输河北民租廿余万入洛阳仓，主仓者收粟以解，民苦积滞。河南尹委公监之，舍斛用囊，逾月而毕，时称其能。再调忻州幕，寻知神木寨，辟为尚书省掾，补知除，以父疾去。

起为国子博士,再授大理司直,丁父艰。东海即位,拜国子司业,被命巡行郡国,奏请赈河东饥。宣宗渡河,擢左司员外郎。公奏:方今新迁,国用乏,诸臣使宋国,所得赠贿宜悉入官。遂以公为接伴宋使,归,所得如前奏。因是,使者以为常。还授户部侍郎,兼提河南诸路榷货,遂设场分榷唐、邓、蔡、息四州,治嵩、鲁二山银铁,立河泊市令等司,国用以足。天兵攻陕未下,会冰释而还,宣宗以公行陕西,六部尚书送以甲马三百。公至,筑城垒,缮守备。时陕兵老弱十余万,公惧乏食,市官驴运粮,毕则以驴借民运砲而收其征。置官陕州渡,抽分商盐,以盐中粟助军食。有贵戚□人贩盐,不利分己,遂使人诬讼。公叹曰:"放于利而行,多怨,我之谓矣。"坐免还家。尝慕范文正公为人,为吉州新学舍,买附郭田三顷、水硙一、水轾二,以膳学徒。天兵攻吉,公挈家避地丹阳。京兆行省奏以公为河东南路招抚使、隰吉州便宜经略使,公以史咏为赵城令、宁德为稷山令、程秀为乡宁尉,并力御守。是年,天兵复掠地隰吉,公去吉六十里筑牛心寨,临黄河而居,以宁德及子克义监战。克义死之,舆尸至,公叹曰:"我家食禄四世,当以老身报国,一子何足惜!"命勿哭。亡何,天兵复自鄜延渡河,围吉安堡。

招抚张冲、同知任礼厚夜腾堡，奔牛心寨。礼厚，公子婿也。寨受攻日急，稍有降者。公谓礼厚曰："而业进士，致身五品，亦欲降邪？不死何待！"叱礼厚并其妻坠崖死之。又谓子克敬曰："国事去矣，吾不忍汝为人臣虏。"命相继坠死，亦死之。命夫人孟氏自经死。公朝服南望再拜毕，对鉴掠鬓饰容，更素衣，焚庐，赴河而死。后尸横河冰上，门人张安石见而收之，葬于州西麻窟掌。

右杨公行迹，史逸其事，今吉州之西有其丘陇及其死所，父老犹能言之，而子孙无孑遗矣。《金登科记》中具载其姓名。新州学，施田碣，碑略记其事。复生备员吉州，购其行二年，乃得之强仪卿家。惧其久而弗传也，列诸祠堂，以次冯公。非唯表其忠节，亦以知学之有廪自公始。至正庚寅十月甲申，前承事郎、吉州同知长沙韩复生述。

奉议大夫晋宁路吉州达鲁花赤　伯火者

奉议大夫晋宁路吉州知州　鹿峪

忠翊校尉晋宁路同知吉州事　普达实理

敦武校尉晋宁路吉州判官　阎思孝

吉州吏目　田荣祖

吉州儒学正　黄平益　同刻

其后尚有"施木物人"共28人姓名，此从略。
《山右石刻丛编》的作者还做了年代考证："杨

贞,《金史》无传。《续资治通鉴》:金元光六年,吉州残破,金人于牛心寨侨治州事。木华黎自隰州攻之,知州杨贞令妻孥坠崖死,已从之。与此碣合。"查《续资治通鉴》,其事载于卷一百六十二,是年为南宋宁宗嘉定十五年,公元1222年。此年当金宣宗兴定六年,八月改元为元光,则为元光元年;于蒙古为太祖(成吉思汗)十七年,其时尚未建立元朝。《续资治通鉴》系此事于十月,与杨贞赴河而死,死后"尸横河冰上"相合。阴历十月,黄河已冰冻封河,至今依然。

杨贞是抗敌英雄,英勇不屈的光辉典范,然而在他的生平事迹里,乍看还有过举家逃难的怯懦行为,"天兵攻吉,公挈家避地丹阳",这给人的印象是似乎他的性格有两面性,人格并不完整。在民国《吉县志》卷七"历代兵氛"中提到一件相关的事,说:"金兴定三年,遣近侍局直长温敦百家奴、刑部侍郎奥屯故撒合徙吉州之民于丹州,以避兵锋。"原来是发生过迁徙移民的大事,不是杨贞自己做主,举家出外逃难。碑碣所记"公挈家避地丹阳",实际是遵从号令,迁徙至丹州。丹州即今陕西宜川,与吉县隔河相望,过了黄河就到,距离很近。

能够证明杨贞是奉命避难的史料,出于《金史·许古传》。并且记载,前去吉州主持迁徙的那两位官员并不称职,"州民重迁,遮道控诉,百家奴谕以天子恐伤百姓之意，且令召晋安兵将护老幼以行。众意兵至必见强也，乃噪入州署，索百家奴杀之。胡撒合畏祸，矫徇众情，与之会饮歌乐尽日，众肩舁导拥、欢呼拜谢而去"。一个被州民所杀，一个和州民打成一片，搞了一场闹剧。故撒合，一作胡撒合，事后他被朝廷处置。吉州也因此废弃荒置，杨贞所筑牛心寨，即被作为吉州的临时治所。此事本身的荒唐不必说了，其背后的战略意图同样令人扼腕。两三年内，先是放弃河东吉州，全部撤至河西，后来又经略吉州，派杨贞做专使，据守河东。由此可见当局的张皇失措、进退失据，杨贞受命于此时，欲有所为，难矣哉！

碑碣说杨贞葬在"州西麻窟掌"，即今麻库掌，"百度百科"的克难坡景区介绍中有"二新沟东南方为'麻库堂'，有金代隰吉便宜经略使杨贞之墓及墓碑"，遗憾的是当时没有去看，墓碑是原物抑或新建，也无从知晓。杨贞墓也是登记在册的不可移动文物，《中国文物地图集（山西分册）》所载"南村墓葬"即是，墓在吉县南村坡（克难坡原名），属县级文物保护单位，大概因无明确证据，云："传为杨贞之墓。据清光绪《山西通志》载，杨贞，生卒年月不详，金代吉州（今山西省吉县）人，官至河东南路招抚使。曾筑堡寨以抵御元兵，后投河而死。地表现存圆形封土1座，底径约2米，残高约3米。石人2尊，石羊 1 尊。"《地图集》反映的是 2000 年前后的情况，看来那时还没有墓碑，所以不能确认是杨贞墓，那么现在的墓碑肯定是新立的。

从杨贞墓地所在，可以推测，牛心寨也应该就在克难坡。牛心寨的确切位置失载，也没有遗址存留。不过牛心寨建于黄河边，杨贞因守寨而死难于黄河，墓地就在紧临黄河处，很有可能是门生张安石收葬杨贞，墓地就选在他殉难处。克难坡在抗战时期是第二战区长官司令部和山西省政府所在地，金末杨贞选址筑寨于此，应该是一样的着眼点，此处的地形地貌适

山西繁峙县岩山寺文殊殿水陆壁画里的金代官员形象

合在战乱时期筑城寨据守。

前录杨贞行迹的碑碣文,特意将末尾题署的衔命照录,这在明成化《山西通志》和《全元文》中都省略了。其实这些被忽略的内容里,也包含着发人深省的内容。文末结衔者除撰者韩复生外,还有6人,3个蒙古人,3个汉人,文武皆有,吉州主要的官员都在其中。杨贞殉难在1222年,刻此碑碣是至正庚寅即至正十年,当公元1350年。120多年后,拼死抵抗蒙古大军的英雄,受到蒙古官员和汉族官员的一致褒扬。由此想到一个问题,推崇一种精神,以及此种精神包含的价值,和政治立场的对立再无关联,需要多长时间?

阎锡山建杨经略祠,崇祀杨贞,自然是推崇其抗敌之际,具有必死的决心和赴义的勇毅,用这样的精神鼓舞士气,激励属下,共同完成抗日大业。但我们在阅读杨贞事迹之后,还是有许多感慨。杨贞自身英勇抗敌,以死明志,大节荦荦,无可非议;而逼着妻子儿女一起赴死,在我们看来,就很不人道。丈夫左右妻子、父亲左右子女的生命,在古代似乎理所当然,并为舆论所褒扬,却不是现代社会所应提倡的。每个人的行为,尤其是关乎生死存亡的决定性行为,必须由个人意志决定,家长强行决定,明显不合理,古代的这种做法,和现代人的观念格格不入。哪怕为了最伟大的事业、最崇高的正义、最普适的价值,自己以身去殉,那没问题,但是不能命令别人、胁迫别人和自己一起去殉!那样其实很残忍,很恶劣。由此想到,阎锡山在克难坡建杨经略祠,是在抗战危难关头,选择了杨贞作为鼓舞士气、凝聚人心的榜样,大概也只是显示出认同那样殒身报国的做法。

## 二十五 小西天

小西天,在隰县龙泉镇。

隰县,地处临汾市西北边缘,吕梁山南麓中轴部。

秦汉时期,曾属河东郡蒲子县。北周置长寿县。隋开皇五年(585),因其地"带泉泊下湿,故以隰为名",设为隰州。1912年,改称隰县。

[行知提示]

从克难坡沿呼北线东北行约133千米,过吉县县城、大宁县城,至隰县龙泉镇滨河西路,小西天即位于此处凤凰山。

隰县"小西天"大雄宝殿内悬塑

## ◇ 小西天简介

小西天本名千佛庵,位于隰县城西 500 米附近龙泉镇的凤凰山顶,为明代崇祯七年(1634)佛教禅宗东明禅师创建。因重门题额"道入西天",又为区别于隰县城南另一所明代大西天佛寺,故名"小西天"。现为全国重点文物保护单位,同时也是国家 4A 级景区。

小西天依山叠造,错落有致,3 个建筑群依照凤凰山山势自成体系而又浑然一体。凤凰山因山形似凤凰而得名,远远望去,观音阁建在孤桐峰顶,有如凤头;下院是凤背,沟两旁的山翼如凤凰展开的翅膀;大雄宝殿背山而筑,和东端所修的摩云阁遥相呼应,俗称凤尾。

小西天有上下两院,建筑面积 1500 平方米。下院有钟鼓楼、半云轩、韦陀殿、无量殿等。钟鼓楼南北相对;无量殿坐西向东,内有数十尊铜佛像和木雕天宫楼阁,此殿为僧人诵经的禅堂;无量殿对面是韦陀殿,一尊整块楠木雕成的韦陀像,威武逼真。院内南北各辟 3 间僧舍,南房用来待客,北房用于藏经。

小西天山门　石春兰　摄影

寺院的东端孤桐峰顶筑有摩云阁，阁内祀观音菩萨，外祀奎光文星。上院居中主殿为大雄宝殿，文殊、普贤两殿居两翼对峙。大雄宝殿内的大型彩绘悬塑是"小西天"的精华，殿内满堂木骨泥质悬塑艺术，贴金敷彩，金碧辉煌，精巧玲珑，达上千件彩塑、悬塑，堪称中国雕塑艺术史上的"悬塑绝唱"。

　　大殿内底层正面排列5个互相连通的主佛龛，"药师""弥陀""释迦""毗卢""弥勒"诸佛端坐莲台，金身闪烁。南北两旁是十大弟子站像，如真人大小，造型生动传神：有的刚劲俊美，有的表情含蓄，喜怒

小西天的大雄宝殿

石春兰　摄影

隰县小西天

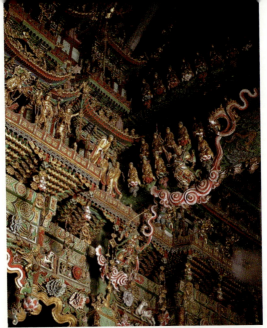

彩绘悬塑（局部）

哀乐，惟妙惟肖。殿北山墙之上，塑须弥海上33层"忉利天"佛传故事。殿南山墙上塑"四方三圣""四大天王"等佛教人物故事。殿前勾栏平台上，十二乐伎菩萨奏乐歌舞。殿内大梁上，八大金刚威武雄壮；壁上梁间的悬塑富丽堂皇，众多的飞天人物、神鸟、孔雀、鹦鹉，造型优美，展现出极乐世界的情景。

最大的佛像有3米多高，小的仅有拇指大小，这些雕塑人物或闲散自如、悠然适意，或身姿飘逸、顾盼生辉，或高洁温厚、慈祥端庄。神韵气质、体态造型各有变化。人物衣饰线条流畅而有韵律，色泽鲜艳，人体比例适度，仪态协调优美，面部表情富于变化，真可谓神形兼备。殿内总体设计布局严谨，这样庞大的雕塑群显得十分自然，多而不乱，繁而不杂，俨然一副仙宫佛国、西天净土的景象。

"小西天"的悬塑是明代雕塑艺术的珍品，显示出高度纯熟的艺术技巧；全堂彩塑是我国少见的彩色艺术群塑，具有不可估量的历史与艺术价值。寺内珍藏了一部明版善本《大藏经》（"明永乐北藏"）7000余卷，保存完好，这是研究中国佛教史、藏经史、伦理思想乃至民俗的稀世珍宝。

桂子拜谒"小西天"，作《清平乐·谒千佛庵》一首曰：

古庵何处？

寻道西天路。
日照台前菩提树,
坐念瑶池心悟。

悬塑佛像金身,
檀梁彩笔空尘。
永乐藏经御制,
神奇圣境无伦。

## 二十六
## 香严寺、则天庙

香严寺在吕梁市柳林县柳林镇。柳林县地处吕梁山西麓、黄河东岸,县城控晋陕之要道。柳林在战国时属赵之边邑离石、蔺邑。历史上曾属太原郡、西河郡、西汾州、石州、永宁州等。1971年原离石县柳林镇及周边原中阳县一带析分新建为柳林县。

则天庙在吕梁市文水县凤城镇。文水县地处太原盆地西缘、吕梁山东麓。秦汉为大陵县。北魏置为受阳县。隋开皇十年(590),更名文水县,因境内文峪河至于峪口,水波多纹,故以文水名之。

—[行知提示]—

从隰县小西天沿328省道东北行约37千米,经永和县界过岔口桥,再北行约84千米,北经石楼县方向行至柳林县柳林镇南坪东街,香严寺即位于此处。从香严寺沿青银高速路东行约138千米,到达文水县凤城镇南徐村,则天庙即位于村内。

香严寺金代建筑大雄宝殿

巨岩 摄影

## ◇ 香严寺、则天庙简介

### ●香严寺

香严寺,位于柳林县城柳林镇东北隅南坪东街的小山岗上。又称香严院,俗称阁则寺,当地民间讹称"鸽子寺"。据原嵌筑在藏经殿壁上石碣记载:"唐诏尉迟敬德令寺僧化布施置水平地敕建香严寺"。据方志记载,"香严寺在州西六十里,唐贞元中赐额,金正隆、大定间重修有碑"。寺院始建于唐太宗贞观年间(627~649),是尉迟敬德奉唐太宗李世民之命在河东地区监造的官方大寺。唐德宗贞元年间(785~804)赐名香严寺。距今已有1200多年的历史,宋、金、元、明、清及民国时期均有修葺、扩建。

寺坐北朝南,北靠山坡,三面临崖。抖气河环绕寺前,佛塔山倚枕寺后,山腰的明代建筑玉虚宫,与古刹香严寺交相辉映,是典型的背山面水、迎吉避凶之宝地。香严寺外部围有堡式墙垣,平面近方形,现今总占地面积6000余平方米,建筑面积2489平方米。寺院布局分东、西两院:东院建筑有天王殿(山门)、大雄宝殿、毗卢殿;左右有钟鼓楼、东配殿、伽蓝殿、观音殿、地藏十王殿、慈氏殿。西院有藏经殿、崇宁殿、七佛阁;两侧为禅房、禅堂、僧房等。

寺院规模宏大,殿宇布局有序,共有12座大殿,屋宇总计达120余间。主建筑分别有歇山式、悬山式、硬山式殿顶,各式琉璃流光溢彩,气势雄伟。构成以元代建筑为主体,明、清建筑相配合的古建筑群落。现存东配殿有宋代遗物,大雄宝殿、毗卢殿为金代遗构,天王殿、地藏十王殿、慈氏殿、伽蓝殿、观音殿等5座建筑为元代建筑,崇宁殿、藏经殿、七佛阁为

香严寺前殿(山门)

明代建筑，钟楼、鼓楼为清代建筑。

香严寺将宋、金、元、明、清5个朝代的构筑集于一院。不同时期建造的殿宇，梁架结构等建筑风格特征有明显的对比性。山门内天王殿梁架结构为元代风格，单檐悬山顶式，殿顶覆以黑釉琉璃。两侧的钟鼓楼为清代十字脊歇山顶式木构。大雄宝殿为悬山顶式，殿顶覆以绿釉琉璃，主体为金代建造。面阔五间，进深六椽，梁架结构采用减柱造、移柱造法，使空间更为开阔。毗卢殿建于3米多高的石台上，单檐歇山顶式，殿顶覆以绿釉琉璃，面阔五间，进深三椽，为金代遗构，元代重修。东配殿的梁架结构至少为宋代

香严寺毗卢殿侧面

遗存。

大雄宝殿内 108 块元代砖雕砌筑的佛龛台，雕刻有龙凤、人物、花、鸟等各种图案。其雕刻刀法圆润，工艺考究，物景造型，栩栩如生。屋脊装饰有泥质、绿釉、黑釉工艺的瓦顶，从遗存的瓦件鉴别，有唐代的绳纹砖，宋元时期勾头滴水、脊吻，至明代的琉璃构件，其造型图案就达 10 余种。特别是华丽多彩的明代镂空雕花绿釉琉璃，以及 4 座殿顶的黑釉琉璃，其色泽及烧造尤为精美，工艺一流。

寺后山坡上建有千佛塔，有元中统年间（1260～1263）曾经重修过的记载，砖塔一层直径约 5 米，平面呈六角形，实心砌体，分 3 层，每层各面布满小券洞，置佛像。香严寺是全国重点文物保护单位。

桂子游至此，作词如下：

忆江南·谒香严寺

山腰上，

古刹绕流霞。

釉瓦檐橡鸽伴侣，

法香佛殿映莲花。

三宝护袈裟。

● 则天庙

　　文水县则天庙又名则天圣母庙，位于文水县城北5000米的凤城镇南徐村，西傍吕梁山，东临文峪河。其为奉祀大唐天后——大周女皇武则天的寺庙，也是武则天纪念馆的所在地。庙宇主轴线上从南到北有山门、雕塑、舞乐台、正殿等建筑。山门下部为砖券拱门、上部为乐楼。圣母殿位居院内正北面，左右东西厢房、钟鼓楼对称。雕像两边分别是丰碑和升仙太子碑、八角回音亭等。两翼建有偏殿、配殿、钟鼓楼、碑廊、

则天圣母庙正门　　巨岩　摄影

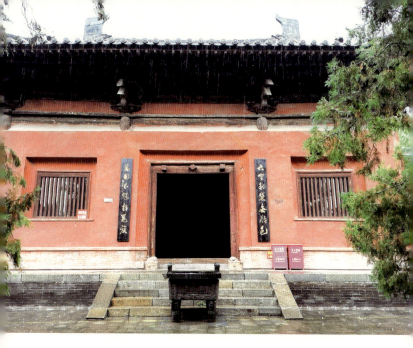

**则天圣母殿** 巨岩 摄影

鱼池等多间殿宇。院内柳树成荫,花草遍地。

则天庙现有建筑 30 多间。其中以正殿则天圣母殿最为古老,基址始建于唐代,现今在殿内与顶部仍保存了一对唐代金柱与部分唐瓦、唐砖。现存结构是金代皇统五年(1145)重建后的遗构,明、清间屡有修葺。面阔三间,进深六椽,九架脊。单檐歇山顶。大殿前檐明间设板门,次间置直棂窗,后槽檐柱均砌入壁内。正殿整体用材硕大厚实,外观雄伟,造型奇特,类似五台山佛光寺的构造。在营造法式上采用减柱造,殿内只有 2 根柱子巧妙地用在神龛后侧,使正殿显得宽敞舒适；顶部坡度平缓，出檐阔大，较好地保存了唐代建筑的风格；梁架结构简明，经800多年承受压力而未见弯曲，实乃唐宋建筑中的杰作。

正殿内梁架、斗拱、门窗、门墩、神龛等均属宋金时代原制，木板门上部有金代"皇统五年四月日置"重建题记。殿内神龛装饰色彩绚丽、图案丰富的彩绘，上方有一条悬塑走龙，内奉则天圣母像。

史载唐开元年间（713～741），唐玄宗下诏，各地在历代帝王肇迹之处修庙宇。文水县作为武则天

庙内唐代石狮

故乡,奉诏为武则天建庙塑像,并尊为"则天圣母",最晚于唐天宝七年(748)建成。金皇统五年(1145),则天庙经过重建,成为现存结构,遗留至今。

庙内碑廊现存明、清碑刻10余通。现在,西配殿内收集展出有武则天及其家族史料、史迹,还有全国与武则天有关的名胜古迹的资料展出。武则天庙内还陈列一对唐代石狮,通高4.47米,重26吨,形态为蹲卧式,底座四周皆有线刻祥云、仙鹤等吉祥图案,是山西省出土最大的一对唐代石狮,为武则天父亲武士彠墓前神道遗物,2011年冬出土于南徐村东。

则天庙是全国唯一的一座以供奉女皇为神主的庙宇。1996年12月,被公布为全国重点文物保护单位。

王子今

# 1 自咸阳至晋阳，嫪毐从哪里渡河

在秦王政尚未亲政，吕不韦专权的时代，嫪毐曾经以特殊身份介入秦上层政治生活。

《史记》卷六《秦始皇本纪》记载了嫪毐得太后专宠，甚至得到太原郡地封国之赐的情形："嫪毐封为长信侯。予之山阳地，令毐居之。宫室车马衣服苑囿驰猎恣毐。事无小大皆决于毐。又以河西太原郡更为毐国。"所谓"河西"，裴骃《集解》引徐广曰："'河'，一作'汾'。"现在看来，"以汾西太原郡为毐国"的说法应该比较切近史实。

秦王政九年（前238），嫪毐因为秽乱宫闱的行为败露，在嬴政往雍城（今陕西凤翔）行郊礼时发动兵变，以窃取的秦王玺和太后玺调动卫戍部队及附近地方军进攻蕲年宫。嬴政抢先发军平定变乱，追斩嫪毐，又在咸阳一举清洗了嫪毐集团成员数百人。蕲年宫之变，是秦国历史上规模较大又直接震动王族上层的一次罕见的内部动乱。嬴政因嫪毐政变事涉及吕不韦，不久就宣布免去其丞相之职。秦王政十二年（前235），又迫使吕不韦自杀。嬴政全面把握了国家权力。

嫪毐虽然只有短暂的政治影响，然而曾经专权一时。正如《汉书》卷二五上《郊祀志上》颜师古注所说，"始皇初立，政在太后、嫪毐"。所谓"河西太原郡更为毐国"或者"汾西太原郡更为毐国"，以秦国"事无小大皆决于毐"的情势考虑，以太原郡为嫪毐封地的信息值得重视。

《秦始皇本纪》司马贞《索隐》："嫪，姓；毐，字。按：《汉书》嫪氏出邯郸。"葛承雍讨论嫪毐事迹，也重视"嫪氏出邯郸"的说法（葛承雍：《秦国嫪毐为匈奴人的推测》，《历史学家茶座》2006年3期）。如果嫪毐确实出身赵国，在"宫室车马、衣服苑囿驰猎恣毐"的权力背景下，选择"太原郡"以为封地，自然考虑到了晋阳地理条件的优越。《汉书》卷二七

秦力士俑（局部） 秦始皇陵兵马俑坑出土

《五行志中之下》正是这样记述的:"秦始皇帝即位,尚幼,委政太后。太后淫于吕不韦及嫪毐。封毐为长信侯,以太原郡为毐国。宫室苑囿自恣,政事断焉。"

所谓"宫室苑囿自恣"在"以太原郡为毐国"句后,值得注意。《文献通考》卷三〇五《物异考十一·恒寒》采用了这一记载,《山西通志》卷一六一《祥异一》亦载:"始皇元年,封嫪毐为长信侯,以太原郡为毐国。宫室苑囿自恣,政事断焉。"如果《五行志》文意可以理解为"毐国""太原郡"中有嫪毐的"宫室苑囿",显然也是值得考古学者注意的。我们或许可以因晋阳可能保留有体现较高消费生活等级的文物遗存,而有所期待。

战国秦汉时期,是中国古代城市史进程中极其重要的时期。当时,最宏大的中心都市已经形成,并且出现了初步完备的都市防卫的军事设施、都市交通的道路结构以及都市管理的行政制度。随着区域格局的演变和确定,若干中等城市分别具有了区域领导地位,同时实现着区域联络功能。自战国晚期至西汉前期的晋阳城市史,显现出符合这一方向的文化轨迹。晋阳作为晋国的重要都市,曾经"为晋卿赵氏极为重要的采地"(沈长云等:《赵国史稿》,中华书局,2000年版,第250页),在春秋战国之际历史转折时代以三家分晋之标志的名城身份,更集聚了关心先秦历史文化的人们的目光。钱穆《史记地名考》卷一五《赵地名》"晋阳"条下,列5条史料:"(1)赵鞅走保晋阳。定公围晋阳。(《史记·晋世家》《赵世家》)(2)赵襄子奔保晋阳。(《赵世家》)(3)知伯信韩、魏,从而伐赵,攻晋阳城。(《春申君列传》)(4)知伯决晋水以灌晋阳之城。(《魏世家》)(5)魏桓子、韩康子、赵襄子败知伯于晋阳。(《六国年表》)"见商务印书馆2001年版,上册第797页。今按:《史记》卷一五《六国年表》司马贞《索隐》:"三卿败智伯晋阳,分其地,始有三晋也。"

"三家分晋后,晋阳成为赵国的都城。"(《赵国史稿》,第250页)自赵献侯"徙居中牟(今河南汤阴西)","赵敬侯迁都邯郸"(《赵国史稿》,第91页、第139页)后,晋阳依然是赵国行政管理的重心之一。

自战国晚期至西汉前期,晋阳依然有重要地位。考察公元前3世纪至公元前2世纪的晋阳城市史,有这样几个历史环节特别值得关注:(1)"赵山北"之地的重心;(2)秦王政即位初"晋阳反";(3)太原郡"为毒国";(4)"高皇帝居晋阳";(5)代王"都晋阳";(6)汉文帝"复晋阳"。战国晚期至西汉前期的晋阳,依然保持着赵国兴起时代的区域领导地位。秦始皇时代若干历史事件表明,晋阳有显著的政治能动性，亦受到权力集团的特殊重视。由于汉高祖、汉文帝等政治活跃人物的关注，其政治文化地理方面的优势，超过西汉时期一般的郡国行政中心。

《史记》卷八《高祖本纪》记载："分赵山北，立子恒以为代王，都晋阳。"所谓"赵山北"者，应当是使用了战国时期赵国区域划分的用语。宋代学者吕祖谦《大事记解题》卷九写道："吕氏曰：《史记》书'分赵山北，立子恒以为代王'。子长少游四方，识舆地之大势，故其书法简明，得主名山川之。余意如此类非一，《汉书》多改之。盖班氏所未达也。"指出代国"分赵山北"的形势。又说："秦汉之间，称山北、山南、山东、山西者，皆指太行。太行在汉属河内郡軹王、山阳之间。在今属怀州，在天下之中，故指此山以表地势焉。""山北"，应当是指太行山北。

《史记》卷四《周本纪》："平王之时，周室衰微，诸侯强并弱。齐、楚、秦、晋始大，政由方伯。"卷三二《齐太公世家》："是时周室微，唯齐、楚、秦、晋为强。""齐、楚、秦、晋"这些原本所谓"僻远"（《史记》卷六九《苏秦列传》）、"僻陋之国"（《史记》卷七〇《张仪列传》），都迅速强大，国力超过了中原历史文化积累深厚的国家，甚至逐渐具有了压倒性的优势。这些自边远地方崛起的国家，在战国时期多有迁都的表现。秦国由雍迁都到咸阳（王子今：《秦定都咸阳的生态地理学与经济地理学分析》，《人文杂志》2003年第5期）。越国由会稽迁都到琅邪。楚国多次迁都，李学勤称之为"楚国政治中心的东移"（李学勤：《东周与秦代文明》，文物出版社，1984年版，第12页），其实其大的趋向可以是向东北方向移动（王子今：《战国秦汉时期楚文化重心的移动——兼论垓下的"楚歌"》，《北大史学》第12辑，北京大学出版社，2007年版）。赵国都城有赵献侯时自晋阳至中牟（今河南汤阴西），赵敬侯元年（前386）又由中牟至邯郸（今河北邯郸）的迁徙过程。《史记》卷四三《赵世家》记载："献侯少即位，治中牟。""敬侯元年……赵始都邯郸。"这些国家都城的迁徙，都有向中原方向移动的趋势。

秦国都城自雍迁至咸阳之后，雍依然是宗庙和祭祀重心所在，具有文化中心的地位。《史记》卷六《秦始皇本纪》："先王庙或在西雍，或在咸阳。"秦王政九年（前238），"四月，上宿雍。己酉，王冠，带剑"。嬴政成人礼的仪式，也要在雍举行。有学者据此强调"雍城的不落地位"（徐卫民：《秦都城研究》，陕西人民教育出版社，2000年版，第88页）。推想赵国都城自晋阳迁至邯郸之后，晋阳旧有的神学地位和宗法地位亦不会明显削弱。晋阳原本据有的"赵

秦彩绘跪射军士俑　秦始皇陵兵马俑坑出土

山北"地方的区域领导地位,应当也不会动摇。

历史进入秦始皇时代,晋阳发生过一次事变。《史记》卷六《秦始皇本纪》记载:"晋阳反,元年,将军蒙骜击定之。"事在公元前246年。"晋阳反",发生在秦庄襄王去世,秦王政即位之初。我们在这里不讨论这一事件的缘由、经过和影响,只是提示"晋阳"地位的重要。

秦庄襄王即曾经以质子身份客居邯郸的子楚。因吕不韦的经营,后来成为秦孝文王的继承人,《史记》卷五《秦本纪》司马贞《索隐》:"三十二而立,立三年卒,葬阳陵。"据《秦本纪》记载,秦庄襄王在位期间，秦统一的步骤有重要的推进："庄襄王元年，大赦罪人，修先王功臣，施德厚骨肉而布惠于民。东周君与诸侯谋秦，秦使相国吕不韦诛之，尽入其国。秦不绝其祀，以阳人地赐周君，奉其祭祀。使蒙骜伐韩，韩献成皋、巩。秦界至大梁，初置三川郡。二年，使蒙骜攻赵，定太原。三年，蒙骜攻魏高都、汲，拔之。攻赵榆次、新城、狼孟，取三十七城。四月日食。王龁攻上党。初置太原郡。魏将无忌率五国兵击秦，秦却于河外。蒙骜败，解而去。五月丙午，庄襄王卒，子政立，是为秦始皇帝。"秦庄襄王在位时灭东周，初置三川郡、太原郡，为统一奠定了更雄厚的基础。而吕不韦封地在"三川"，嫪毐封地在"太原"，可能都与他们早期活动地点有某种关系。

我们在这里要思考的，是嫪毐自咸阳至晋阳，可能在哪里渡河？

嫪毐政治权势炽盛之时，起初，"封为长信侯。予之山阳地，令毐居之。宫室车马衣服苑囿驰猎恣毐。事无小大皆决于毐"。"山阳"在今河南焦作东，也曾是赵地。后来封地变易，"又以河西太原郡更为毐国"。嫪毐得新"国"，这里即"太原郡"地方，推想应当有更为方便的交通条件。

考察嫪毐自咸阳至晋阳可能的通路，应当参考汉文帝入长安以及后来《史记》卷一〇《孝文本纪》所记载汉文帝三年(前177)"幸太原",又"复晋阳、中都民三岁"事。司马迁记录,"帝自甘泉之高奴,因幸太原"。其交通线路的选择,从高奴(今陕西延安)东向"太原""晋阳",大概会经由今陕西清涧至山西永和、石楼地方的津渡。今石楼,西汉称"土军"。今山西永和西南、大宁西北,西汉有河东郡狐𥂕县治。

## 二十七 离石汉画像石博物馆

离石汉画像石博物馆,在吕梁市离石区。

吕梁市地处吕梁山脉中段,晋陕黄河大峡谷东缘。秦汉至隋代,境内历史上曾分属太原、西河、平阳、河东、离石、楼烦、龙泉等郡。唐以后,吕梁辖地分属于石州、汾州、岚州、隰州、并州(太原府)、晋宁军等。

今离石区,秦以前为离石邑,秦汉置离石县,明初以前长期为州(郡)治,明洪武初,省县入石州。至明隆庆元年(1567)曾改为永宁州,1912年以后,复离石之名,今为吕梁市辖区。

— [行知提示] —

从则天庙沿岐银线、219省道西行118.8千米,至吕梁市离石区凤山街道龙凤南大街,离石汉画像石博物馆即在此。

墨彩持彗门吏左门框画像石 离石区马茂庄村东汉墓出土 吕梁市博物馆藏

墨彩持戈门吏石门框画像石 离石区马茂庄村东汉墓出土

## ◇ 离石汉画像石博物馆简介

离石汉画像石博物馆,在吕梁市离石区凤山街道龙凤南大街,以"汉画像石"为基本陈列,该展馆是吕梁市博物馆的重要专题组成。占地约3万平方米,建筑总面积7000余平方米,主体设计造型为仿汉代建筑。

汉画像石是汉代绘刻在墓室、祠堂四壁等石质建筑材料上的纹饰和图画。晋西北吕梁地区与陕北地区,在东汉顺帝以前是北方边防重地,也是汉画像石的重要分布区域。

**博物馆外观仿汉代建筑风格**

吕梁地区出土的画像石，内涵丰富、技艺独特、资料完整、纪年确凿，别具一格，有着鲜明的地域特色和艺术风格，所绘内容，一类是人间现实图景，描写墓主人生前的日常生活场景；一类是天上的神仙世界，描写的是墓主人死后祈求步入的仙境。博物馆共展出200余块画像石精品和同时出土的随葬器物，较为典型的有石盘汉墓墓门石、隰城汉墓出土墓门石条、王家坡出土左右石门框、马茂庄出土人物汉画像石。这些汉画像石所绘主题有车骑出行、夫妻对弈、宴饮乐舞、宾主叙谈、太守府第、持彗捧板、绶带穿璧、飞鸟走兽、农耕放牧等内容。它是汉代社会与艺术的形象记录和缩影，向人们展示了2000多年前汉代该地区的文化艺术、风土民情、精神世界，以及服饰建筑、器物陈设等诸多方面的内容。

吕梁汉画像石的分布，呈现出大分散、小集中的现象，集中分布在马茂庄方圆100千米范围之间。东汉永和五年（140），西河郡治由陕北迁离石。吕梁汉画像石大部分是东汉和平元年（150）、延熹四年（161）、熹平四年（175）的遗物。即主要是东汉王朝第10代帝王汉桓帝和灵帝年间（147～189）的遗物，此时已是东汉晚期，汉画像石艺术已经走向成熟，从辉煌步入濒临消亡的最后阶段。吕梁汉画像石的出土，弥补了我国汉画像石艺术晚期阶段历史资料不足的缺

憾,而且风格独特:质朴简洁、豪迈灵逸、色彩浓丽,多为浅浮雕。是研究汉画像石晚期艺术不可多得的实物资料和鉴定同期文物的参考标准器物,同时也是研究各学科史的直观史料。

2020年汉画像石博物馆扩升并更名为吕梁市博物馆。博物馆除展出汉画像石外,还有吕梁地区出土的青铜器展和陶瓷器展等陈列展室。博物馆现有馆藏青铜器上百件,主要出土于黄河沿岸的石楼、柳林等地,尤以石楼出土的商代青铜器最为珍贵,集中表现了商

车马出行图　汉墓横额画像石　离石区交口村征集

周青铜文化和北方草原文化的特点。目前该馆已建成为一座集收藏、保护、研究、教育、宣传功能于一体的综合性博物馆。

桂子参观博物馆,有词述之:

卜算子·汉画像石

巧匠吕梁多,

汉画存真意。

线刻浮雕古朴风,

铁笔描仙子。

墓门石条汉画像　柳林县隰城汉墓出土

驿道驾车行,
弄影云桥里。
战猎远驰驻晚亭,
两界皆欢喜。

●王子今

# 1 "吴起治西河"杂议

曾经任魏国"西河守"的吴起,在成功管理"西河"地方行政以及与秦国对抗的军事活动中均取得显著业绩。"西河"是魏国跨黄河以西而治的行政区划。吴起后来在楚国主持变法,也有突出的政治表现。

吴起起初是以名将形象出现在历史舞台上的。《史记》卷六《秦始皇本纪》和卷四八《陈涉世家》中两度出现贾谊分析秦史的文字,说到崛起之秦国面对的敌方"六国之士":"吴起、孙膑、带他、兒良、王廖、田忌、廉颇、赵奢之伦制其兵,尝以十倍之地、百万之师,仰关而攻秦。"在贾谊看来,可以抗击"常为诸侯雄"的秦军的六国名将之中,吴起是名列第一的。

吴起用兵,胜绩频繁。他率领的军队战胜过齐军、秦军、百越军、

明 佚名绘《魏河西太守吴起像》

三晋军、陈军、蔡军。"（魏）文侯以吴起善用兵，廉平，尽能得士心，乃以为西河守，以拒秦、韩。"当时吴起对于在魏国的成功，除"治百官，亲万民，实府库"外，亦曾自称"将三军，使士卒乐死，敌国不敢谋"，"守西河而秦兵不敢东乡，韩、赵宾从"（《史记》卷六五《孙子吴起列传》）。"西河"，是魏国抵抗"秦兵"东向的屏障，甚至也是成功"攻秦"的前沿地域。吴起的"河西"经营，取得了强盛魏国国势、遏制秦东进兵锋的实质性胜利。

大家都知道商鞅"徙木立信"的故事。西汉司马迁《史记》卷六八《商君列传》记载，商鞅协助秦孝公变法，"令既具，未布，恐民之不信，已乃立三丈之木于国都市南门，募民有能徙置北门者予十金。民怪之，莫敢徙。复曰'能徙者予五十金'。有一人徙之，辄予五十金，以明不欺。卒下令"。北宋司马光《资治通鉴》就商鞅的做法有关于政治家必须讲究"信"的政论。北宋王安石诗作："自古驱民在信诚，一言为重百金轻。今人未可非商鞅，商鞅能令政必行。"也对商鞅有所赞颂。"徙木立信"情节，又见于吴起故事。吴起在进行战争动员时使用类似商鞅"徙木立信"特殊手段的实例，见于《韩非子·说三》的记载：

> 吴起为魏武侯西河之守，秦有小亭临境，吴起欲攻之。不去，则甚害田者；去之，则不足以

明代话本小说《新列国志》中关于"徙木立信"的故事插图

征甲兵。于是乃倚一车辕于北门之外而令之曰:"有能徙此南门之外者赐之上田上宅。"人莫之徙也,及有徙之者,还,赐之如令。俄又置一石赤菽东门之外而令之曰:"有能徙此于西门之外者赐之如初。"人争徙之。乃下令曰:"明日且攻亭,有能先登者,仕之国大夫,赐之上田宅。"人争趋之,于是攻亭一朝而拔之。

这里所说的"秦亭",应在今陕西一方。也就是说,吴起当时曾经全面控制了黄河河防,其"拒秦"的军事行为,是超越了山陕之间黄河峡谷的"山川之固"的。

吴起以"车辕""赤菽"立信以激发士气攻拔"秦亭"的策略,在《吕氏春秋·慎小》中也有类似的记述:

> 吴起治西河,欲谕其信于民,夜日置表于南门之外,令于邑中曰:"明日有人偾南门之外表者,仕长大夫。"明日日晏矣,莫有偾表者。民相谓曰:"此必不信。"有一人曰:"试往偾表,不得赏而已,何伤?"往偾表,来谒吴起。吴起自见而出,仕之长大夫。夜日又复立表,又令于邑中如前。邑人守门争表,表加植,不得所赏。自是之后,民信吴起之赏罚。赏罚信乎民,何事而不成,岂独兵乎?

商鞅"立三丈之木",吴起"倚一车辕""置一石赤菽",或说"置表",手法都是相似的。也许这样的故事在某种意义上都带有政治寓言的色彩,但是吴起和商鞅这两位政治人物具有类似的文化品性,表现出共同的政治追求,却是没有疑问的。

魏国的"西河"地方,应当是跨河而治,甚至很有可能主要的管理对象在黄河以西。吴起对"西河"的管理,治所或许就在黄河西岸,即今天的陕西地方。《吕氏春秋·长见》称之为"西河之外",并载:"吴起治西河之外,王错谮之于魏武侯,武侯使人召之。"吴起因谗言受到君王怀疑,内心不安。"吴起至于岸门,止车而望西河,泣数行而下。其仆谓吴起曰:'窃观公之意,视释天下若释躧,今去西河而泣,何也?'吴起抿泣而应之曰:'子不识。君知我而使我毕能西河可以王。今君听谗人之议,而不知我,西河之为秦取不久矣,魏从此削矣。'"

吴起途中"止车",远望"西河",悲由心生,"泣数行而下"。仆从问道:我以往看公之胸怀,对天下权势轻视如破旧的鞋子,今天离开"西河"竟然悲切而"泣",这是为什么呢?吴起回答:其中缘由,是你不能理解的。君王信任我,派遣我主持"西河"治理而成就魏国王业。现在却听信"谗人之议"而不再继续信用我。"西河"不久就会被秦国攻取。魏国从此就会走向衰落了。

后来,吴起的政治人生发生转折。"吴起果去魏入楚。有间,西河毕入秦,秦日益大,此吴起之所先见而泣也。"不久,西河地方全为秦人占领,秦国日益强盛。吴起的预言得到了证明。

"吴起治西河"的故事,是黄河中游秦国和魏国之间军事史与外交史进程中的重要情节。我们站在黄河岸边,听那不息的涛声,感念"逝者如斯夫"的历史波浪淘尽千古风流人物的永久伟力,心潮亦如河水奔流。苏轼《念奴娇·赤壁怀古》词句"大江东去,浪淘尽,千古风流人物",《后山诗话》以为"子瞻佳词最多,其间杰出者"首例(阮阅:《诗话总

**战国晚期青铜车马人物**

龟》,后集,卷三一)。明王世贞也曾发表"壮语也"的感叹(《弇山四部稿》卷一五二)。此句又有作"大江东去,浪声沈千古风流人物"者(《词综》卷六)。其中"雄姿英发",清毛奇龄《西河词话》卷一引作"雄姿俊发"。

苏轼词咏叹长江赤壁,然而人们也借用以发表有关黄河两岸历史思考的深切感叹。如金人元好问《朝中措》(《中州集·中州乐府》)写道:

襄阳古道灞陵桥,诗兴与秋高。

千古风流人物,一时多少雄豪。

霜清玉塞,云飞陇首,风落江皋。

梦到凤凰台上,山围故国周遭。

"秋高""灞桥""云飞陇首",言黄河流域风景人情。雍正《陕西通志》卷九七《艺文十三》引录这一作品,署名"金密璹"。可知古人咏叹黄河史事,也有与苏轼豪唱"大江东去"同样的情怀。

● 王子今

## 2 汉代"西河"郡的"篱石"

现今山西吕梁的"离石"地名,是见于《汉书》的县名。《汉书》卷二八下《地理志下》说,"离石"是"西河郡"属县,在"县三十六"中位列第二十四。而据《续汉书·郡国志五》,"西河郡"属"十三城"中,"离石"则位列第一,应当已是郡治。这是两汉北边形势变化的结果。

"离石"地名,其实东周时期已经见诸史册。《史记》卷四三《赵世家》:"赵疵与秦战,败,秦杀疵

墓门石汉画浮雕　吕梁市离石区交口镇石盘村汉墓出土

河西，取我蔺、离石。"《史记》卷四《周本纪》："……北取赵蔺、离石者。"《史记》卷六九《苏秦列传》："已得宜阳、少曲，致蔺、离石。"可知"离石"在战国时已经成为秦赵争夺的对象。"离石"在黄河以东，却很早就被秦军攻取。这与稍南地方黄河以西土地为魏国占有同样，可以说明当时黄河济渡条件的方便。

山西离石等地出土的汉代画像石，文化主题、艺术风格与陕西北部的发现非常接近。文物品质的这种接近，正是以汉代"西河"人文地理格局为条件的。

两汉时期，"西河郡"跨黄河而治。西汉西河郡以黄河以西的"富昌"为郡治。东汉西河郡以黄河以东的"离石"为郡治。思考这种行政建置的特点，应当注意黄河的文化地理意义（王子今：《西河郡建置与汉代山陕交通》，《晋阳学刊》1990年第6期）。

元代学者黄镇成《尚书通考》卷七《冀州》"山"题下，先说"壶口山"，后说"梁山"："壶口山。《汉地志》：在河东郡。北屈县，东南今隰州吉乡县也。注：今河东道吉州。"又写道："梁山。吕梁山也。在今石州离石县东北。吕不韦曰：龙门未辟，吕梁未凿，河出孟门之上。郦道元谓吕梁之石崇竦，河流激荡，震动天地。注：孟门山在吉州。"两汉"西河"区域文化的特点，表现出晋陕高原与黄河共同形成的自然地理条件。就黄河而言，这一河段的平与陡，宽与狭，缓与急,"文静"与"激荡",可以看作中国历史文化节奏变动的象征。

说到汉代"西河郡"建置,自然会涉及郭伋"竹马"故事。《后汉书·郭伋传》记录了东汉初年郭伋为并州刺史时在西河美稷视察,与当地儿童愉快会面的故事:"始至行部,到西河美稷,有童儿数百,各骑竹马,道次迎拜。伋问:'儿曹何自远来?'对曰:'闻使君到,喜,故来奉迎。'伋辞谢之。及事讫,诸儿复送至郭外,问:'使君何日当还?'伋谓别驾从事,计日告之。行部既还,先期一日,伋为违信于诸儿,遂止于野亭,须期乃入。"美稷,地在今内蒙古准格尔旗西北。《郭伋传》记录的富有童趣的"竹马"故事,可以作为当时竹林生长区域广阔的证据。

有学者认为,不可以据《郭伋传》关于"竹马"的记载"来推断美稷产竹":"其一,竹马为竹制品而不是竹林资源,竹马的来源,或有三种可能,一则为利用当地竹林资源而编制,二则由他地输入的竹子而制成,三则竹马由外地制品输入;其二,文献中似无美稷有竹林的明确记载,考古亦无佐证。由此两点我们说,两汉时美稷是否真的有竹子存在,尚待进一步的考证。"(陈业新:《两汉时期气候状况的历史学再考察》,《历史研究》2002年第4期,编入《灾害与两汉社会研究》,上海人民出版社,2004年版,第92页)期待"进一步的考证",求得文献中"美稷有竹林的明确记载"以及考古的"佐证",是值得赞赏的审慎的态度。不过,对于美稷是否可能存在"竹林",我们看到的一种"记载",似乎也可以从侧面提供某种"佐证"。

宋人沈括《梦溪笔谈》卷二一《异事》记述了"大河"岸边竹林化石的集中发现:"近岁延州永宁关大河岸崩,入地数十尺土下,得竹笋一林,凡数百茎,根干相连,悉化为石。适有中人过,亦取数茎去,云欲进呈。延郡素无竹,此入在数十尺土下,不知其何代物,无乃旷古以前地卑气湿而宜竹邪?婺州金华山有松石,又如核桃、芦根、蛇蟹之类,皆有成石者。然皆其地本有之物,不足深怪。此深地中所无,又非本土所有之物,特可异耳。"沈括就竹林化石这种古生物遗存现象的发现,敏锐地联想到这一以当时人的知识"素无竹"的地区,"旷古以前地卑气湿而宜竹"的可能。作为科学家的沈括,意识到气候等生态条件"旷古"以来或许发生重大历史变迁的现象,体现了非常敏锐的观察眼光,非常明智的文化理念。

"竹马"是历代习见儿童游戏用具,其实通常只是一根象征"马"的竹竿,似乎不存在"竹马由外地成品输入"的可能。如此简易的游戏用具,也是没有"由他地输入的竹子而制成"的必要的。

《说文·水部》:"浦,西河美稷保东北水。从水,南声。"段玉裁注:"宋本及《集韵》《类篇》皆同。一本无北字。西河郡美稷,见《前志》。今蒙古鄂尔多斯左翼中旗东南有汉美稷故城,在故胜州之西南也。《檀弓注》曰:保,县邑小城。保堡古今字。《水经注·河水》篇曰:河水又南,树颓水注之。河水又左,得浦水口。水出西河郡美稷县,东南流。又东南流入长城东,咸水入之。又东南浑波水注之。又东径西河富昌县故城南,又东流入于河。按汉富昌城在鄂尔多斯左翼前旗界。浦水,未审今鄂尔多斯何水也。"段玉裁注还写道:"郦曰:羌人因浦水为姓。"

与气候变迁有关,"西河美稷"的水资源形势,汉代与现今不同。当时的自然植被,也与现今不同(竺可桢:《中国近五千年来气候变迁的初步研究》,《考古学报》1972 年第 1 期)。

前引黄镇成说"郦道元谓吕梁之石崇竦,河流激荡,震动天地",又提示了"石州离石县"的地名渊源。"石州"名义,或许凸显了"离石"的"石"的意义。那么,"离"的意义是什么呢?

我们看到,"离石"早期地名信息中有"𥳑石"这样的文字表现形式。内蒙古自治区托克托博物馆藏钱币"圆足布"有可见"𥳑石"钱文者。

"𥳑石"钱文的发现,说明"离石"早先曾经写

"篱石"文圆足布币

作"篱石"。这是值得重视的历史文化信息。

"篱",较早史籍资料可见《史记》卷六《秦始皇本纪》所谓"藩篱之艰",以及"使蒙恬北筑长城而守藩篱"。《史记》卷四八《陈涉世家》也可见"使蒙恬北筑长城而守藩篱"。《史记》卷七〇《张仪列传》司马贞《索隐》:"按:芭黎即织木苇为苇篱也,今江南亦谓苇篱曰芭篱也。""篱石"的"篱",是否取义于"藩篱""苇篱""芭篱"的"篱"呢?

这样说来,似乎其边疆军事防卫的含义有所明朗。当然,"苇""芭",是从"草"的字。而"篱"字则从"竹"。"篱石"之"篱"的竹字头,又自然使我们的思路与郭伋"竹马"故事联系了起来。

《说文》无"篱"字。近义则有《木部》的"杝"字:"杝,落也。"段玉裁注也说到和"篱"的关系:"《玄应书》谓杝、樆、篱三字同。引《通俗文》:柴垣曰杝,木垣曰栅。按《释名》亦云:篱,离也。以柴竹作,疏离离也。栅,碛也。以木作之,上平碛然也。皆杝栅类举。落,《广雅》作。《广韵》引《音谱》作。《齐民要术》引仲长子曰:柂落不完,垣墙不牢,扫除不净,笞之可也。施者杝之误。《小雅》:析薪杝矣。传曰:析薪者必随其理,谓随木理之迆衺而析之也。假杝为迆也。凡笆篱多衺织之,故其义相通。"许慎写道:"从木。也声。"段玉裁注:"池尒切。古音在十七部。按池尒之音傅合下文读若陁为之,非许意也。许意读如离,而又如陁。"许慎又写道:"读又若陁。"段玉裁注:"又字铉本无。非也。许时杝为篱字,人人所知。而杝之读又或如陁,故箸之。陁古皆作他,非也。赵凡夫钞本作陁。"所谓"柂落不完,垣墙不牢","笞之可也",说"柂落""垣墙"都是防范越逾的障碍。"以柴竹作"者,则称"篱""笆篱"。

以此理解"篱石"的"篱",或许也是具有一定合理性的思路。

古来以自然林木作防卫障碍,有"榆塞"史例,如秦时蒙恬率军在北边抗御匈奴,曾经"树榆为塞"(《汉书》卷五二《韩安国传》)。"榆塞"后来成

车骑出行汉画（局部） 离石区交口镇石盘村汉墓出土

为边关、边防的代称。王勃所谓"榆塞三千里"（《王子安集》卷一《春思赋》），骆宾王所谓"边烽警榆塞"（《骆丞集》卷一《送郑少府入辽》），陆游所谓"壮志已忘榆塞外"（《剑南诗稿》卷一五《浪迹》）等，都以"榆塞"指代北边长城防线。后来又有"榆关"之称，虽然被指为晚世长城具体关塞的代号，如山海关，其实依然折射着蒙恬故事的历史余光。

也有以类似方式用"竹"构作防卫工事的情形。如所谓"竹城"。"竹城"就是以丛生竹林相围护而构成的城防。晋人戴凯之《竹谱》说："棘竹骈深，一丛为林。根如椎轮，节若束针。亦曰笆竹，城固是任。"所谓"城固是任"如果确是晋人之说，则是值得特别珍视的资料。《酉阳杂俎》卷一八《广动植》之三《木篇》有这样的内容："棘竹，一名笆竹，竹节皆有刺，数十茎为丛。南夷种以为城，卒不可攻。"宋人周去

**绶带穿璧图汉画像石　离石区交口镇石盘村汉墓出土**

非《岭外代答》卷八"竹"条写道:"笏竹,其上生刺,南人谓刺为笏。种之极易密,久则坚甚。新州素无城,以此竹环植,号曰'竹城'。交阯外城亦种此竹。"这些都是南国情形,但是在合适的气候条件下,北方也可以形成"竹城"。

唐人杜牧《晚晴赋》记述"秋日晚晴,樊川子目于郊园"所见,有"竹林外裹兮十万丈夫,甲刃攒攒密阵而环侍;岂负军令之不敢嚣兮,何意气之严毅"的文句(王子今:《榆塞和竹城》,《寻根》2003年第3期)。汉代西河的"篱石"是否可能出现用于军事防御的"竹林""密阵",我们目前还未能看到确切的实证信息。

## 二十八
## 碛口古镇、黄河水蚀浮雕

碛口古镇,在临县县城西南黄河岸边。黄河水蚀浮雕主要分布在临县曲峪镇一带。

临县隶属吕梁市,位于吕梁山西侧,东屏吕梁山连接方山,西临黄河与陕西佳县、吴堡县隔河相望。

汉武帝元朔四年(前125),置临水县,属西河郡。北周置乌突县。唐武德三年(620),改为临泉县,属石州。蒙古忽必烈汗中统三年(1262),升临州,明洪武二年(1369),临州改为临县,属太原府。

---[行知提示]---

从吕梁市离石汉画像石博物馆沿离碛线、248省道,西北行约47千米,到达临县碛口镇"碛口国家级风景名胜区"入口。从碛口古镇走沿黄公路,北行约40千米,到达临县曲峪镇"黄河大画廊天然水蚀浮雕"景区入口。

碛口古镇 刘丹 摄影

## ◇ 碛口古镇、黄河水蚀浮雕简介

### ●碛口古镇

碛口古镇明清古建筑群,在临县城南约50千米的碛口镇,因黄河第二大碛——大同碛得名。东依吕梁山西麓,西临黄河,东侧湫水河流过,北靠卧虎山,黑龙庙雄峙塬上。山环水绕,地理位置非常特殊。古时黄河下游凶险,上游来往的船只,往往在碛口停泊转旱路。从明末清初起,碛口凭借黄河水运,商业日益发达,是晋商发祥地之一。

明清至民国年间,碛口一跃成为中国北方著名的商贸重镇。民间有"驮不尽的碛口,填不满的吴城",

碛口卧虎山麓的建筑群　刘丹　摄影

沿黄河岸的临街老建筑　刘丹　摄影

"青定头,南峪口,拴起骡子跑碛口"之说,可见当年的繁华。正所谓"水旱码头小都会,九曲黄河第一镇",美名传遍南北。

清道光年间(1821~1850)有商业店铺60余家,到了1916年,达260多家。从现存的"永裕号""永顺店""天聚义""信义源"等老商铺的门边油渍可以想象当年碛口的繁忙景象。碛口保存有7处基本完好的明清民居建筑群:西湾村、碛口、高家坪、白家山、垣上、寨子山、李家山。

黑龙庙位于碛口镇卧虎山,创建于明代,之后清乾隆、道光及民国时期均有修葺,主要建筑有正殿、戏台等,占地面积1219平方米。

碛口古镇由3条主街道和众多民居、商号、店铺、客栈、寺庙等组成。素有"五里长街"之誉的碛口老街,曲曲折折,青石铺砌。碛口古镇的街道、店铺是清代

碛口古镇南部鸟瞰　李国庆 摄影

黑龙庙戏楼

山区传统建筑的典范,街上店铺林立,明清风格的四合院错落有致,名人题写的商铺字号、建筑的飞檐斗拱、砖石雕刻,使古镇处处流淌着文化底蕴,荡漾着艺术气息。

碛口古镇及其周边相关古村落和古商道,是黄土高原黄河西岸的人与自然和谐的人居文化典型,具有杰出的世界性文化与历史价值,被列为国家重点文物保护单位。

桂子于碛口作词曰:

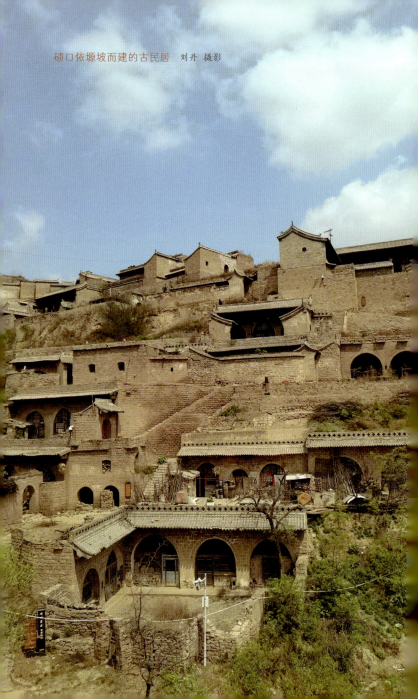

碛口依塬坡而建的古民居  刘丹 摄影

浣溪沙·碛口古镇

虎卧龙盘日月长,

黄河碛口水苍茫。

临街商铺垒高墙。

小院风帘烟火气,

繁花老树枣飘香。

安澜古镇绿盈廊。

● 黄河水蚀浮雕

黄河水蚀浮雕又称"黄河百里画廊",位于晋陕黄河大峡谷临县碛口以北,主要分布在曲峪一带,是受黄河亿万年水蚀、大自然风蚀及冻融循环等外力作用,在黄河两岸石壁上鬼斧神工地形成的天然水蚀地貌奇观。如平面线刻与透雕、圆雕,千变万化,其图像千姿百态,绵延百里。

从碛口沿着黄河北上20千米处,在河中乘船观赏,呈现出恢宏的浮雕壁画长卷。形成时间大约在地质时期的三叠纪(距今约2.5亿~2亿年),地下水溶蚀和河流冲蚀不断地作用复合于三叠系厚层砂岩。由于厚层砂岩内含有大量正长石和石英石,在水溶蚀、河流冲蚀、风蚀和日照条件下,正长石逐渐分化分解,石

黄河崖壁水蚀浮雕（局部） 刘丹 摄影

英石从厚层砂岩中脱落下来，因此在砂岩中就形成了大量的风化穴，从而形成天然崖壁浮雕。

这些风化穴形态各异，有的外形像"石沟""石龛""石窟"，或者如游龙、跳蛙、蛟鲨、老鹰等各种动物形态，或有些天然浮雕以传说的怪物命名，有的像密密麻麻的天书，像宝塔，像乐符，像迷宫等，极富艺术感染力，堪称独具自然奇美、人文内涵的黄河魂的真实写照！桂子咏之曰：

忆江南·水蚀画廊

山岩蚀，

鬼斧叹神雕。

傍岸游龙穿碧水，

镂空曲洞透风潮。

浓彩染虹桥。

"黄河百里大画廊"北段一角

刘丹 摄影

● 陈磊

# 1 黄河左岸五谷香
## ——历史上山西临近黄河地域的谷类农作物

处于黄河中游的山西,自古至今,境内盛产多种谷类农作物,更有着"杂粮王国"之称誉。古代山西临近黄河地域的农业种植,有着丰富多样的品种,并反映出悠久深厚的农耕文明。

### 一、早期历史的谷类遗存

作为被中国人最早驯化的农作物,谷类其中的黍(黄米)、粟(小米)成为中华文明早期最重要的主食,目前发现都最早集中培植于黄河中下游区域。

山西境内通过田野发掘发现的最早的谷物遗存,是夏县的西阴村遗址,距今约6000~5200年。遗址中出土了大量碳化的粟粒,属于仰韶文化遗存,为新石器时代中期偏晚阶段。而在万荣县的荆村遗址,所发现的以粟为主的谷类灰烬,距今约5000~4000年,同属仰韶文化时期的作物。垣曲县的东关遗址,也出土了黍、粟的籽粒,时间距今约4400~4000年,这是属于仰韶文化向龙山文化过渡时期的庙底沟二期文化类型(山西省考古研究所编:《山西考古四十年》,山西人民出版社1994年版,第53~57页)。

以上几处遗址都表明先民在山西南部地区,很早就已经栽植黍、粟为主的谷类了。传说炎、黄部落在山西南部的许多地方进行谷类种植,有"神农得嘉谷"于此之说,仰韶文化的各类遗存与他们活动的地域和年代大体相近。

襄汾县的陶寺遗址,时代大致距今4300~3900年,而且临近传说中的"尧都"所在区域。在陶寺的城池

稷山东渠遗址(约公元前2300~前1500年)
发现的部分炭化种子

遗址中，考古发现的未燃尽的谷物和碳化农作物中有超过93%以上为粟、1%为黍，另发现有少量的大豆和很罕见的稻，遗址还出土有麻类编织物和麻绳（袁靖：《中国新石器时代至青铜时代生业研究》，复旦大学出版社，2020年版，第92页）。

陶寺遗址的文化类型年代为新石器时代末期的龙山文化时期，与传说的尧舜禹时代吻合。另据考古发掘与研究，包括侯马市乔山底遗址、稷山县东渠遗址，以及龙山文化的晋南河、汾沿岸区域，已经大面积种植粟、黍、麻（古世禄等：《山西谷子（粟）的栽培史》，《农业考古》2006年第4期，第168～176页）。地方文献记载，在明清时期，稷山县稷王山上有稷陵、稷祠，山下有稷庙、稷亭。综合文献和考古发掘研究，龙山文化时期黄河中游流域的晋南地区，为华夏文明最早、最重要的农耕中心之一。

山西地形地貌复杂多样，有高原、山地、丘陵、台地、川谷盆地。除河川、盆地之外，基本上海拔高度都是在1000米以上，与其东侧的华北大平原和西侧的黄河峡谷相比，呈现出强烈的隆起态势，整体看起来如同被厚厚黄土层遮盖的高台。气候条件与地理环境适宜耐干旱、耐盐碱、耐寒凉的作物生长。西部吕梁山区一带、南部中条山区域及北部高寒区，谷类杂粮种植都相对集中。

## 二、历史时期的"五谷"及其他

一是粟,在古代经常被称为谷子,脱皮后即小米。《尔雅·释草》曰:"稷,粟也。"稷,亦即小米,它富含淀粉而且黏性小,为古代最早最普遍的通用主食。《乾隆介休县志》卷四引证说:"稷为五谷之长,故陶唐之世,名农官为后稷。其祀五谷之神,与社相配,亦以稷为名。以为五谷不可遍祭,祭其长以代之。"古代王朝设社稷坛,祭祀社神(土地神)和五谷神,将"社稷"作为国家的代称,足见稷在古人心中的重

偏关县一带种植的谷子　李国庆 摄影

要性。山西历史上所产小米有"汾州香""翼州黄"等著名品牌。

二是黍,即黄米,又名大黄米,山西民间俗称为糜子。《道光直隶霍州志》卷十云:"黍,苗穗似稷而大,实圆重。土高燥宜之,以大暑种故谓之黍,刈后湿打则秄易脱。"黍性更为耐旱瘠、耐高寒,生长期更短。黍在先秦文献里经常可以看到,如《诗经·王风·黍离》中"彼黍离离,彼稷之苗",以及《诗经·魏

丰收时节的谷穗 李国庆 摄影

风·硕鼠》中"硕鼠硕鼠，无食我黍"。黍可在向阳的旱地种植，据古志记载，山西临近黄河地域的山地分阴坡与阳坡不同，所栽种的黍苗有不同颜色，黏性大小也有不同。山西地区现今所产的大多黍品种，煮熟之后性状黏稠，可以酿黄酒，又耐贮存，无论煮粒饭、熬粥、蒸糕都别具风味。在小麦磨成面粉的方式流行中国之前，中国北方地区主食就是粟、稷和黍之粒食。但因黍之米籽不利消化，又不如粟的产量高，后世也基本上不以黍作为主食了。

三是麻，中国古代最早原产、常作为食物的一种指大麻，也叫火麻。因其籽可以充饥，所以被早期的黄河中下游流域的先民列为五谷之一。麻的茎秆作为古代纤维的主要来源，成了纺织品、纸张等的重要制造原料，至今还发挥着功用。

四是菽，是豆类的总称，历史上，在山西种植广泛。如《乾隆孝义县志》卷一："惟豆处处可种……豆有数种：豌豆春分种，扁豆清明种，俱夏至收。黑豆、茶豆俱谷雨时种，秋分后熟。羊眼豆、黄豆、白豆俱同黑豆时种，熟差早。荬豆又名菜豆，颗如手指大，谷雨种，小满即收，熟最易，而种不多。豇豆、绿豆俱立夏种，白露收。小豆立夏种，秋分收。小黑豆小暑种，秋分熟。诸豆惟黑豆、绿豆、小豆种尤多。"豆类为人类生存提供了重要的优质蛋白质，还具有 B 族维生素以及微量矿物质，是人类体质进化的重要食物。

五是麦。在中国以麦为名的农作物，主要有小麦、大麦与稞麦（裸大麦）、燕麦与莜麦（裸燕麦）等不同种类。大麦在中国种植流行的时间比小麦早得多。大麦整粒煮熟后食用口感甘爽，富含粗纤维、维生素、矿物质、抗氧化剂。大麦经过炮制形成的中药为麦芽，味香，可健脾消食、行气开胃，还可以帮助控制血糖升高。另外，大麦具有饲用以及酿造酒曲等多种用途。小麦起源于西亚的两河流域，据考证，它最晚在商代早期传入中国。东汉之后，小麦逐步取代粟，直到唐宋时期，在中国黄河流域的种植规模超过其余谷类，成为北方人餐桌上最主要食物来源（参见赵志军：《小麦传入中国的研究——植物考古资料》，《南方文物》2015 年第 3 期，第 50 ~ 51 页）。

接下来说莜麦、燕麦。莜麦是禾本科燕麦属的一个亚种，与燕麦长相接近，古代也有将其等同者，如《乾隆孝义县志》卷一说："燕麦即油（莜）麦"。但还有一些不同，莜麦在生长成熟后，它的种子破壳而出是直接露在外面的，故而叫作"裸燕麦"。燕麦在广大北方都有分布；而莜麦独适宜在气候寒冷干燥的高海拔地带生长，耐旱，生长周期短，在山西的种植区域主要在黄河左岸与晋北一带，中部山区也有分布。

山西北部的荞麦开出的白色麦花　石春兰 摄影

还有荞麦。《乾隆临汾县志》卷三说,"荞麦,高一二尺,赤茎白花,实角如稜,粉亚于麦"。中国是荞麦的发源地,距今约 2000 年前,我国已种植荞麦了(孟子烨:《我国古代历史文化中荞麦的相关记载》,《南方农业》2017年8月,第11卷第23期,第61～62页)。荞麦和莜麦一样,是耐寒、喜凉、抗贫瘠干旱的农作物,而且生长周期只需要2到3个月,适合在北方高海拔、干旱、寒凉地区生长,晋北尤为多见。历史上,在山西的很多地方,荞麦粉的食用不亚于小麦粉。荞麦可作为药、食两用作物,它的蛋白质、脂肪、维生素都高于小麦粉和大米,而且含有人体必需的多种氨基酸。荞麦中的芦丁对人体代谢有良好的调节作用。

## 二十九
## 蔡家崖旧址、碧村遗址

蔡家崖旧址,在兴县蔡家崖乡。碧村遗址,在兴县高家村镇。

兴县,处于吕梁市北端,是山西省版图最大的县。兴县西临黄河,境内北部的岚漪河、中部的蔚汾河、南部的湫水河,均由东向西汇入黄河。

西汉为汾阳县(治今岚县古城村)地。北齐置蔚汾县,隋唐之间有临泉、临津之名。唐贞观元年(627),改为合河县。金时改为兴州,明洪武二年(1369),始称兴县,隶太原府。

—[行知提示]—

从临县曲峪镇"黄河大画廊天然水蚀浮雕"景区,沿218省道东北行约122千米,到达兴县蔡家崖乡,蔡家崖旧址即在此处。从蔡家崖沿337省道、黄榆线西行约14千米,到达兴县高家村镇碧村,碧村遗址即位于村北。

临县去往兴县一带黄河沿岸　李国庆　摄影

# ◇ 蔡家崖旧址、碧村遗址简介

## ●蔡家崖旧址

兴县蔡家崖乡蔡家崖村有晋绥边区政府及军区司令部旧址，为抗日战争时期晋绥边区军政领导机关旧址。北倚吕梁山脉西麓的元宝山，南临蔚汾河，东距县城 7.5 千米，西距黄河 15 千米。1940 年 2 月，晋西北行政公署（后改为晋绥行政公署、中共中央晋绥分局）在这里成立，其后八路军 120 师和晋绥军区司令部也进驻这里，是阻敌西犯的坚固屏障，曾有"小延安"之称。

旧址原为兴县蔡家崖村开明绅士牛友兰的宅院和花园。牛友兰为晋绥边区著名爱国民主人士、教育家。1937 年全面抗日战争爆发后，中共中央研究决定，派贺龙、关向应率八路军 120 师来到晋西北开辟抗日根据地。牛友兰倾囊相助抗日民主政府，积极支援抗日救国斗争，将 5 座宅院和 1 所花园庭院，提供给行署和军区司令部等机关驻扎。

宅院坐北朝南，分东西 2 个相对独立的院落，并

续范亭、牛荫冠居住和工作过的四合院窑洞

相互连通。总占地面积4500平方米,建筑面积1180平方米。东院为四合式小院,原晋绥行署正副主任续范亭、牛荫冠长期居住和工作在这里。1941年120师暨晋绥军区司令部进驻此院后,军区主要领导人贺龙、吕正操等长期居住在这里。

院子的正北面有倚山建造的石窑洞6孔,前带插廊。西北面石窑,为当时军区司令部增建的礼堂。院子的东南隅为砖砌大门,西院原为牛友兰的后花园,当地人称"花园院"。院子正中是"六柳亭",由贺龙亲自设计,亲自栽树,由6棵柳树和石桌、石墩子组成,

**参观毛泽东对《晋绥日报》编辑人员谈话旧址**

因呈六角形状,又名"六角亭"。

晋绥边区是中国抗日战争中主要的根据地之一,是华北、华中、华南各解放区与陕甘宁边区联系的枢纽和唯一通道。晋绥抗日根据地也成为陕甘宁边区的前卫阵地。1942年10月,中共中央晋绥分局成立。此后数年,边区军民英勇奋战,使晋绥边区和晋察冀连成一片,对抗战胜利发挥了重要作用。

1948年春,毛泽东、周恩来等到达兴县,暂居蔡家崖,4月1日,毛泽东在蔡家崖接见《晋绥日报》编辑人员,发表了著名的《在晋绥干部会议上的讲话》,并亲笔题写了土地改革和新民主主义革命时期的总路线、总政策。

蔡家崖还有晋绥边区革命纪念馆,馆址就位于抗日战争和解放战争时期原晋绥边区政府及军区司令部旧址。始建于1962年,占地面积8500平方米,馆藏革命历史文物资料4300余件。旧址部分为一大一小两个

晋绥边区革命纪念馆主馆外观

院子的套院,建筑物主要是石拱窑洞、砖包大门、起脊瓦房等,充分体现了民国时期晋西北地方民居特色。

纪念馆现为山西省吕梁市和兴县的爱国主义教育基地,全国重点文物保护单位。另外陈列有晋绥边区革命斗争史陈列室、毛主席在蔡家崖革命活动纪念展览等展陈。

路过蔡家崖村旧址,参观纪念馆,感受革命先辈筚路蓝缕的奋斗历程,桂子有词咏之曰:

天仙子·蔡家崖村
起脊平房连拱洞,
共鉴初心风雷动。
筑成屏障小延安,
行倥偬。
战英勇。
千里河山家国梦。

● 碧村遗址

碧村遗址,位于兴县高家村镇碧村北,遗址环河临沟,地处黄河和蔚汾河交汇处,东距兴县县城约 20 千米,西距陕西省神木市石峁遗址约 51 千米。分布范围西至黄河,南达蔚汾河,北抵猫儿沟,东部横亘一道石城,形成一个相对封闭的山城地理单元,为一处双重城式的石城聚落。现存外城面积约75万平方米，内城面积达到30万平方米。

该遗址自东向西依次为城墙圪垛、殿乐梁、小玉梁和寨峁梁等四个台地，所在地势自西向东逐步抬升，海拔810~880米。这里处于晋陕高原的腹心地带，境内梁峁起伏，沟壑纵横，基岩裸露，河谷穿梭。包含仰韶文化（约前5000~前3000年）、龙山文化（约前2310~前1810年）等阶段遗存，龙山时代遗存遍布整个遗址，有大大小小十几个石城。

2015年，山西省考古研究所对该遗址进行了首次发掘，发掘面积525平方米，发现了大型石砌房址、护坡墙，并在遗址东部发现了残存城墙的相关线索。

碧村遗址核心区石砌城墙俯瞰

碧村遗址目前发掘出土遗物主要为陶器，多见于灰坑中，以夹砂灰陶居多，泥质灰陶和褐胎黑皮陶次之。典型器物有鬲、斝、圈足盘、蛋形瓮、高领罐等，纹饰以绳纹、左斜向篮纹为主。

此外，在文化面貌上，碧村遗址流行的器类，少见于晋东、晋南同时期遗存中，而在黄河西岸的陕蒙地区较为流行，其常见的鬲、斝、圈足盘、蛋形瓮、高领罐等器物，也是陕蒙交会地区龙山时代晚期以来的典型器类；同时，碧村遗址所见的石砌建筑这类遗存，在吕梁山以东也未有发现。

高领罐、蛋形瓮、圆足盘　碧村遗址出土

这些特征表明了吕梁山东西两侧这一时期文化面貌的差异性，从侧面反映了碧村遗址所在的黄河左岸晋西地区，与陕蒙等黄河沿岸地区同时期遗存的关系应更为密切（山西省考古研究所、山西大学历史文化学院考古系、兴县文物旅游局：《2016年山西兴县碧村遗址发掘简报》）。

碧村遗址是山西黄河沿岸地区首个被确认的龙山时代大型遗址，也是晋西北地区首个确认存在石砌城墙的大型遗址，其发现对于认识区域社会的发展演变，探讨晋中、晋南与晋陕高原的文化关系具有重要意义。该遗址已入选为"2022年全国十大考古新发现"。

桂子考察碧村遗址有词曰：

好事近·碧村遗址

野外断垣旁，
一望峁梁黄土。
石垒城墙圪垛，
揭开神秘处。

尘烟荒草掩丘墟，
飞燕逐云路。
花落花开无数，
叹时光凝伫。

● 王子今

# 1 "甘枣山"传说和山陕的"枣"

《史记》卷一《五帝本纪》关于"舜"的传说,有"舜耕历山"的记载。人们多以为"历山"在今山东济南附近。但是有的《史记》注家很早就认为"历山"在山西。

裴骃《史记集解》言"郑玄曰'在河东'"(见《史记》卷一《五帝本纪》,中华书局点校本,1982年版)。这是汉代儒学权威的意见。郑玄是山东高密人,应当是熟悉有关"舜"在山东地方活动的背景的。

张守节《史记正义》引《括地志》也说:"蒲州河东县雷首山,一名中条山,亦名历山,亦名首阳山,亦名蒲山,亦名襄山,亦名甘枣山,亦名猪山,亦名狗头山,亦名薄山,亦名吴山。此山西起雷首山,东至吴坂,凡十一名,随州县分之。历山南有舜井。"

明确指出了"河东""历山"的具体的空间定位。当然,所依据的,依然只是传说。《括地志》还说到其他地方的"历山"和"舜井":"越州余姚县有历山舜井,濮州雷泽县有历山舜井,二所又有姚墟,云生舜处也。及妫州历山舜井,皆云舜所耕处,未详也。"

所谓"未详也",是对传说时代难以判明真伪的诸多信息比较客观的态度。

我们更为注意的,是《括地志》所说"蒲州河东"的山系"凡十一名,随州县分之",其中"首阳山""中条山"等,是我们所熟知,并且在考察实践中多次经过的。而"历山""雷首山""凡十一名"中别名"甘枣山"的名义,尤其富有历史文化深意。"甘枣"之说,大约是强调这里出产的"枣"因较高的含糖量而长久享有盛名。

兴县与保德县交界一带枣林　石春兰 摄影

我们2021年9月的山陕沿黄河考察，正是枣红季节。此次行程，本来计划自临汾至偏关，主要走山西沿黄公路。但是由于公路养护工程等原因的影响，往往不得不在山西、陕西两省之间往复折行。于是参与考察的朋友们沿途品尝了两省许许多多甜甜的红枣。记得车队几次停驻，面对枣园主人的慷慨，大家在枣林牵枝拂叶，采摘品尝。有的朋友甚至曾经把随身携带的水杯遗忘在枣树下。虽然有疫情的干扰，山陕"甘枣"的香甜，使得我们这些旅人不仅得到味觉的享受，心情也如枣林梢头的秋风，在黄河两岸畅然飘行。

在汉代，"有鱼盐枣栗之饶"，是显示地方资源丰富的说法。《史记》卷一二九《货殖列传》还说，"枣"是公认的"富给之资"，拥有"安邑千树枣"的人，其富有程度可以"与千户侯"相当。《史记》所说"安邑"的空间位置，在今山西夏县西北。

枣，作为食品，很早就进入黄河流域古代居民的经济生活。《诗经·豳风·七月》歌咏收获季节的生活。"……八月剥枣，十月获稻……"剥枣即扑枣、打枣。枣还是某些礼仪中不可少的必备之品。例如《仪礼·士虞礼》规定："枣栗设于会南，枣在西。"东汉郑玄注："尚枣、枣美。"《周礼·考工记》《仪礼·有司》也有类似记载。《山海经》中记有数十种树木，其中

**黄河峡谷北段的红枣**　李国庆　摄影

经济林木有枣、栗、榛、桑等。先秦时，人口密集地方很可能已出现用分株、嫁接等方法种植的枣树。《韩非子·外储说左上》写道，春秋时的政治家子产治理郑国时，社会安定，"国无盗贼，路不拾遗，桃枣荫于街者，莫有援也"。枣树可能已经用作行道树。

到了秦汉时代，由于种种原因，枣在饮食生活中的地位又有上升，在当时的日常生活中，枣大略有这样几种用途：1.较普遍较常见的是作为果品；2.在某些情况下作为主食；3.作为某些特殊食品特别是健补食品的原料；4.加工成调味品；5.入药。

《后汉书》卷一六《邓禹传》记载，两汉之际战乱之中，"军士饥饿，皆食枣菜"。东汉末年，皇室遭受危难，《后汉书》卷一〇下《皇后纪下·献帝伏皇后》写道："御服穿敝，唯以枣栗为粮。""枣"作为木本粮食，饥荒年月往往可以有效地发挥救灾的作用。

当时不仅平民多种枣，帝王宫苑中也种有枣树。《东方朔传》就说到上林苑献枣于汉武帝的故事。秦汉苑囿相当于有专人管理的早期植物园，刻意搜求远方种，引进杂交。《西京杂记》记载上林苑中有"弱枝枣、西王母棠枣、青花枣、赤心枣"等等。到晋代，华林园中仍有"枣六十二株，王母枣十四株"。

汉代铜镜铭文多见这样的辞句："尚方作竟真大好，上有仙人不知老，渴饮玉泉饥食枣，浮游天下敖四海，寿比金石国之保。"可能正是基于"仙人""食枣"的思想，汉武帝在祠祀太一神时，祭品中"加醴枣脯之属"。

不过，我们不知道汉武帝在后土祠祭祀供奉的，是不是也包括"枣脯"。如果有，其制作原料，应当是河东地方生长的"枣"。当然也很有可能是"甘枣山"产品。

上文引述了东汉著名学者郑玄评价"枣美"的文字。新近发布的湖北荆州胡家草场汉代简牍中，也可以看到"美枣"用于医疗养生的文字。其后的2021年10月中旬，召开了国家社科基金重大项目"荆州胡家草场12号西汉墓出土简牍整理与研究"的开题报告会，由武汉大学李天虹教授作为首席专家，我有幸得以线上参会，翻阅课题组寄来的新书《荆州胡家草场西汉简牍选粹》，看到"美枣"简文，不禁回想起一个月前的甜蜜经历。

## 三十 娘娘滩

娘娘滩在河曲县楼子营镇。

河曲县位于忻州市西北部，县城西濒黄河。地处草原文化与中原文化的交汇地带，为今晋、陕、蒙能源金三角的中心地带。

西汉元朔四年（前125）置为西河郡宣武县地。唐代为岚州宜芳县地。北宋太平兴国七年（982）曾在今县境设火山县。金贞元元年（1153），置河曲县。因县地恰当河之弯曲处，取"河千里一曲"之义，因名河曲。

[行知提示]

从碧村走沿黄公路以及249省道，北行约132千米，到达河曲县楼子营镇河湾村，娘娘滩即在此处。

无人机俯拍娘娘滩河岸  李国庆 摄影

## ◇ 娘娘滩简介

娘娘滩在河曲县城东北 7.5 千米的楼子营镇河湾村,是黄河河道中一块"凸"形河床上的小岛。娘娘滩地势平坦,面积约 0.16 平方千米。此处位于晋、陕、蒙三省区交界处的黄河三角洲之中,为塞上有名的小绿洲。据说人在岛上可以听到晋、陕、蒙三省区的鸡鸣犬吠之声。

娘娘滩上原建有圣母祠,内有圣母殿。自北魏至明清,曾多次在娘娘滩上修葺"圣母殿",明正统元年(1436),改建"娘娘庙"于河岸边。经风雨剥蚀,如今原祠已毁,但历代补修的废墟尚在。21 世纪初当地政府在原址之上复建"圣母殿"。滩上至今有遗存的古代筒瓦,瓦当上有"富贵万岁"字样。明代碑刻 1 通,清代 4 通,均对历代重修圣母祠以及汉文帝太后薄姬娘娘在此避难居住,作了记述。

民间传说,汉高后吕雉专权,曾将汉文帝刘恒的生母薄姬贬到云中郡,住在娘娘滩上,生下刘恒。薄姬怕吕后知道刘恒的存在,对他不利,就把刘恒藏在水寨峁圪台上。其后刘恒称帝,于滩上建娘娘庙,故名"娘娘滩",但传说是否属实,还有待考证,然而此间的胜景却独一无二、闻名遐迩,可以"踞一滩而观三省"。夏秋之时,四周水波浩淼,滩上农舍在葱茏中忽隐忽现,俨然是一处美丽的世外桃源,别有韵味。

娘娘滩北隔河与内蒙古准格尔旗的马棚村相望,南隔河水与河湾、娘娘口二村呼应,东望龙口峡峪中太子滩石岛,昂然孤立于浪涛之中。两侧河面开阔,水流平缓。娘娘滩为河心台地,高出水面不过数米,但历代洪峰均未上滩,故有"水涨滩高"的传说。

缘于黄河流沙不断地在三角洲中淤积、澄清、堆积,娘娘滩上土壤肥沃,植被葱茏,可种植瓜果蔬菜。因很长时期,娘娘滩是黄河中唯一有人居住的小岛,故此享有"黄河第一岛"之美誉。娘娘滩集远古文物、

娘娘滩四周水波浩淼　李国庆 摄影

独特风景和历史人文于一体,具有较高的保护开发和旅游观赏价值。桂子路过其地作词曰:

归国谣·访圣母殿

河似练,

水绕滩头波漫卷。

泥泞渡口船如箭。

亭台寂寞崖边建,

门虚掩,

斜阳晚照深秋殿。

王子今

# 1 "娘娘滩"传说与"富贵万岁"瓦当

河曲县有"娘娘滩",是黄河两道分流之间的狭长岛洲。我们沿黄河的考察,一路看到了若干的滩、礁、碛,但是这次是第一次乘上渡船,踏到河中央的土地上。水流十分湍急,我们一行渡到滩上,船工师傅说船的动力不足,稍有危险。回程时,大家只能分两次摆渡。

大概前夜有暴雨,或者河水曾经漫上来,一路泥泞。从路面低洼处的积水中有小鱼可以推知,应当是河水冲到了岛上。我的拖鞋多次陷入淤泥,拔不起来。

"娘娘滩"上有古庙。庙前有清同治十一年(1872)所立石碑,碑额题为《重修汉后庙碑记》与碑文正题稍异,其中大致写道:

重修汉薄太后祠碑记

县东北十五里罗圈堡下有祠焉,祀汉文帝母薄太后。太后之碑以得祀于此。舆邑以之所以祀太后者,旧志及《汉瓦考》并各碑记言之甚详,兹不赘叙。祠所在娘娘滩上。明正统纪元之岁,总戎李公谦因河水奔腾,不便修复,相厥地址,改建于斯。嘉靖甲寅、万历丙申□经河保营参戎王公怀□林公□次第兴修克臻完善,逮国朝顺治辛卯、乾隆庚戌、咸丰辛酉屡加补葺轮奂攸□。同治戊辰,回逆扰及秦□,旋调各营勇丁沿河驻扎。庚午闰十月,勇丁不戒,于□□□回□之灾,正殿三楹,悉□唯土。锐□左营□捐银□两工兴役□半载而正殿落成。他如南北庙、钟鼓楼绰楔碑亭,俱仍其旧。内则丹青□□外则黝垩未施,遽令古庙,松楸黯然。……

碑文大略介绍了庙祠的来历,以及建筑施工的因由。传说"汉文帝母薄太后"曾经在这里居住。我们晋陕沿黄考察,沿途参观革命遗址,有领导人"故居""路居"的区别。大概"薄太后""路居"于此的可能性也是不太大的。

薄太后是一位经历复杂的女子。当汉军和楚军在荥阳一带相持时,汉王刘邦指派韩信以"左丞相"身份从关中渡河奇袭魏王,平定魏地,形成了对汉军的侧翼支持。

韩信"取平阳,得魏王母妻子,尽定魏地",所谓"魏王母妻子"的命运,在《史记》中也可以发现有意思的信息。比如魏王豹身边女子"薄姬",就特别值得注意。《史记》卷四九《外戚世家》:"及诸侯畔秦,魏豹立为魏王,而魏媪内其女于魏宫。媪之许负所相,相薄姬,云当生天子。"相人者为薄姬相面,预言这

娘娘滩上的"圣母殿" 石春兰 摄影

个女人将来会"生天子",使得魏王豹萌发了政治野心。"是时项羽方与汉王相距荥阳,天下未有所定。豹初与汉击楚,及闻许负言,心独喜,因背汉而畔,中立,更与楚连和。"魏王豹本来从属刘邦一同击楚,因为这一预言叛汉归楚。于是有左丞相韩信和假左丞相曹参率军攻魏的战事发生。"汉使曹参等击虏魏王豹,以其国为郡,而薄姬输织室。豹已死,汉王入织室,见薄姬有色,诏内后宫,岁余不得幸。"司马迁记述,薄姬和她的闺蜜先前曾经有约,"始姬少时,与管夫人、赵子儿相爱,约曰:'先贵无相忘。'"这种约定,类似陈涉所谓"苟富贵,无相忘"(《史记》卷四八《陈涉世家》)。"已而管夫人、赵子儿先幸汉王。汉王坐河南宫成皋台,此两美人相与笑薄姬初时约。汉王闻之,问其故,两人具以实告汉王。"刘邦因此心生哀怜。"汉王心惨然,怜薄姬,是日召而幸之。薄姬曰:'昨暮夜妾梦苍龙据吾腹。'高帝曰:'此贵征也,吾为女遂成之。'一幸生男,是为代王。其后薄姬希见高祖。"

"薄姬"故事有关于魏王豹自刘邦集团反叛的因由,又有"薄姬""当生天子"传说致使魏王豹"心独喜,因背汉而畔"的说法,而韩信破魏使得"薄姬"后来入于汉王"后宫"。偶然的情爱际遇,竟然成就了后来实现"文景之治"历史重要进步的机缘。

"薄姬"后来果然"生天子",这就是成就"文景之治"的汉文帝。吕后去世,汉文帝刘恒时在代王任上,朝中老臣合谋诛灭吕氏集团,迎刘恒往长安登帝位。选择代王刘恒的出发点,据说是"代王方今高帝见子,最长,仁孝宽厚。太后家薄氏谨良。且立长故顺,以仁孝闻于天下,便"(《史记》卷九《吕太后本纪》)。由于刘恒"仁孝宽厚"得以入选,而基于吕后专权的教训,"太后家薄氏谨良",也是刘恒入主长安的重要条件。有人说,齐悼惠王是高帝长子,今齐王是其嫡子,作为高帝的嫡长孙,可以立为帝。大臣们都说,吕氏正是以"外家恶"而几乎危害宗庙,伤及功臣的。今齐王母家驷氏，而驷钧，恶人也，如果立齐王，必然是又生成一个吕氏。又有人提议立淮南王，也因为当时尚年少，母家也有"恶"的形象，于是遭到否决。

刘恒是汉高祖刘邦和薄氏所生子，公元前179年，以代王身份入主长安，成为西汉王朝的皇帝。刘恒由藩王地位上升为汉帝，具有地方行政经验和比较了解底层社会情状的知识基础，又能够谦虚谨慎，节俭克己，勤政安民。他开创了比较清和、比较明朗的新的政治风尚，得到历代好评。司马迁在《史记》卷一〇《孝文本纪》最后以"太史公曰"形式发表的历史总结中，以孔子善人治国"胜残去杀"的话赞美汉文帝，又感叹道："汉兴，至孝文四十有余载，德至盛也。""呜呼，岂不仁哉！"

丞相陈平、太尉周勃等人派人迎代王时，刘恒心疑不能决，身边重臣各有异议。代王又与太后商议，依然犹豫不定。又问卜于龟，得吉兆。于是代王派遣薄太后的弟弟薄昭往见绛侯周勃。绛侯周勃向薄昭详细说明了为什么迎立代王的原由。薄昭回报刘恒说，大臣们的诚意可信，没有什么可以怀疑的。后来刘恒才谨慎地前往长安即位。从薄昭的表现看，薄太后的作用是明显的。刘恒即皇帝位之后，"遣车骑将军薄昭迎皇太后于代"，接母亲薄太后来到长安。代国的行政中心在"中都",据《史记》卷一〇《孝文本纪》张守节《正义》引《括地志》,"中都故城在汾州平遥县西南十二里,秦属太原郡也"。薄太后从代国往长安,不可能经由今天的河曲,更不可能在河中之洲停宿。《史记》卷一〇《孝文本纪》记载,汉文帝在三年(前177)五月重返旧地时,"自甘泉之高奴,因幸太原",也绝不会北行河曲地方。

后来汉文帝"封将军薄昭为轵侯",也是一种示意"仁孝"的政治表态。确实,在汉文帝执政期间,薄太后长期坚持"谨良"的原则,没有对朝政有什么直接的干预。只是汉文帝表示要亲自以统帅身份率军进击匈奴时,群臣劝谏,都不听从,后来薄太后出面

帛画《车马仪仗图》(局部)　长沙马王堆三号汉墓出土

强行阻止，汉文帝于是被迫放弃了这一主张。还有一个例证，可以说明薄太后对汉文帝的影响。有一次，汉文帝从霸陵上西行长安，试图纵车"驰下峻阪"，以享受飞速驰行的快感。中郎将袁盎骑马与帝车并行，紧紧拉住汉文帝乘车驾马的辔。汉文帝说："将军胆怯了吗？"袁盎回答："臣听说民间习俗，为了人身安全，千金之子不坐在堂室的边缘，担心檐瓦坠落；百金之子不依靠在栏杆边，担心栏楯折断。圣主应当警惕危难，回避险情，不应当希图侥幸。现今陛下驾着六匹骏马，驰下高山，如果马匹受惊，车辆损坏，陛下固然可以轻看自己的生命，然而怎么对得起国家，对得起太后呢？"

臣下以"太后"作为劝谏的因由，汉文帝于是听从了袁盎的意见，下令勒马缓行。

薄太后虽然"谨良"，但是并非没有自己的个性。考古工作者在薄太后南陵20号从葬坑中发现了大熊猫头骨和犀牛骨骼（王学理：《汉南陵从葬坑的初步清理兼谈大熊猫头骨及犀牛骨骼出土的有关问题》，《文物》1981年第11期；《汉"南陵"大熊猫和犀牛探源》，《考古与文物》1983年第1期）。以熊猫和犀牛作为豢养的宠物，可以推知这位皇族妇女的性格爱好有比较特别的一面。

"娘娘滩"确实存在古代建筑遗址。我们看到了这里出土的"富贵万岁"瓦当实物。除了一件完整的以外，还有几件残破的。残件与完整的瓦当对比，"贵"字的写法竟然有多种不同。这就是说，遗址使用的"富贵万岁"瓦当，可能并非一次制作。

中国美术出版社1983年出版的华非先生编著的《中国古代瓦当》收入此瓦。这件"富贵万岁"瓦，列入"汉代文字瓦当"中，编号为168，释文作"万岁富贵"。因为编者的疏误，"汉代文字瓦当"题下多有后世瓦当。这些瓦当都没有注明发现地点。从这件"富贵万岁"瓦文的字迹看，应是北朝时代作品。任虎成、王保平主编《中国历代瓦当考释》收有几例文字相同者，或释为"富贵万岁"，或释为"万岁富贵"，均言出自邺城，以为曹魏瓦当。但是图案设计和文字形式颇有不同。大概北朝习用"富贵万岁"吉语。山西大学赵瑞民教授指出，根据大同方山思远浮图遗址发掘品，可以证明"娘娘滩"瓦当是北魏遗物。

从出土"富贵万岁"瓦当判断，大概在北魏时期，这里已经有了比较高等级的建筑。建筑以纪念汉文帝的母亲薄太后为主题，也就是说以薄太后为祠祀对象，应当是有很大可能的。这一情形如果通过认真考论，得到更为详尽的说明，或许可以为北魏时期北方民族关系交往、交流、交融的历程，提供更生动鲜活的历史文化信息。

"富贵万岁"瓦当

要知道,汉文帝虽然得到"胜残去杀""德至盛也"的历史赞誉,但是他主持代国军政,抵挡着匈奴南下的正面压力。关注汉初历史的学者不能忽视的历史事实,是代国长期处于匈奴军事文化的强辐射区,抗击着匈奴南侵的主攻力量。正如《史记》卷一一〇《匈奴列传》所说,"至冒顿而匈奴最强大,尽服从北夷,而南与中国为敌国","单于之庭直代、云中"。汉文帝即位之后,又曾经有出击匈奴的战略计划。

北族"薄太后"庙祀所体现的文化意义,从民族史交往、交流、交融关系的视角考察,是值得深思的。

## 2 河曲"娘娘滩"传说三题

2021年9月17日,我们一行来到了忻州市河曲县所属的"娘娘滩"做实地考察。河曲县,位于山西省忻州市西北部,地处晋、陕、蒙能源金三角的中心地带。梳理其早期行政辖属关系可知:战国属赵;秦和西汉前期隶属于太原郡;汉武帝元朔四年(前125)设置西河郡,为西河郡宣武县地。"娘娘滩"是该县的著名风景名胜区。据说这是黄河河床里唯一有人居住的河中孤岛,所以有"黄河第一岛"之称。相传汉文帝母薄太后被吕后诬贬于此,故有"娘娘滩"之称。

我们到访之时,正值上游一场大雨之后。黄河水面尽管很开阔,水势却依然惊人。我们从东岸乘坐小船开始了"登陆"行动。小船开动之后,但见泥浆翻滚,小船在其中颠簸而行,特别是左右两侧"黄"波滔滔。我们乘船横渡黄河之半,登上了位于黄河中流的"娘娘滩"。

这片在当地民俗传说中被赋予了神秘色彩的"娘娘滩",我是首次登临。在找到了"地标性"的刻石之后,

乘船渡到娘娘滩岸边

先行拍照留念。

一、"娘娘滩"的离奇传说

在登上"娘娘滩"之前,我对于当地的民间传说,只有一个笼统的了解,实在是不知其详。进入景区大门之后,有一块"娘娘滩简介"的木质说明牌,对我而言,它就成了"当地文献"。简介木牌有正面和背面的两段文字。其正面文字,介绍了娘娘滩的位置和自然概况,简述了娘娘滩的沿革变化,我对其中神庙

建筑物的几度毁建过程颇为留意。文字也很有文采。为便于读者了解相关情况,我根据当时拍摄的照片,特将其重要文字摘录如下:

> 娘娘滩,……四周环水,清澈如鉴。岛上果园滋荣、绿树掩映,清幽秀美、风光旖旎。夏秋之时,水波浩荡,草木葱茏,农舍俨然,忽隐忽现,仿佛蓬莱仙境,别有洞天;又似河中扁舟,悠然飘荡,叹为观止!滔滔黄河,惊涛拍岸,像一条飞龙,驰骋于龙口深峡巨谷,突遇太子滩头挡道,它怒不可遏,喷云吐雾,愤然间溅出一粒翠玉,形成娘娘滩奇美胜境,可谓神韵之笔,气象不凡!从此襟怀渐宽,展开了数十里富饶狭长的河谷平原。娘娘滩中分河道,迎水峭壁浪激数丈。北岸为内蒙古准旗地方,层峦高耸,云海苍苍;南岸山尖古堡崃峙,居高临下。娘娘滩宛如壮士护佑下一位窈窕淑女,令人心驰神往、流连忘返。
>
> 娘娘滩曾有古代筒瓦出土,长约尺余,直径18厘米,厚2厘米,"万岁富贵"汉隶雕琢其上,清晰可辨,是为汉代皇家遗物无疑。
>
> 明正统元年娘娘滩原庙倾圮,因河水汹涌不便修复,遂将庙以此改建岸边。包含正殿三大楹、左右配殿各三楹,宫门一座,还有钟楼、鼓厅、厨房、籍田、峥嵘殿角,栩栩塑绘,俨然一阙宫。清代康熙、

乾隆、咸丰年间曾三次修葺，同治九年火灾毁正殿，旋又修复，之后再毁。

2001年，河曲县委、县政府筹资50万元，在娘娘滩原庙遗址上新建大殿三楹，东西耳殿、台榭山门各一间，塑像绘壁，雕梁画栋，檐牙高矗，气象恢宏，滩上道路码头配套完善。自此，游人络绎不绝。

2018年，在中国黄河旅游大会上被评为"中国黄河50景"之一，而闻名遐迩，享誉三晋内外。

这块简介木牌的背面文字，则记录了当地流传的娘娘滩传说。为了便于继续讨论问题，请允许我继续节录其中两段的主要内容于下：

  娘娘滩上建有娘娘庙，庙中供奉着圣母薄太后。薄太后原是项羽属将魏豹的小妾，后到刘邦宫中为姬。西汉初年，吕雉专权，圣母受到吕后陷害，李广、李功、李文等几位大将，率领着若干精壮武士，保护着身怀六甲的薄太后逃出了皇宫，一路艰辛辗转来到匈奴地界。大河横亘，在惊慌与绝望中，他们意外发现了河中的小岛。这里与世分隔，岛上风水极好，于是就此居住下来。

  ……

  刘恒8岁时，在周勃、陈平等33位朝臣的奏请之下，汉高帝刘邦封刘恒为代王，封薄姬为代

> 国太后。公元前180年8月，吕后去世，周勃、陈平铲除诸吕，将母子接回皇宫。刘恒连夜登基称帝后，封母亲薄太后为皇太后……河中小岛因娘娘居住而被赐号为"娘娘滩"。

上述记载的民间传说，与《史记》和《汉书》的"正史"记事，有很大的不同。不难看出，"娘娘滩"的传说在长期的流传过程中，当地有条件读过"正史"的士绅，并未尝试用"标准"的史学叙述去"润色"或者"纠正"民间传说的明显讹误，而任由其按照原本的"面貌"，一代传一代地延续着这个"传说"的框架和叙事，直到今天。地方"传说"与"正史"记载有出入，是常见的现象。我们当然不会认定那些违背史学常识的传说，还有"订正"史书记载的功能，但是，探求那些"不靠谱"的传说由以产生和传播的社会原因，则不失为地方文化研究的一个很有意思的角度。

上述"娘娘滩"的传说与正史相比较，明显可见的"不靠谱"共有两处：

（1）传说中薄姬"逃出"皇宫的背景，完全不可信。在传说中，薄姬怀有身孕后被名将和武士护送逃离皇宫，后来在娘娘滩上诞育了皇子刘恒。多年之后，刘恒被拥戴即位成为汉文帝。

（2）传说中薄姬"逃出"皇宫所依靠的人物，是缺乏历史常识的编造。所谓"李广、李功、李文等几位大将",除了李广实有其人(但是生活年代有误)之外,李功、李文都是杜撰出来的人物。李广是西汉名将,有"飞将军"的盛名,但是,他生活在汉景帝和汉武帝时代,不可能"穿越"到吕太后当政的时代,去解救落难帝妃。这段传说就有点"关公战秦琼"的感觉了。

以上两点,是"娘娘滩"传说中的两大硬伤。稍有历史知识的人,看到此种与历史常识大相径庭的编造,很可能对这段传说产生不屑一顾的排斥感。而我思考的路径是:如此"不靠谱"的传说,为何能够在河曲一带流传不息?是否其中有某种值得探讨的原因?

在河曲境内流传的这段传说,最早形成的时间,大概不容易探究清楚。有一点是无疑的:它不是当代人为了推进旅游业发展而向空编造,而是"自古流传"下来的。在当地考察时,我注意到一方清代碑刻,碑额为《重修汉后庙碑记》。内文题记更为简洁明了:《重修汉薄太后祠碑记》,立碑时间是"同治拾壹年"(1872),碑文所记载的内容,与上述传说高度吻合。特别是其中开宗明义的首段云:"县东北十五里罗圈堡有祠焉,祠汉文帝母薄太后……之所以祀太后者,旧《志》及《汉瓦考》并各碑记言之甚详,兹不赘叙。祠故在娘娘滩……"其中所谓的"旧《志》"应该是对清同治之前河曲地方志的简称,《汉瓦考》虽然无

重修汉后庙碑

法确认作者及其年代,必是对当地出土汉瓦的考释之作。由此看来,同治年间的立碑者所接受的"娘娘滩"传说,内容足够丰富。这对我们理解这一传说的由来已久,有直接的帮助。

## 二、与"娘娘滩"传说相关的史实"正说"

### 1. 汉文帝的母亲薄太后,早年间的经历确实很特殊,令人同情

秦末群雄蜂起,魏豹自立为魏王。此时,出身于平民家庭的薄氏,被送进了魏宫,成为魏豹的姬妾。偏偏薄姬的母亲多事,曾经带着她去找号称精通相面之术的许负,请许负给薄姬看相,许负断言此女"当生天子"。当时,项羽和刘邦在荥阳一带对峙争雄,天下未有所定。魏豹本来是与汉王刘邦结盟击楚,等到他得知许负的相面之言,内心独喜,自以为他的姬妾将来要诞育天子,就自作多情地推断他必定有天子之运。因此脱离了与汉的结盟关系,先在楚汉之争的背景下中立,后来更与楚霸王项羽结盟。汉王派曹参等人率军击败并俘虏了魏豹,将其封国改为汉军控制下的魏郡。魏豹失国之后,无力保护他的妻妾,薄姬被安排到汉王刘邦的织室劳作。后来魏豹在战争中被杀,汉王刘邦偶尔进入织室,见到薄姬稍有姿容,就下令将她纳入后宫。刘邦后宫本多美女,

薄姬入宫后一年有余而未曾得幸，似乎刘邦忘记了薄氏的存在一般。

薄姬年少之时，与管夫人、赵子儿结为好友，三人曾经有私密约定："先贵无相忘。"后来管夫人、赵子儿在薄姬之前得到了汉王刘邦的宠幸。某日，汉王刘邦与两位宠妃并坐，这两位美人说起了薄姬当初与她们的约定，笑谈之中充满了嘲讽之意。刘邦闻听，细问其故，两人具以实情告知汉王。汉王刘邦毕竟有真性情的一面，为之心中惨然，对薄姬顿生怜惜之意，于是在当日就宣召她入见。乖巧的薄姬其实很会抓住机会求宠："昨暮夜妾梦苍龙据吾腹。"刘邦回应：这是得有贵子的象征，我来成全你。结果是"一幸生男，是为代王"。这当然是一种幸运。但是，此后薄姬极少有机会再见刘邦。

**2. 吕太后当政之后，确实对刘邦的几个宠妃及其所生儿子百般折磨，乃至痛下杀手，但是，薄姬及其儿子代王刘恒却不在"受迫害"的范围之内**

汉高帝刘邦驾崩之后，曾经得到过他"宠幸"的姬妃都被吕太后视为"情敌"而被报复，都被加以幽闭，不得出宫。唯独薄姬因为很少见到高皇帝之故，不被吕太后嫉恨，得以出宫，跟从其子刘恒前往代国，得为代国的王太后。她的弟弟薄昭也跟随姐姐到了代国。（《史记·外戚世家》）这位薄姬被刘邦"御幸"一

壁画《乐舞图》（局部） 汉画里乐舞活动中的西汉女性
陕西省靖边县杨桥畔镇西汉墓出土

次就诞育贵子，后来又被刘邦冷遇的传奇经历，不仅使得她本人免受吕太后的妒火折磨，还从一个特殊的角度为其子刘恒入选为皇位继承人提供了重要的前提条件。刘恒本人的"仁善"之名，加之他的母家薄姬没有政治人物做支撑，薄姬唯一的弟弟薄昭既无弄权的野心，也无参与政务的能力，这些恰恰是后来周勃、陈平等人发起"诛吕之役"得手后,寻找皇帝继位人在"外戚背景"方面最符合要求的。历史的巧合和不可确知性,在这里可以令人哑然失语!

由此而言,"娘娘滩"传说中,薄姬遭受吕太后的迫害之说,从源头上,就不足以立说。尤其是皇子刘恒(代王—汉文帝)是在薄姬逃出皇宫、流落在娘娘滩才出生的说法,更是荒唐无稽了。实际情况是:汉高帝刘邦一共生育了8个儿子,在吕太后控制朝廷大权之后,除了她所生的汉惠帝得到最高权位之外,她还对另外两位皇子额外有所照顾,一位是年长的代王刘恒,一位是年幼的淮南王刘长。道理很简单,吕太后也要顾忌朝臣舆论,也要设法笼络刘氏宗室成员,总不能把高帝所生的儿子全都加以诛杀。在收拾了被列为"敌对人物"的皇子之后,她也很有必要对"无害皇子"表示宽大和仁慈。

与上述两个问题相关的具体叙述,我的一部小书《西汉朝廷"大洗牌"——汉文帝入继大统前后的政治博弈》(中国人民大学出版社,2020年版),有具体论述。感兴趣的读者可以翻阅一通,也许会有所得。

### 三、两个疑案的推测

#### 1. 刘恒受封代国的都城位置与河曲

刘恒于汉高帝十一年(前196)受封为代王。其都

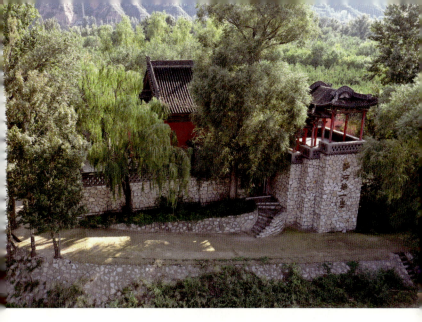

**娘娘滩掩映在茂林中的建筑**　李国庆　摄影

城所在地,史书中有两说:一说为中都(今山西平遥县西十二里),一说为晋阳(今太原)。也有先立都晋阳、后来迁都到中都之说(诸家考订意见纷纭,可以参看《史记研究集成·十二本纪·孝文本纪》,西北大学出版社,2019年版,第12页)。代王刘恒的都城所在地,与娘娘滩所在的河曲县,有相当远的距离。如果没有极为特殊的缘故,刘恒在受封为代王期间,亲临其地的可能性不会太大。质言之,只要排除了"娘娘滩"传说的真实性,意图建立河曲与汉文帝之间关系的努力,恐怕很难得到历史学的支持。

## 2. 形成"娘娘滩"传说的因由,或许与河曲长期处于"胡汉杂居"的地域特点有关

山西河曲与今内蒙古地区隔黄河相望,历史上一直是"胡汉"关系密切和复杂的地带。我注意到在河曲"娘娘滩"的传说中,胡汉两个民族之间的"隔膜"和"仇恨"并不明显。特别是说到薄姬怀孕逃离汉宫之后,其逃亡路线居然是"一路艰辛辗转来到匈奴地界"。隐然以匈奴地界作为可以"庇护"托身的安全之地。如果河曲一带的民间"民族观",是把匈奴人作为"世仇"和"强敌"来定位,那么,薄太后隐居和汉文帝出生在娘娘滩的传说,就很难形成和长期传播。也许从民族杂居、民族关系相对缓和的角度,来解读"娘娘滩"传说的由来,是一个可行的选择。

## 三十一 老牛湾

老牛湾在偏关县万家寨镇与老牛湾镇之间。

偏关县位于山西省西北部,为忻州市下辖县。处于黄河由内蒙古南流入晋的交汇处。北依长城与内蒙古清水河县接壤,西临黄河与内蒙古准格尔旗隔河相望。

五代十国时期北汉设建偏头寨。元代为偏头关。明代长城设九边重镇防守,于太原镇(山西镇)置偏头关千户所,清雍正十三年(1735)升为偏关县。偏头关与宁武关、雁门关合称"中华三关",为"三晋之屏藩""晋北之锁钥"。

[行知提示]

从娘娘滩沿灵河高速东行至偏关县城,再沿249省道到达偏关县老牛湾镇景区入口,全程约82千米。或沿103省道西行至黄河龙口大桥南口,再走249省道北行至老牛湾镇景区入口,全程约70千米。

黄河崖岸上的老牛湾城堡　李国庆　摄影

## ◇ 老牛湾简介

老牛湾位于偏关县万家寨镇与老牛湾镇之间,是山西和内蒙古的交界处。以黄河为界,西岸是鄂尔多斯高原的准格尔旗,以内长城为限,北端为内蒙古清水河县,这里是中华大地上长城与黄河唯一交会处,有"黄河入晋第一村""天下长城第一墩"的美誉。中国最美的十大峡谷之一的晋陕大峡谷就是从这里开端的。

黄河南岸山崖上俯瞰老牛湾　李国庆　摄影

黄河南下入晋，河道于此地回旋转折，舞出一个近乎圆形的弯环。河岸之上长城耸立，山塬之间烽火台墩相望，河谷两崖壁立千仞，崖下河道水流曲折蜿蜒，碧波万顷，共同形成了牛犄角一样的壮美奇异之景观。当地民间有传说，古代黄河泛滥，太上老君牵青牛犁地让大水改道。当青牛看见明灯山的明灯时，受惊转头，犁出这道神奇的大湾。传说为老牛湾增添了神秘的色彩，实际上这是受黄河水流侵蚀和风蚀双重作用形成的曲流。据考古发掘及资料，老牛湾一带有新石器时代的仰韶文化遗迹，是黄河文明的发祥地之一。

中国两大地标——长城与黄河，也在这里相会，外长城从朔州市的平鲁区东行至偏关县境内，绵延约8公里于柏杨岭好汉山堡与从神池境内北进偏关的内长城交会，形成一个"Y"状衔接点，此处也正是内长城的终点站。老牛湾融汇了黄土高原多样性的地貌特征，黄土高原文化和边塞文化在老牛湾交融，共同绘就了长河关山、崖堡塞月的壮丽景观。

老牛湾景区包括乾坤湾、老牛湾堡、望河楼、四公主德政碑等景点。

● **乾坤湾**

乾坤湾为老牛湾景区的核心地段，位于老牛湾村到万家寨镇之间,可以称是"黄河入晋第一湾",因形似太极,被誉为乾坤湾。主区域东西长约760米,黄河向南奔流涌来,虽遇山崖险阻,却没有暴跳如雷,惊涛拍岸,而是智慧转身,欲进先退,迂回北折,从容南转。乾坤湾两侧是陡谷悬崖,将黄河母亲的婀娜蜿蜒形象地勾勒而出,极为优美。其地还有"八景",即明门、八卦台、乾塔、坤阁、神牛犁河雕塑、人行景观步道、景观墙、"三不猴"(手覆耳不听,手捂嘴不说,手遮眼不看)观景亭。

## ● 老牛湾堡

老牛湾堡在老牛湾河岸上,据载,修建于明成化三年(1467),是一座屯兵的城堡,"周长120丈,高3丈5尺",现高约7米。城墙内为夯土,外为长条石块砌体,有城门洞和瓮城、青石街、铺屋、戏楼、庙宇、军事遗迹等。老牛湾堡地理位置险要,居高临下,悬崖十分陡峭,易守难攻,在中原地区防御塞外游牧势力入侵方面起到很大作用,是偏关防御的前哨、明代长城防御系统的重要组成部分。

老牛湾堡　李国庆 摄影

## ●望河楼

望河楼原称老牛湾墩,位于老牛湾堡北侧紧靠黄河大峡谷的悬崖峭壁上,为外砌砖石的空心城楼,高22米。楼南有一门,南门额上有匾,刻楷书"老牛湾墩"四个大字,并有题头和署款,上面文字依稀可辨"万历岁丁丑夏"(1597)。楼墩高12米,墩内有供士兵上下的绳梯和通道。墩上设堞口,用来瞭望黄河对面的敌情,并可以点燃烽烟向东、南两边长城传递军情,是老牛湾古堡中重要的军事防御设施,被称为"天下第一墩"。

## ● 四公主德政碑

四公主德政碑立在老牛湾河岸上。四公主是清代康熙皇帝第4个赐予封号的女儿，受封和硕恪靖公主，故称四公主。

康熙三十六年（1697）十一月，四公主远嫁蒙古喀尔喀土谢图汗部郡王敦多布多尔济。出嫁初期，蒙古草原形势不稳，四公主在清水河县驻扎居住多年，遵照康熙帝旨意在长城沿线划地4万多亩，开垦农田给走西口的山西百姓耕种，四公主减免苛捐杂税，使普通百姓受益，所以当地人为感激四公主盛德，在这里立德政碑以志怀念，史书中多有记载。这方德政碑是此事的实物史料，碑刻题为"坤道其棠"，正是对古代女性功德的赞美。

桂子游览黄河老牛湾，填词两阕，歌以咏之：

其一
长相思·观老牛湾
曲水流，
碧水流，
流到牛湾抱绿丘。
偏关到此游。

岁悠悠，梦悠悠。

聚首长城河套头。
密云遮垛楼。

其二
忆江南·老牛湾堡
危崖上,
晋地老石村。
草蔓街头缠宅柱,
沙平河畔固湾墩。
风雨满乾坤。

● 赵瑞民

# 1 老牛湾墩和老牛湾堡

老牛湾村是黄河入晋第一村,而在明代的长城防御体系里,这里也是一个转折点。明长城的内、外长城在丫角山会合以后,迤逦向西,至老牛湾,从陆上防御转为河岸防御。黄河从老牛湾转而南流,明朝的疆界就是黄河,河对岸是河套地区,活动的人群是当时所谓的"套虏",也就是蒙古鞑靼部。此处长城防线上,最引人瞩目的是一个大体量的墩台,原来的官方名称是"老牛湾墩"。然而此名很少人知晓,如今当地人称为"望河楼",也称"护水楼"。所以需要郑重其事地详细介绍。

原来的官方名称"老牛湾墩"——来自"山西长城碑刻文献资料整理与研究"项目组的调查资料,使用无人机拍摄的门额照片,字迹清晰。门额是石质,四周刻花草边框,中间横排右行四个行书大字——"老牛湾墩",双边勾勒,线条纤细,却有数处刻出飞白笔意。上款竖行两列,楷书,右起第一行为"钦差整饬岢岚偏老等处兵备山西提刑按察司副使萧大亨",第二行为"钦差分守山西西路偏头关等处地方右参将都指挥李东扬"。下款仅一行,也是楷书,"万历伍年岁次丁丑季夏吉旦偏头关守备……立",下款处正好有一线阴影,有的字看不清。

墩台称楼,顾名思义,原来其上应有建筑。现在看不到,是否还有建筑基础,也没有做清理的工作,无从证实。《山西省明长城资源调查报告》(文物出

"老牛湾墩" 为砖石空心城楼　李国庆　摄影

版社，2019年版，第1718页）有关于这座墩台的详细记录。墩台平面方形，底部边长12.9米，顶部稍收，边长11.5米，现存高度12.14米。下部包石20层，高3.14米，上部包砖。

从门额石刻文字判断，"老牛湾墩"至少在明万历五年（1577）就建成了。另有一通石碑，提示墩台或许建成更早，还提示了墩台在当年长城防御体系中的地位和性质。这通碑详尽展示了老牛湾以及周边长城的各种信息，字数不多，很珍贵。碑额为"碑记"二字，碑文每句一行，以下照录，略加句读：

> 钦差分守山西西路地方右参将署都指挥佥事郭 分管老牛湾起东西两路边界。
>
> 东至丫角止，外边长壹佰肆里零壹佰捌拾陆步。
>
> 将台陆座。
>
> 敌台壹佰玖拾柒座。
>
> 暗门叁座。
>
> 水门壹座。
>
> 水口壹处。
>
> 大边墩隘贰拾壹座。
>
> 边外夹道墩台壹拾贰座。
>
> 沿边墩台叁拾捌座。
>
> 腹里接火墩台玖拾玖座。

西至西黄河唐家会横墙却胡墩□河边崖长壹佰贰拾伍里零叁拾步。

水门贰座。

沿河边崖墩台肆拾玖座。

腹里接火墩台叁座。

嘉靖贰拾柒年陆月吉日

碑额题刻"碑记"二字的明代石碑

关于长城防御体系的这些设施细节，有兴趣者可以仔细研究。值得注意的是，在"老牛湾起东西两路边界"总共229里多的长城沿线，只有6座将台。显然将台比一般的敌台要高大、坚固、讲究，老牛湾墩应该就是这6座将台的其中之一。

此通碑还有另外的内容，是在原来的空白处，有补刻的文字。补刻的文字比较潦草，格式也有些乱。有题首，是"重修"二字，紧贴原碑文"嘉靖"年号，刻于其右，之下大致分三行。第一行："西路偏头关援兵营兼墩旗牌杨、李（杨、李二字左右横列）。老家营兼墩旗牌韩。"第二行："老家营管修老牛湾墩旗牌赵、冯（二姓亦横列）。写字：宁化马结、闫守郎。"第三行："万历三年九月吉日。作打启封一个，口首李。泥匠冯忠。石匠二名：薛。"第二和第三行之间下端又加入"莱阳人孟尚春"五字，上与"石匠"平齐，疑即另一石匠名，可能二人俱是莱阳人。

由补刻内容得知，"老牛湾墩"之名，万历三年（1575）已有，比门额的题款早两年，还有专管维修的旗牌官。此旗牌官隶属老家营，老家营指明代"供役"的后勤部队和工程兵。据《明史·兵志》，成化年间实行了精兵方针，搞若干"选锋"营，而"不任者仍为老家以供役"（中华书局，1974年版，第2178页），淘汰下来的兵员就安置在老家营，以供役使，不再上战场作战了。从"老家营管修老牛湾墩旗牌"的名称和"重修"的碑记名称综合推测，老牛湾墩在此之前早已建成，此时仅是维修。再进一步说，很可能在嘉靖二十七年立边界碑的时候，此墩已建成。嘉靖二十七年为公元 1548 年，万历三年为 1575 年，将近 30 年，其间应该进行了大规模的维修。

老牛湾堡的历史，也有不少石刻资料可以证明，这些资料首推堡门的门额。该门额原在老牛湾堡南门的瓮城东门外侧上方，城堡城墙拆毁后存放在老牛湾村供销社窑洞内，当地旅游开发后移至堡门外左侧。门额正中直行双边勾勒四个大字"老牛湾堡"；上款题署三行，依次为"西路管粮太原府同知崔存教"，"钦差整饬岢岚兵备山西按察司副使卢友竹"，"督抚按三□□□题创建都察院右副都御史吴牲"；下款题署四行，依次为"钦差分守西路偏头关地方副总兵都指挥官抚民"，"草垛山守备冯三省"，"镇西卫千户黄正□"，"崇祯九年岁次丙子季秋吉旦立"。

光绪《山西通志》卷四五："老牛湾，明成化三年，总兵王玺筑墙。崇祯九年，兵备卢友竹建堡。"（中华书局，1990 年版，第 3400 页）史志所载与石刻资料吻合。故可确知，老牛湾堡比老牛湾墩晚好多年。而老牛湾之建堡，似与河套鞑靼部无关，而是迫于李自成兵势。《明史·李自成传》："（崇祯九年）自

铭有"老牛湾堡"文字的石刻门额

成势复振,进围绥德,欲东渡河,山西兵遏之。复西掠米脂,呼知县边大绶曰:'此吾故乡也,勿虐我父老。'遗之金,令修文庙。将袭榆林,河水骤长,贼淹死甚众,乃改道,从韩城而西。"(中华书局,1974年版,第7955页)大概是李自成意欲突袭榆林,造成山西惊恐,遂于黄河边增筑堡寨。

老牛湾堡建成后历明代仅仅9年,几乎可以忽略不计。然而到了清代,却繁盛了一个时期,这也是石刻资料提供的证据。最早的一通碑是康熙十年(1671)的"创建关夫子庙碑记",捐资的头两名是"老营中军守备上达"和"本堡把总台昌"(《山西省明长城资源调查报告》第1672页),可知这时老牛湾堡有驻军,军官出资修建关老爷庙。

同为康熙年间的碑刻,还有一通"老牛湾城守加一级云中郑老命讳国麟字圣瑞德政碑",碑首刻"万古流芳",落款是康熙五十六(1717)年,其余均为捐资人姓名(前引书第1671页)。城守是不是守备的省称,不敢确定。看来"本堡把总"到"老牛湾城守",是提升了规格,极有可能驻军最高长官由把总提高到了守备。起码说明,此时老牛湾堡受重视的程度超过以往。具体是什么原因,需要再作研究。

其后,又重修此庙,时在雍正七年(1729)。碑名"重修关圣庙碑记",出资人有"原任老牛湾城守郭墉",

另有"合营兵丁"若干人,说明驻军官兵仍在(前引书第1673页)。

有意思的是,此碑的出资人有"公主府侍卫黄忠施银壹拾六两",排名第一。这个信息和另外一通碑可以联系起来,此碑无年代,是"四公主千岁千千岁德政碑",碑首楷书阴刻"坤道其棠"四字,上款题"老牛湾关□耕种草地父老公举"(前引书第1671页),仅此内容。由碑文内容可以推测,老牛湾附近曾有公主府,有一位四公主生活在府里。翟禹在《老牛湾堡〈重修关圣庙碑记〉考释》(刊于《河北地质大学学报》2019年第6期)文中,指出这位公主是康熙帝之女和硕恪靖公主,因草原战乱而稽留行程,从康熙三十六年至四十五年(1697～1706),在清水河滞留9年。清水河就在老牛湾的河对岸,确实很近。而捐款的侍卫黄忠在当地的影响也很大,清水河旧志著录有雍正五年(1727)的《黄公讳忠仁德碑记》。老牛湾的公主德政碑,应是康熙晚期至雍正七年间所立。公主滞留一事的背景,大概就是老牛湾堡提升规格的原因,具体细节则需再作探究。

最晚的一通碑是乾隆四十二年(1777)所立,名为"重修诸庙宇以及建盖禅室碑记",其中有"奉公诚守兹土,训练之暇,游览祠宇,目击簷墙倾圮剥落之甚,深为太息;又见路多险阻,人足马迹之所难称,慨然有补修平治之意",反映出这时堡内还有驻军(前引书第1673~1674页)。

老牛湾墩是明代长城的重要节点,老牛湾堡却是在清代繁盛起来的,屡屡修葺庙貌,甚至有公主留下的印迹,历史的轨迹着实令人惊叹!

王子今

## 2 "关山月"——偏关的明月秋风

从河曲往偏关,山路崎岖。从山西北上,进入内蒙古准格尔旗。依然沿着黄河行进,风景已有不同。因为公路施工限行,又不得不折回,再进入山西。到偏关县境时,天色已暗。

停宿老牛湾。知道在这里要看到黄河和长城相会的地方了。

山影远近显出层次,西天云色灿烂。同行者惊呼夕阳的美好,大家停车摄影。回望月轮已经初升。有高手摄影家面对与众人相反的方向,拍摄了月亮和长

偏关黄昏时的河山壮美胜景　石春兰　摄影

城烽火台同框的景色。

这正是"关山月"啊!

这是古代戍守边关的军人们惯常看到的景象。也是古代行旅远方的诗人们随手记述的风光。唐人王昌龄《出塞》诗其二:

> 秦时明月汉时关,
> 万里长征人未还。
> 但使龙城飞将在,
> 不教胡马度阴山。

其中"秦时明月汉时关",回顾秦汉英雄时代的边塞兵战生活,"月"与"关",一上一下,一天文一人文,一明光皎洁表现着柔意,一壮伟严正显示着军威。这一名句得千古吟咏,在人们心里,已经成为一种历史文化象征。

"关山月",很早就成为乐府曲调,诗句中的壮怀与温情,牵引着千里戍客的乡思,激发了百代文人的豪情。李白的《关山月》是大家熟知的:

> 明月出天山,苍茫云海间。
> 长风几万里,吹度玉门关。
> 汉下白登道,胡窥青海湾。
> 由来征战地,不见有人还。
> 戍客望边色,思归多苦颜。
> 高楼当此夜,叹息应未闲。

诗句对"戍客""思归"之心多有同情，表达了珍爱生命、尊重民生的人文关怀。诗作以"天山""明月"及"玉门关"为直接背景，但是也涉及汉唐"北边"另外的重要空间区位，"白登道"和"青海湾"。而其中"白登道"说汉高祖刘邦击匈奴，早有"白登之围""平城七日"的故事。"平城""白登"，按照谭其骧主编《中国历史地图集》（第2册第17至18页）所标示，在今山西大同地方。

关于汉军与匈奴军直接对抗的"白登道"故事，有汉高帝刘邦与匈奴冒顿单于出场的情节。《史记》卷九三《韩信卢绾列传》写道："……上遂至平城。上出白登，匈奴骑围上。"《史记》卷九九《刘敬叔孙通列传》说："至平城，匈奴果出奇兵围高帝白登，七日然后得解。"《史记》卷一一〇《匈奴列传》："步兵未尽到，冒顿纵精兵四十万骑围高帝于白登。"汉与匈奴战争在"白登"的挫败，成为中原人的沉痛记忆。后来的军事家曾经感叹："以高帝贤武，然尚困于平城。"汉武帝也以"高皇帝遗朕平城之忧"深怀大恨，言"昔齐襄公复九世之仇，《春秋》大之"（《史记》卷一一〇《匈奴列传》），决心复仇。

我们来到的偏关，纬度低于"平城""白登"，然而也是长城边防重要关塞，而且临近黄河，显现出特殊的天险形式。

在偏关县界拍摄到月亮和长城烽火台同框的景色

李国庆 摄影

那么，古来以"关山月"为主题的诗作中，有没有同时说到"黄河"的呢？

还真的有。检得清人作品如下几种。比如陈文述《关山月》（清代陈文述撰：《颐道堂诗选》卷四，清嘉庆十二年刻道光增修本，第70页）：

> 关山月，影落黄河底，
> 
> 黄河一线昆仑起。
> 
> 东行万里入中原，
> 
> 江南都饮黄河水。

又如陈正璗《姚秋水度陇省兄》（清代陈正璗撰：《五峰集》卷三，清乾隆九年刻本，第34页）：

> 陇首云初起，江南雁独飞。
> 
> 客心将对榻，乡梦已空帏。
> 
> 寒影关山月，啼痕雨雪衣。
> 
> 黄河春冻解，遥听水东归。

还有李雯《拟汉横吹曲·关山月》（清代李雯撰：《蓼斋集》卷三，清顺治十四年石维昆刻本，第19页）：

> 黄河源上秋风徂，龙沙碛下鸿雁多。
> 
> 此时边声为谁好，关山月出青峨峨。
> 
> 霜深夜静天逾碧，白草迷迷共一色。
> 
> 吴钩照月倍能明，折柳伤心听不得。

再如王柏心《边词》（清代王柏心撰：《百柱堂全集》卷一，清光绪十九年刻本，第6页）：

羌笛乘春上戍楼,
穷边一夜满乡愁。
海风吹送关山月,
影落黄河入塞流。

虽然"关山月"与"黄河"构成的宏大画面,气象寥廓,"黄河"甚至远至"源上""昆仑",但是"关山月,影落黄河底",以及"寒影关山月,……黄河春冻解","海风吹送关山月,影落黄河入塞流",意境于凄冷的另一面,又见壮美。

这个晚上,又是"霜深夜静天逾碧,白草迷迷共一色",如果不在秋夜来到偏关,恐怕难以体会古今

偏关晴日的山峦景色　李国庆 摄影

共有的这般景色深味。

读道光《偏关志》卷二《艺文志》,录明人诗3首。葛缙《防秋》:

> 边馆听秋声,山深舞叶鸣。
> 胡笳风聒耳,汉帜月临城。
> 商胜金吾算,兵多细柳营。
> 凯歌朝帝阙,共系左贤缨。

杨巍《春日偏关城》:

> 落日关门外,苍凉自怆神。
> 河声兼鼓角,山色带风尘。
> 耕牧春仍废,台隍房作邻。
> 受降城不远,恢复是何人。

又崔镛《偏头关》(道光《偏关志》,清道光间初刊、民国四年铅印本,第279页):

> 半壁孤城水一湾,万家灯火护偏关。
> 黄河曲曲涛西下,紫塞隆隆障北环。
> 铁笛声声催戍急,玉沙千里叹储坚。
> 荒陬斗绝今如此,未许将军即解颜。

葛缙诗作写叙"关山"与"月",后两首说到"关山"和"黄河"。他们对"偏关"军事民族形势的感觉,较清人更为具体真切,可以看到明显的不同。究其因由,当然主要是时势有异的缘故。

## ·后记·

晋陕黄河右岸（陕西一侧）的历史与人文考察结束之后，按照计划，我们于2020年开始组织晋陕黄河左岸（山西一侧）的历史人文考察。晋陕之间的黄河沿线有八百多千米，与陕西一侧不同，作为考察对象的左岸山西一侧除这八百多千米外，还包括了黄河在芮城风陵渡折而东去，属于山西与河南之间黄河左岸一百余千米。单从路线看，这一段沿黄考察的路程超过了一千千米。从2020年初至2023年初，西北大学出版社先后组织了三次这一左岸区域的沿黄考察。第一次以永济为考察起点，进入中条山沿黄区域，其间为了搞清中条山和晋南地区与早期中国形成的关系，除沿黄河在芮城、平陆、垣曲考察外，多次进出、穿越中条山，及至晋南以运城为中心的夏县、闻喜、绛县，以及临汾的襄汾等地，以期有更多田野收获。这次考察的后期又回到晋陕沿黄左岸的万荣，以其为终点。第二次考察由临汾的乡宁开始，沿黄以吕梁山为主轴北上考察，先后涉及吉县、隰县、柳林、离石、临县、兴县、河曲、偏关，旁及交城、文水等地，以期对晋西北沿黄历史人文有深入认识与了解。

第三次为沿黄补充考察，集中考察了沿黄禹门口所在河津市有关历史人文遗存。

本书是"黄河岸边的中国"丛书的组成部分，正是以上述考察自然、历史与人文景点及遗存解说为架构，插入考察者以历史文化感知为思考原点形成的论说，包括微观的具体考证、宏观的历史讨论、人文神文的深入解读等文章，形成晋陕黄河左岸的历史与人文知识体系。

王子今教授、孙家洲教授、高从宜先生是沿黄考察的核心成员，他们将考察见闻和所思所想形成文字，构成本书黄河文化的核心内容。长期在山西从事考古教学和文博管理事业的赵瑞民教授、李百勤副局长，除为本考察提供诸多帮助外，也为本书的编撰做出了一个地域学人、文化工作者应有的贡献，他们是本书义不容辞的作者，书中有他们饱含乡情与学术见解的文章。桂维民理事长主持的中国西部发展研究中心是本项目的重要合作单位，正是该中心的大力支持，项目的考察工作才得以顺利展开。桂维民作为旧韵古风的爱好者，每到一地，都会即兴行吟一二，以发文化认知之感慨。作为本次活动的组织者，在此向以上各位专家学者的参与表示感谢！

晋陕黄河左岸的历史人文考察，先后得到了山西运城、临汾、吕梁、忻州等市及相关属县党政有关部门及企业的大力支持。在此向给本书编写考察提供帮助的上述沿黄各市县，特别是运城市人大、河津市人大、运城市文旅局、吕梁市文旅局、永济市文旅局、吉县文旅局及各文物点表示感谢！向山西智杰软件工程有限公司、山西戎子酒庄等单位给予的支持表示感谢！

本书所谓晋陕黄河左岸的历史与人文知识体系，总体来讲还是粗线条的，但均是考察之所见，它对于沿黄旅行无疑具有导览的作用，喜爱旅游的朋友不妨按图索骥，得便体察，愉悦身心；构成本书核心的论证解读文章，不是按照沿黄考察线路均匀分布的，看似不成系统，但皆有考释论证的主题，兼具知识与思想的深度，是黄河文化的重要内容，阅读便知其不乏知识性、趣味性、思想性。

沿黄考察是一项系统的田野工作，在总体考察中需要观照的内容很多，应该说还有一些重要的元素没有被收入其中；作为黄河文化建设的主题，书中关于文化与文明的深层意蕴发掘和解读还只是初步的，需要深入持久的工作。本书编写还有诸多需要完善之处，在此诚恳期望读者朋友批评并指正，以便修订提高。

谢谢！

编　者

2023 年 8 月 16 日